KB150265

쉽고도 어려운 **한국
고대사**

쉽고도 어려운 **한국 고대사**

이도학 지음

학연문화사

머
리
말

1

역사 기록에 전하는 시대로 논한다면, 한국 고대사는 국가가 탄생하는 청동기 문명의 고조선부터 비롯하였다. 반면 고대의 종언은, 광범한 저항으로 인해 사회 규제의 기본 틀인 골품제가 붕괴하는 시점이다. 주지하듯이 고대 사회는 혈연과 지연이 지배하는 시대였다. 신분의 지표인 혈연적 지배에서 벗어나 능력에 의한 신분 취득의 계기가 발생했다. 과거제 시행이었다.

과거제가 시행된 10세기 중엽 이후 한국은 문치文治 사회로 과감히 전환되었다. 이와 맞물려 기술직의 신분 하락이 두드러져 갔다. 통치 거점도 고지대 산성 중심에서 평지 읍성으로 바뀌었다. 그러니 과거제 시행을 시대구분의 획기로 설정하지 않을 수 없었다.

2

본서는 고조선부터 후삼국기와, 고려의 통합 직후까지를 시간적 범위로 했다. 이와 관련해 나는 2019년말에 거질巨帙 『분석고대 한국사』

를 출간했었다. 그러나 이후 나는 후속 논문과 저서를 계속 발표함에 따라 새로운 성과를 소개할 필요가 있었다. 그렇지만 분량만 차지하는, 두루 알려진 사실 자체를 서술하지는 않았다. 형식을 좇을 필요는 없었다. 다만 내가 구명한 새로운 사실 중심으로 한국 고대사를 재구성하였다. 본서 태동의 배경이다. 그리고 내용을 자연히 압축하지 않을 수 없었다. 관련한 좀더 자세한 내용 탐구는, 나의 기존 거질과 저서들 그리고 논문들을 참조하면 좋을 것 같다.

3

나는 일반 연구자들보다는 저서와 논문이 많은 편에 속한다. 그 동인은 발분하는 마음에서였지만, 무엇보다도 오류들이 자주 포착되어서였다. 모르면 지나쳤겠지만 눈에 잡히는 사안들이 많았고, 그리고 영감에 의해 좋은 착상들이 많이 솟아난 때문이었다. 비근한 예를 든다면, 20여 년 전 인터뷰 관계로 KBS 1TV 제작팀을 무령왕릉 모형관에서 만난 적이 있었다. 일행 가운데 한 사람이 무령왕릉 부장 은팔찌 모형을 가지고 있었다. 그때 나는 무심코 손목에 끼우려고 했지만 손마디를 어림도 없이 넘지 못하였다. 그 유명한 다리多利 작作 무녕왕비 은팔찌였다. 상상하지 못한 일이었다. 이후 세월이 흐른 후, 국립 공주박물관 소장 2개의 은팔찌 구경口徑(內徑)을 재어보게 되었다. 시간을 달리 해 두 사람에게 각각 부탁했더니 숫치는 동일한 5.2cm였다. 그러나 보고서나 책자 등에서는 내경이 4.6cm·6cm·8cm·12cm 등 제각각이었다. 나는 해당 은팔찌가 부장용이었음을 확신하게 되었다.

이러한 사례는 그 밖에도 많지만, 한국에서는 유명한 일본 호류지 금당 벽화를 그린 인물로 알려진 고구려 승려 담징은, 교과서에 수록될 정도로 상식이었다. 그러나 이 역시 근거도 없을뿐더러 오히려 일본 고문헌을 추적했더니 3곳 문헌에서 도리止利 불사佛師로 적혀 있었다. 도리 불사는 호류지 석가 삼존상을 제작한 백제계 조각가이자 화가였다. 그러면 누가 담징으로 발설했는지를 추적했더니, 확인이 가능하였다. 근거를 확인도 하지 않은 연구 태도가 '실증'이 될 수는 없었다. 더욱 큰 문제는 맹종하며 오류를 답습하는 후학들의 행태였다.

하나만 더 보탠다면 '철의 왕국 가야'는 미신이라는 사실을 밝혔다. 미신은 근거 없는 믿음을 가리키는 말이 아니겠는가? 3세기 후반에 집필된『삼국지』위서 동이전 한韓 조에 수록된 유명한, '나라에서 철이 난다 國出鐵'로 시작하는 구절을 변한과 결부 지은 것이다. 이로 인해 변한의 후신인 '가야=철의 왕국' 주장이 제기되었고, 지금은 국민 상식이 되었다. 그러나 이 구절은『후한서』를 비롯해『한원』과『통전』등 여러 문헌에서는 모두 진한 항목에 수록하였다. 조선시대 성호 이익이나 순암 안정복의 저서에서도 진한=신라와 관련해 거론되었다. 이 구절은 가야와는 관련도 없을뿐더러, 3세기 중반 이전 제철 유적과 결부 지어 보더라도 진한과 신라로 딱 떨어지고 있다. 그럼에 따라 일본의 중·고교 교과서에서 고대 일본의 남한 지역 진출 동기로 운위하는, 철 자원과 기술 노예 확보 주장은 사상누각이 되었다. 일본 고대사의 한 축을 무너뜨린 계기가 가야의 철이 아닌 '신라의 철'이었다. 이 역시 관점이 아닌 '실증'의 문제였다.

4

본서는 숱한 문제 제기와 대안 제시로 구성되었다. 정설이나 통설과 사뭇 다른 서술이 많기에 혼란을 유발할 수도 있을 것이다. 그러나 오랜 세월 탁마하고 반추한 생각들이었기에 충분히 고려해야 할 사안으로 확신한다. 사실 나는 사학과 학생 시절부터 45년간 한국고대사에만 전심하였다. 대학 때 백제와 고구려의 대립을 부여계 정통성 다툼으로 지목했고, 그 선상에서 부여 시조 동명왕을 제사지내는 동명묘東明廟 상실이 지닌 의미를 논하였다. 그리고 선학들도 오류를 답습했던 백제 제25대 무녕왕의 계보를 대학 때 바로잡았기에 자부심을 가졌었다. 지나고 보니 나는 진작에 '1만 시간의 법칙'을 돌파했던 것이다.

그러한 나는 학사와 석사, 그리고 박사 모두 백제사로 학위를 취득했지만, 이후 외연을 넓혀 고조선부터 후삼국까지를 고찰하였다. 특히 후백제 진훤의 거병 지역을 순천만으로 모두 운위하고 있지만, 범부들 머리에서 나올 수 있는 발상이었을까? 나는 고조선 정체성과 관련한 변발설辮髮說을 필두로 비류왕 백제 시조설, 부여와 익산 2곳 백제 도성설, 일본열도 종교전쟁 개입설, 고려 때 '만들어진 역사'인 6가야, 남북국시대론의 검증, 후백제군이 감행한 발성 전투의 현장을 고려 왕궁 포위전으로 밝힌 것을 비롯해 숱한 신설을 제시하였다.

5

내가 박사학위 취득하는 졸업식날 백모께서는 "니는 한눈 팔지 않고 공부만 하였으니 성공했구나"라고 말씀하셨다. 성공했는지는 알 수 없지만, 다만 나는 '고대사 구명究明'이라는 큰 명제를 안고 한길로만 똑바로 걸어 왔다. 나의 자부심 원천이자 근거이기도 했다. 대학시절을 함께 한 이들은, 나를 가리켜 열이면 열 죄다 '공부만 했다'고 평했고, 어떤 후배는 '외곬수로 공부만 했다'는 칭찬인지 비아냥인지 모를 아리송한 말을 하기도 했다. 어쨌든 45년에 이르는 연구 성과로서 작지만 강한 본서를 세상에 선보인다.

6

한국 고대사 통사인 본서의 내용은 생경할 뿐 아니라 어렵다. 형편 좋게 타인의 설을 정리하지도 않았다. 워낙 전문적인 내용인데다가 기존 설에 대한 비판과 대안으로 채워졌기 때문이다. 보다 구체적이고 상세한 내용은 본서 참고문헌에 제시한 저서와 논문, 그리고 이들 논저의 참고문헌을 살피기 바란다. 본서 참고문헌의 분량은 방대한 관계로 일일이 적시하지 못하였다. 본서 참고문헌에 수록한 논저 각각의 참고문헌으로 대체한다.

7

본서는 내가 몸 담아 온 한국 고대사학계에 자그마한 자극이 되기를 바랄 뿐이다. 서명을 '쉽고도 어려운'이라고 한 데는 이유가 있다. 쉽게 답이 나오는데도 편견의 벽을 쳐놓았기에 어렵고 힘겹게 자초한 상황을 빗댄 것이다. 아울러 후학들에게는 역사 해석에서 좀 더 유연한 사고와 더불어, 새로운 가능성에 끊임없이 도전하기를 바란다. 나는 '발견의 즐거움'을 만끽하고 살아 왔으니 복되다고 자위한다. 나는 "그를 위해 칭송하는 글은 영원하리라고 말하노라 爲之頌章 寄言不朽"는 소망은 어림도 없지만, 다만 "나는 뜻을 높이 세워 열심히 살았노라!"고는 말할 수 있다.

2022년 5월 29일
스타벅스에서
이도학

Ⅳ. 고구려

V. 백제

I

한국
고대사의
범위

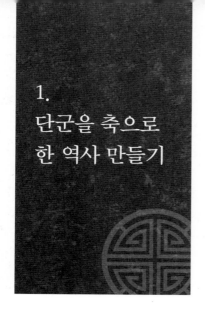

1.
단군을 축으로
한 역사 만들기

  기록에서 확인된 최초의 역사체부터 진정한 의미의 한국 역사로 말할 수 있다. 존재했더라도 기록에 남겨지지 않았다면 알 수가 없다. 응당 역사에 담을 수 없게 마련이다. 한국사에서 가장 이른 시기에 태동한 역사체는 고조선이었다. 그런데 고조선이 한국사에 속한다는 것은, 한국인들에게는 하나의 통념이다.

  고려 후기에 찬술된 『제왕운기』에서 단군檀君을 정점으로 한 의제적 가족 관계가 포착되었다. 단군을 축으로 해 동부여나 고구려·신라·동옥저와 북옥저 등 한국 고대의 여러 정치 세력이 일가를 이루고 있다. 즉 동부여 해루부왕과 고구려 시조 추모왕은 모두 단군의 아들이었다. 그러나 단군과 해부루와 추모는 부자 간은 고사하고 만나고 싶어도 만날 수가 없다. 양자 간의 연령차가 무려 2,300년이나 벌어졌기 때문이다. 이러한 역사가 사실일 리는 없다. 그렇지만 이러한 역사 구성은 어떤 목적을 지니고 생겨난 것은 분명하다. 이 점을 주시해야 한다.

  단군을 축으로 한 의제적 가족 관계는 '만들어진 역사'임을 반증한다. 이러한 '만들어진 역사'는 일문逸文이 전하는 『구삼국사』를 통해서도 확인된다. 『구삼국사』의 편찬 시기는 명확하지 않지만 고려 전기인 것은 분명하다. 그렇다면 고려 전기에 의제적 가족 관계의 역사가 만들어진 것이다. 물론 삼국의 역사를 정리하고 집대성한 『구삼국사』의 편찬에는 어떤 계기가 있었을 법하다. 그런데 삼국 역사의 정리는 신라의 삼국 통일 이후에 얼마든지 편찬할 시간이 있었다. 굳이 고려 전기에 이르러 삼국의 역사를 정리한다는 것은 삼국의 종료에서 최소 300년이 지난 시점이었다. 추측한다면 고려가 통일신라의 '삼국사'를 확보하지 못했거나 아니면 삼국사를 새로 편찬해야할 동인이 발생해서였을 것이다.

역사는 사실을 기록해 후대에 전해 주는 역할만 하지 않는다. 역사는 정권과 국가의 존재 이유와 정당성에 대한 근거 기제였다. 그러니 역사는 '기록물'의 차원을 뛰어넘어 이데올로기 성격을 지녔다. 『구삼국사』에서는 단군을 축으로 하는 의제적 가족 관계를 설정했다. 백제 시조로 설정한 온조를 고구려 시조 아들로 붙여 놓았다. 백제 시조는 단군의 손자인데, 이 점이 요체인 것 같다.

그러나 백제인들은 일관되게 자신들의 연원을 부여에서 찾았다. 고구려와 함께 부여에서 나왔기에 부여로 씨氏를 삼았다고 했다. 의자왕의 풀 네임이 '고 의자'가 아니라 '부여 의자'인 연유였다. 일국의 최고통수권자인 백제 개로왕은 472년에 북위에 보낸 국서에서 자국의 연원이 부여임을 천명하였다. 538년에 백제 성왕은 사비성으로 천도하면서 국호를 '(남)부여'로 고쳤다. 백제와 교류가 있던 중국 왕조의 사서에서는 백제를 '부여 별종別種'이라고 했다. 백제는 부여의 일족이 건국했다는 의미가 아니겠는가? 이 모든 기록들은 백제 당시에 백제인들의 목소리였다. 이보다 분명한 사실이 어디에 있겠는가?

우리가 열어보는 『삼국사기』는 백제 멸망 이후 500년, 무려 반천년의 세월이 흐른 후에 나온 사서였다. 통일신라를 지나 고려 때 편찬한 책이었다. 이러한 『삼국사기』는 백제 당시 백제인들의 목소리와는 비교 대상이 될 수가 없다.

고려 전기에 편찬한 『구삼국사』에서 백제 시조를 고구려 시조의 아들로 설정했다고 본다. 단군을 축으로 한 대가족 관계를 결성한 것이다. 1145년에 동일한 대상의 사서인 『삼국사기』를 편찬해 올릴 때는 선행 사서에 대한 불만에서 나온 게 분명하다. 김부식이 볼 때 단군을 축으로 한 혈연 관계는 사실일 리가 없었다. 그랬기에 단군을 제거한 역사상을 정립한 것으로 보인다.

문제는 『구삼국사』에서 의제적 가족 관계를 구축한 동기였다. 그 메시지는 통합에 있었던 게 분명하다. 단군을 정점으로 한 대가족 관계 구축은, 동질성에 기반을 둔 통합 메시지로 볼 수 있다. 이와 관련한 시대적 배경은 고려가 후백제를 제압하고 통일을 이룬 사실이다. 고려의 태조부터 지배층은 후백제에 대한 트라우마를 품고 있었다. 태조가 후계 왕들에게 내밀히 전한 통치 지침 「훈요십조」에는 속내가 여실히 담겨 있다. 그는 「훈요십조」 8조목처럼 풍수지리설을 빌어 후백제 지역 주민들의 등용을 차단하였다. 이와 연계해 사서에서 후백제의 근원인 백제 시조를 고구려 시조 아들로 붙여놓은 것으로 보인다. 이렇게 되면 아들의 나라인 백제가 아버지 나라인 고구려를 공격한 것이 된다. 종법적 질서에 위배된 패륜적인 인상마저 주는 기제였다. 이와 같이 '만들어진 역사'에 따라 백제는 고구려 시조 아들의 나라가 되었다.

그러면 고려 이전 단군의 존재는 어떤 의미를 지녔을까? 통일신라인에게 단군은 적극적인 연관성을 찾기 어려웠다. 물론 『삼국사기』에는 고조선 멸망 후 유민들이 신라의 산곡간에 흩어져 살았다고 했다. 이 기록은, 신라 주민 구성에 고조선 주민의 참여를 가리키는 지표일 수는 있다. 그렇다고 하더라도 단군이 신라사의 정점에 얹힐 수는 없었다. 신라는 자국 시조가 엄존했기 때문이다. 이러한 경우는 고구려나 부여에서도 매한 가지였다. 신라인들은 단군의 존재는 인지했다고 하더라도 자국과의 연관성을 찾을 수는 없었다. 그럼에도 병렬적으로 열거된 제국諸國들을 묶어 단군 밑에 귀속시켰다는 것이다. 그 시점은 바로 고려 전기『구삼국사』편찬 때로 본다.

이렇듯 고조선을 필두로 부여와 동·북옥저 및 동예 등의 정치체까지 한국사 속에 묶여졌다. 그러면 고구려와 백제를 통합한 신라인들은 자국의 연원을 어디에서 찾았을까? 그 해답은 삼한이었다. 7세기대 동아시아 세계에서는 삼한에서 삼국이 출원했다는 인식을 공유하였다. 물론 고구려와 백제는 자국의 연원을 부여에서 찾았다. 그렇지만 7세기대의 삼국은 풍속을 비롯한 문화 전반에 걸쳐 공유하는 정서가 많았다. 그러한 가운데 최종 승자인 신라는 자국 연원을 삼한에서 찾았던 것이다. 신라인들은 자국의 시작을 삼한의 진한에서 찾았고, 그 이상의 시간은 물론이고 주변 제국을 자국과 결부 짓지도 않았다.

『구삼국사』에서 단군을 축으로 한 거대 제국諸國의 통합사가 구축되었다. 통합사의 정점에 소재한 단군의 존재는 '만들어진 역사'의 전형이었다. 중국에서도 한족漢族의 족조族祖인 황제黃帝도 전국시대 중기 이후에 만들어졌다고 한다. 한국사에서 단군을 축으로 부여와 고구려·신라·백제·동북옥저와 동예 등까지 망라한 거대 제국의 역사 역시, 본질은 이와 다르지 않았다.

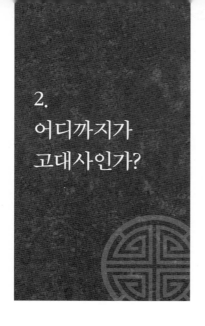

2.
어디까지가
고대사인가?

　　시대구분은 독일의 트뢸취E.Troeltsch 말대로 역사를 체계적으로 살펴기 위해서 한다. 이러한 시대구분은 일반적으로 고대·중세·근대의 3시기 구분법이 적용된다. 고대는 노예제 사회, 중세는 봉건제 사회, 근대는 자본주의 사회로 규정한다. 그러면 한국사에서 고대의 시한 설정과 관련해 노예제 사회를 살펴야 한다. 그런데 노예제 사회는 노예 존재 여부와는 상관이 없다. 노예가 기본적 생산 담당 계층일 때 성립하는 사회였다. 한국에서는 노예로 일컬을 수 있는 노비의 존재는 엄존한다. 그렇지만 기본적인 생산 담당계층은 농민이었다. 노비는 보조적인 역할에 그쳤거나 수공업과 광공업에 종사했다.

　　서구 유럽과 구분되는 한국에서 고대 사회의 속성을 새롭게 설정할 수밖에 없다. 고대사회는 숱한 논의에서 제기되었듯이 지연과 혈연에 기반을 둔 사회였다. 지연과 혈연이 사회적 신분 즉 지위를 결정했다. 그랬기에 관직을 지닌 인물의 경우는 반드시 출신 지역이 성명과 관등 앞에 적시되었다. 그리고 신라처럼 외형상 후대에 표출하는 경우도 있지만, 성씨를 통해 드러났다. 그 밖에 권력의 정당화를 위한 이념의 주입 등 여러 사상적 가치가 소용되었다. 그러나 본질은 지연과 혈연에 기초한 사회였다.

한국에서 고대 사회는 기술직의 비중이 지대하였다. 사회 발전의 요체가 기술력의 증진이었기에 기술직을 우대했다. 가령 기와 만드는 기술자의 경우 와박사瓦博士라고 하였다. 이들은 유교 경전 박사들과 동열이었다. 더불어 기술직에도 관등이 부여되었다. 지배층의 일원으로 기술직이 참여하였다.

지연과 혈연 그리고 전문가(유학+승직+기술) 집단들이 주도했던 한국 고대사회였다. 이러한 사회가 막을 내리게 된 시점은 신라 사회의 혈연에 기반한 골품체제의 붕괴와 궤를 같이 했다. 그러기 위해서는 기존 질서에 대한 광범위하고도 전면적인 저항이 나타나야 한다. 이와 관련해 889년 상주 지역에서 발생한 원종과 애노가 주도한 농민 봉기는 신라 사회를 파국에 빠뜨렸다. 신라 조정이 반란을 수습하지 못한 상황에서 유민과 도적 떼의 횡행, 야심가들의 등장으로 통제 불능 상태에 빠졌다. 이어서 후삼국시대가 열렸고, 고려의 통일로 마무리되었다.

고려 초기의 정권은 호족 연합정권이었다. 호족은 지역에 기반을 구축한 세력가였다. 호족은 여러 유형으로 구분할 수 있지만, 명주장군 김순식의 경우처럼 진골 귀족이나 육두품을 비롯해 혈연적 자산을 지닌 부류가 많았다. 이들은 개국공신이 되어 고려 조정의 지배층 반열에 들어섰다. 신라에서 고려로 권력의 중심축은 이동했지만, 신라 이래의 정치·경제적 기반에 근거한 이들이 적지 않았다. 그랬기에 고려 조정에는 지연과 혈연에 기반한 전통적인 기존 질서가 여전히 남아 있었다. 고려 왕은 주식회사로 말한다면 비록 대표 이사였지만, 지분 자체는 과반을 넘긴 대주주는 전혀 아니었다.

고려 초기의 정권은 개국공신 집단 중심으로 구성되었다. 이들은 자신의 능력으로 권력의 중심에 진입한 경우도 있었다. 그러나 자신의 기존 기반을 지키기 위한 목적에서 협조한 세력도 많았다. 개국공신의 이름으로 등장한 이들은 건국과 통일에서 역할을 하였기에 지분 청구서를 내밀 수 있었다. 지배 질서인 새로운 신분제가 짜여지는 상황이었다.

그런데 958년(광종 9)에 과거제 실시를 통해 지배층 배출 수단을 가문이 아닌 개인의 실력으로 확정했다. 과거제 초기에 급제자는 숫자적으로 미미했지만, 이 흐름은 지배층 배출에 있어서 획기적인 변화였다. 그랬기에 개국공신 가문 자제들이 과거의 문턱을 넘지 못하여 지배층 반열에 들어서지 못했다. 이로써 지연과 혈연에 기반한 전통 질서 즉 고대적 유산은 청산되어갔다. 따라서 과거제 실시 이후를 중세로 규정할 수 있게 한다.

그러면 중세 사회는 고대 사회와 어떤 차이가 있는가? 첫째는 통치 거점의 변화를 가져왔다. 산지대가 많은 국토로 인해 유독 우리나라는 산성의 나라로 일컬어졌다. 이러한 산성의 대부분은 삼국시대에 축조되었고, 그 기원은 청동기시대~초기철기시대에 나타나는 고지성집락高地性集落에서 찾을 수 있다. 예리한 청동 무기의 태동과 잉여농산물의 비축으로 인해 지역 간의 갈등이 빚어졌다. 이에 대비해 방어하기 유리한 고지대로 집락 전체가 옮겨가는 양상을 띠었다. 구릉지에 조성된 집락의 경우도 방어용 해자를 두르고 목책을 설치하였다.

자국이 속한 연맹을 파기하고 통합 주체로 등장한 삼국은 급기야 국경을 접하면서 충돌이 잦았다. 이에 대비해 고지성집락처럼 통치 거점을 산지대에 두었다. 그리고 모든 사회체제를 전쟁의 승리에 두었기에 지방 통치 조직은 일사불란한 군관구적軍管區的인 성격을 지녔다. 삼국 간의 전쟁이 가장 극렬했던 시기는 국경을 접하게 된 4~7세기대였다. 곳곳에 산성이 축조되었고, 지배층은 전사단의 성격을 띠었다. 이 무렵 고분의 부장품에는 철제 갑옷과 무구武具, 심지어는 말갑옷까지 나타났다. 지배층의 성격이 전사였음을 반증한다. 이 점은 다른 시기와는 확연히 구분되는 이 시기만의 고유 특징이었다.

　　중세로 넘어오면서 통치 거점이 산지대에서 평지로 옮겨 왔다. 고려와 조선에서 조성한 읍성들 가운데 변경에서는 낮은 산지대나 구릉을 끼는 경우도 더러 있었지만, 일반적으로는 평지에 소재하였다. 동란의 시기에서 평상의 시기 통치 형태로 바뀌었다.

　　둘째는 과거제와 엮어져 문치文治가 이루어짐에 따라 무武에서 문文의 시대로 바뀌었다. 문신들이 병마권까지 장악하는 등 사회 전반의 기류가 문신 독점 지배체제로 흘러갔다. 이에 따라 무반의 지위 하락과 기술직의 지위도 급락하였다. 고대와 중세의 차이는 이렇게 확연히 구분되었다.

3.
집락集落에서
성읍으로

　　청동기 문명의 도입과 더불어 한국의 집락들도 변모 양상을 띠었
다. 일단 신석기시대 후기 이래 농업 생산력의 증진에 힘입어 잉여 작물
의 비축이 가능해졌다. 이에 따라 모두가 농경에 종사하지 않아도 되었
다. 아울러 예리한 금속제 무기로의 무장과 잉여작물의 축적에 따라 경
제적으로 효용성이 높은 지역을 탐내게 되었다. 그럼에 따라 집락과 집락
간의 갈등이 심화되었고, 방어하기에 유리한 구릉이나 산지대로 옮겨가
거주하는 양상을 보였다. 집락 간의 분쟁 속에서 '보호'하거나 '보호받는'
개념이 등장하였다.

　　한국에서 국가의 기원을 암시해주는 근거가 청동기시대 집락 유
적이다. 단순 집락이 아니라 환호環濠나 목책木柵 시설을 갖춘 방어형 집
락의 출현을 가리킨다. 세계적으로 환호를 포함한 방어 시설은 식량 생
산 단계에 출현하고 있다. 한국에서는 울산 검단리·방기리와 창원 덕천
리·남산리, 산청 사월리 그리고 부여 송국리 등이 대표적인 환호로 둘러
진 방어형 집락이다. 이러한 청동기시대 집락 인근에는 농경지와 공동묘

지도 확인되었다. 청동기시대 집락의 존재 양상을 가늠할 수 있는 좋은 사례인 것이다. 양산 시청 동쪽 해발 120m 구릉 정상부에 조성된 다방동 패총 유적에서는 방어 호濠가 확인되었다. 다방동 패총 유적 역시 고지성 집락으로 분류되고 있다.

청동기시대 집락 유적 가운데 진주 대평리 유적(대평리 옥방 1지구 환호 집락)이 중요한 단서를 제공해 준다. 대평리 유적 발굴 결과 2중 환호가 둘려진 거대 집락의 존재가 확인되었다. 이 집락은 울산 검단리 집락보다 7배 규모를 자랑하였다. 그리고 인근에는 동일한 시기에 조성된, 이보다 규모가 작은 환호 집락(옥방 4지구)이 또 하나 존재했다. 대평리 유적 가운데 환호는 모두 6곳에서 확인된다. 대평리 옥방1지구 유적에서만 환호 4곳이 드러났다. 게다가 호를 두 겹으로 파고 그 안쪽으로 흙벽을 축조한 뒤 지름이 30cm가 넘는 목책을 세웠다. 상당한 노동력이 징발되었기에 가능한 결과물이었다. 문제는 대평리에 소재한 2개의 환호 집락 사이에는 작은 집락과 광활한 밭이 펼쳐져 있었다. 게다가 환호 바깥에서 고상식 창고까지 확인되었다. 그러면 환호로 둘러진 방어형 집락과 환호 바깥 자연 집락의 차이는 무엇일까?

전자는 청동기 사회에서 자신과 재산을 지켜주는 환호나 목책과 같은 공공재 조성에 몫을 한 자들인 반면, 후자는 이것을 거부했거나 포함되지 않은 집락으로 보인다. 분명한 것은 사유재산의 태동과 인구의 다과에 따라 집락 간에도 격차가 발생했음을 뜻한다. 이러한 양상을 통해 '보호'라는 차원에서 주민을 통제하는 사회 조직의 탄생을 읽을 수 있다. 환호 집락은 주민 통제와 그러한 조직의 존재를 알리는 징표로 보인다. 이러한 방어형 집락의 등장은, 주민 동원과 징세 권한을 장악한 세력의 태동을 뜻한다. 나아가 분쟁을 암시해주는 한편, 분쟁과 통합 과정을 거처 국가의 출현으로 이어졌을 것이다.

적어도 국가라고 인정할 때에는, 중국식 왕호를 사용하지 않았더라도, 공인된 영역과 일정한 규모의 주민들을 거느렸을 뿐 아니라, 독자적 제사권을 지녔고, 연맹에서 인정한 지배자의 출현을 뜻한다. 인명과 재산의 보호라는 목적에서 출현한 방어형 집락은 일차적으로 주변의 자연 집락을 압박하거나 강제하여 흡수했을 것이다. 이보다 시차를 두고 출현한 고지성 집락의 경우도 성격은 동일하다고 본다. 나아가 여타 방어형 집락이나 고지성 집락 간에도 통합이 이루어져, 국가로의 발전을 예비했다. 일본의 경우도 환호 집락의 등장 배경을, '왜국대란倭國大亂'에 보이는 집단 간의 긴장 상태나 무력쟁란 등과 결부지어 해석하고 있다.

그런데 중요한 사안은 방어형 집락은 더 이상 발전하지 못하였다. 그 상태에서 멈춘 단속성을 지녔다. 가령 송국리와 검단리 유적은 특정 시기에 한정된 경향을 보였다. 그 이유는 방어형 집락을 통합한 국國의 등장과 연계되었다고 본다. 지금의 군郡 단위 정도에 출현한 국의 통치 거점인 국읍國邑은 구릉지 토성인 경우가 많았다. 방어력이 상대적으로 우월한 구릉지 토성을 중심으로 그 예하에 다수의 집락이 포진한 상황으로 보인다. 이때 국의 수장으로서는 자신을 잠재적으로 위협할 수 있는 방어형 집락을 해체했을 것이다. 당초 방어형 집락을 거점으로 한 국의 수장도 보다 우월하고 위용을 갖춘 토성을 축조하여 거점을 옮기거나, 기존의 방어형 집락을 토성으로 개조했다고 본다. 후자의 경우로는 방어형 호가 둘려진 집락에서 토축 성으로 이어진 풍납동토성을 꼽을 수 있다.

일반 집락 보다 우월성을 지닌 방어형 집락은 토성의 축조로 종언을 고하였다. 실제 압독국이 소재했던 경산 조영동에도 환호 집락이 나타난다. 이곳에서 불과 200m 남쪽에는 그 이후에 조성된 임당동토성이 소재했다. 아울러 토성 인근에는 임당동과 조영동에 고총 고분군이 분포하였다. 방어형 집락의 폐기와 토성 중심 단위 사회로의 재편을 읽을 수 있다. 그러한 산물이 기원전 4~3세기 무렵에 등장하는 황해도 은율의 운성리토성이나 평안남도 온성의 성현리토성 등으로 보인다. 운성리토성이나 성현리토성은 주변에 거대한 집락이 포진하였다. 토성을 축조한 독자적인 지역 집단의 등장을 뜻한다.

이후 연맹을 통합한 집권국가集權國家의 출현에 따라 기존 국 중심의 체제 역시 종언을 고했다. 신라의 경우 5세기 중반 이후에는 강인한 토착 세력의 존재를 반영하는 금동관과 같은 호화로운 부장품을 갖춘 대형 봉토분이 소멸된다. 이와 맞물려 일련의 산성 축조가 신라의 서북 변경 지역까지 확대되었다. 일사불란한 대규모 노동력이 동원되는 토목공사가 신라 중앙정부 주도 하의 산성 축조였다. 이로써 토성 중심의 단위 사회를 형성하고 있던 구국舊國 중심의 지배 질서는 전면적으로 해체되었다.

집권국가의 지방 통치 거점으로서 산성 축조는 방어력 극대화의 산물이었다. 더러는 기존의 고지성 집락 터에 산성을 축조한 경우도 나타났다. 이 경우는 방어와 통치, 용수用水 등 여러 면을 고려한 결과였다. 신라 집권국가의 힘이 미친 시점에서 양산 지역은 정치적 거점이 이동한다. 즉 고지성 집락인 다방동 패총 유적에서 산성봉(해발 332m) 정상에 축조된 신기리산성(사적 제97호)으로 옮겨갔다. 463년에 왜인이 삽량성歃良城을 공격하는 기사가 보인다. 삽량성이 신기리산성일 가능성이 높다고 판단되므로, 463년 이전에 축조된 것이다. 신기리산성의 북서쪽으로 뻗은 산 중턱에 부부총을 비롯한 6세기대 신라 고분군이 산재하였다.

자연 집락→방어형(고지성) 집락→구릉지 토성[國]→산성[집권국가]으로의 발전 과정은 백제와 신라에서 상정할 수 있다. 임나 제국의 경우는 사례가 다양하여 일반화할 수 없는 부분도 보인다. 고구려는 집락에 대한 조사 연구가 미비하기 때문에 단언하기 어렵다. 그러나 구릉지 토성의 존재는 상정할 수 있다. 문제는 반농반목半農半牧의 부여이다. 부여의 독보적 방어 시설인 원책圓柵은 목축생활에서 기원을 찾을 수 있다. 목축생활에서는 가축을 중앙에 두고 그 주위에 군단群團이 환거還居하였고, 그 환상부락環狀部落 주위에 다시 환책環柵을 둘렀다. 부여는 비록 정주생활을 했지만 목축생활적인 요소를 함께 지녔다. 부여의 제가諸加들은 원책을 거점으로 삼았던 것 같다. 다만 왕을 비롯한 대가大加의 경우 원책에서 토성 단계로 발전했을 것이다. 지린시 둥퇀산東團山 난청쯔南城子 유적을 보자. 난청쯔는 당초 원책이었겠지만 둥퇀산은 토성이었다. 왕이나 대가의 거점은 원책에서 토성 단계로 진입했음을 알려준다.

한국 역사 무대에서 가장 북쪽에 소재한 부여는 반농반목의 경제 생활을 영위했다. 가장 남쪽인 삼한의 경우는 농경과 교역의 비중이 지대한 경제 체제였다. 그럼에도 부여에서 삼한에 이른 집락에서 환상 목책의 등장은 본질적으로 동질하다. 사실 인적 자원과 재산의 보호를 목적으로 방어형 집락이 출현했다. 부여에서 재산인 가축을 중앙에 두고 주거가 조성되었고, 그 외곽에 목책이 둘려졌을 것이다. 우리 말의 '우리'는 '가축사家畜舍'와 동일한 말로서 원래는 공동체 소유의 목장을 의미한다고 했다. 삼한에서는 공동체 소유의 창고가 집락의 중앙에 조성되는 경향을 보이고 있다. 재산의 보호라는 측면에서 양자는 동질한 면이 표출된다.

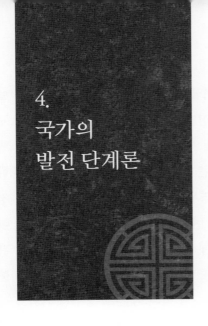

4.
국가의
발전 단계론

　국가의 탄생에 이어 국가의 질적인 발전을 살펴본다. 한국사에서 국가 간의 발전 속도와 질적인 차이는 일관되지 않았다. 국가는 개별 국國 단계에서 제의祭儀와 군사軍事를 공유하는 연맹국가로 발전하게 된다. '국'은 중국사에서 춘추시대에 등장하는 최소의 독립된 정치 세력을 연상할 수 있다. 3세기 후반에 쓰여진『삼국지』동이전 한 조에 등장하는 삼한 제국諸國을 상기하면 된다. 그러한 국을 병렬적으로 연결한 연맹국가의 맹주는, 회의체를 주도하는 의장적議長的 성격을 지녔다. 여러 간干의 우두머리 뜻인 마립간麻立干 신라 왕호가 회의체 국가의 성격을 대변해준다.

　국에서 출발한, 국가의 완성을 뜻하는 집권국가의 지표로는 권력의 집중과 독점을 말할 수 있다. 수장의 호칭은 고유 호칭에서 벗어나 중국식 왕호王號를 일컫게 된다. 그러면 중국과의 조공이나 책봉에서 유일 통치권자로서 유리한 입지를 구축할 수 있다. 아울러 왕호에 걸맞게 국왕은 이전보다 강력한 권력을 구축하게 된다. 그리고 여러 방식으로 지배의 정당성을 뒷받침할 수 있는 이념적 근거를 제시한다.

집권국가는 통합을 거쳐 영역국가로의 발전을 전제로 한다. 즉 영토의 확장이 준거가 된다. 적어도 연맹 내의 국들을 통합해 외형적으로 영토가 비약적으로 확장되어 있어야 한다. 마한과 진한을 각각 통합한 백제와 신라는 장악이나 통합 시점이 준거가 된다. 반면 변한연맹에서 통합으로 나가지 못한 임나 제국諸國의 경우는 해당되지 않는다. 고구려의 경우는 통합한 5부연맹을 기반으로 주변 국들을 끊임없이 병합해 갔다. 이와 엮어져 도로의 개통과 확장이 이루어진다. '도사道使'와 같은 직함이 관등·관직 체계 안에 흡수되었을 정도로 간선 도로망의 확장이 지닌 비중은 증대하였다. 반면 옥저와 동예는 읍락 사회 즉 장로 중심의 회의체 사회에 머물러 있었다. 부여는 연맹국가에서 세습제 왕조국가 단계로 이행했다. 그런데 성격이 동질하지 않았을 뿐 아니라, 시간상 3개의 조선으로 이어진 고조선의 사회 발전 단계를 한 마디로 규정하기는 어렵다. 그러나 고조선 역시 세습제 왕조국가 단계에서 멸망했다.

국가 발전은 회의체 읍락사회→국→연맹국가→왕조국가→집권국가로의 이행을 설정할 수 있다. 집권국가의 지표는 권력의 정당성과 합리화를 위한 지배 이념의 구비를 필요로 한다. 유학과 불교가 사회와 국가의 통치 이념으로 활용되었다. 국왕의 세습제와 더불어 1인지배의 확정이다. 이에 짝하여 국왕의 호칭은 '왕'에서 '대왕'이나 '태왕'으로 승격된다. 주민의 통합과 지배를 위한 수단으로 간선 도로망의 구축을 확정한다. 울진봉평신라비에서 도로 관련 구절이 언급되어 있다. 그리고 지방에 대한 통치 거점 구축 차원에서 산성 축조가 대대적으로 단행되었다.

그러면 집권국가의 완성을 뜻하는 지표는 무엇일까? 국가 통치의 기본 성문법인 율령의 반포와 집행, 그리고 관등 조직의 완결을 꼽을 수 있다. 이와 맞물려 지방 세력의 반독립성을 허용하지 않았다. 우선 개인과 특정 집단의 권위를 나타내는 위신재의 소멸이다. 가령 백제 지역에서의 금동관모와 신라에서의 '出' 자字 형 금동관모의 소멸과 비례해 색복色服과 관모의 통일을 가져왔다. 불교나 유교적 세계관의 도입에 따라 장례는 후장厚葬에서 박장薄葬으로 전환되었다. 일단 부장품의 양적 축소가 두드러진다. 아울러 묘장墓葬 제도의 통일이 이루어졌다. 그럼에 따라 지방독자 세력의 징표인 대형 분묘는 사라지게 되었다. 바로 그 자리에는 행정단위로서 산성이 축조되었다. 신속하게 직접 지배의 대상으로 지방 세력을 편제시켰다. 이러한 가시적 지표로써 집권국가 단계를 논할 수 있다. 집권국가는 어느 한순간에 만들어진 게 아니라 여러 단계를 거쳐 완결되었다. 율령 반포 이후에도 완만하게 진행을 해 왔다.

　　보다 중요한 사실은, 간접 지배하거나 영향권에 두었던 곳에는 수취와 관련한 창고倉庫가 건설되었다. 3세기 대만 하더라도 고구려는 간접지배 대상인 동예나 옥저 지역 주민들로부터 직접 공납을 받았다. 그러나집권국가 시점에서는 중앙과 지방 뿐 아니라 영역 너머 간접 지배 지역까지 창고망倉庫網이 구축되었다. 이와 짝하여 지방 통치 거점으로서 산성이축조되자 창고 역시 보호가 용이한 성안으로 들어갔다. 창고는 단순한 병창兵倉이 아니라 수취 공간으로서의 역할을 했다. 한강변인 하남시 미사동에 소재한 백제의 창고도 중앙과 연계된 망網의 일원이었을 것이다. 집권국가 단계에는 지방 통치의 거점인 산성의 축조와 병행해 수취처로서전국적인 창고망을 구축하였다고 본다. 수취와 짝을 이루는 게 역역力役이었다. 전자가 재물에 대한 장악이라면, 후자는 인신 장악을 가리킨다. 집권국가라면 후자와 관련해 전국적인 동원 체계가 구축되었어야 한다. 황해도 곡산十谷城 주민들이 그 멀리 압록강을 건너 국도인 지안集安에 와서 만들거나 공급한 기와가 확인되었다. 당시 고구려가 주민에 대한 전국적인 지배망을 갖추었음을 뜻한다.

수취의 최고 단계가 인접 국가로부터의 조공 징수였다. 조공은 천하관 속에서 속민屬民으로 설정한 주변 국들로부터 방물을 거둬들이는 공납을, 위세 있게 치장한 문사文辭에 불과했다. 이와 더불어 한국 고대국가의 흐름을 다음과 같이 설정할 수 있다.

〈한국 고대사회의 전개 과정〉

용사공동체국가	군사형국가	문사주도형국가	호족국가
기원전13C~4C중반	4C 중반~7C 후반	7C 후반~9C 중반	9C 중반~10C 중반
조성기	전형기	변형기	쇠퇴·소멸기

제의와 군사 공동체에서 출발한 '국國' 단위 연합체는 격렬한 동란기를 맞았다. 그 결과 통합과 더불어 국토의 완정完整이다. 광의의 삼한 영역 즉 정치적 의미에서 삼한 영역은 대동강~원산만까지였다. 최치원이나 『제왕운기』 등에서의 고구려=마한 인식도 이와 무관하지 않다. 이후 실질적으로 전쟁이 사라진 시대가 열리자 유학 이념에 따른 문사들이 주도하는 사회가 되었다. 이후 다시금 분열상이 도래하였다. 국토 분열은 반세기만에 청산되고 다시금 국토는 완정되었다.

Ⅱ

고조선

왕검조선(단군조선) → 후·왕조선(기자조선) → 대왕조선(위만조선)

1.
국호의
기원

우리나라 역사상 최초의 국가는 '조선'이라는 이름의 고조선이었다. 근세 조선과 구분하기 위에 '고古' 자를 넣어 일컫고 있다. 조선 국호의 기원을 강 이름과 결부 짓거나 '관경管境'의 뜻으로도 해석하지만 잘 알 수 없다.

고조선은 3개의 조선으로 구성되었다. 단군과 기자箕子 그리고 위만의 건국으로 각각 나누어진다. 이를 일러 전조선과 후조선으로 구분하고 마지막 위만이 건국한 조선은 '위만조선'으로 일컫고 있다. 이러한 3조선 가운데 단군이 건국했다는 최초의 조선은 신화만 전한다. 신화는 상징성을 지니고 있지만 그 자체가 역사적 사실은 아니었다. 그리고 중국 은殷의 왕족으로 현인賢人 소리를 들었던 기자가 동쪽으로 와서 건국했다는 조선은 소중화의 징표로 소중하게 받아들여졌었다. 이성계가 건국한 조선 국호도 기자 교화에서 연원을 구하였다. 그러나 기록 자체는 분명하지만 두 번째 조선은 존재 여부에 대한 쟁론이 많다. 반면 위만이 건국한 조선은 성립과 멸망이 가장 분명하다. 관련한 정권의 성격도 드러났다.

3개의 조선은 일반적으로 단군조선·기자조선·위만조선으로 호칭하고 있다. 이러한 경우는 건국자 이름을 넣은 작명인데, '이성계 조선'으로 호칭하는 것과 다를 게 없다. 따라서 마땅한 호칭을 찾는 일이 긴요하다. 이 경우는 해당 조선의 최고 신분인 왕에 대한 호칭을 사용하는 게 한 방법이다. 『삼국유사』에는 고조선 조 할주에 '왕검조선王儉朝鮮'이라고 적었다. 단군왕검의 '왕검'에서 국호를 표기한 것이다. 왕검은 고유명사 단군에 대한 직호職號였다. 적절한 표기로 생각되었다. 이러한 원칙을 두 번째 조선에도 적용한다면 후侯를 칭하다가 왕王을 칭했기에 후·왕조선으로 일컬을 수 있다. 마지막 조선은 두 번째 조선보다 영역도 확장되었고, 번藩을 거느렸기에 왕보다 격상된 대왕을 칭했을 것으로 본다. 따라서 세 번째 조선은 '대왕조선'으로 일컫는다.

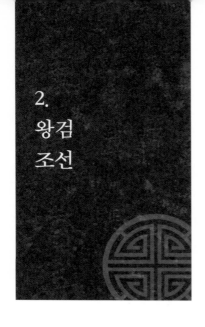

2.
왕검
조선

　　왕검조선은 신화만 존재한다. 국가의 실체는 불분명하다. 단군신화에 대해서는 후대적인 요소가 많은 것으로 드러났다. 가령 단군은 1908년간 통치한 후에 산신이 되었다. 단군은 선인仙人으로도 적혀 있다. 산신이나 선인은 모두 죽음을 초월한 존재였다. 도교적인 요소였다. 그러한 단군신화에는 불교적 요소도 많이 보인다. 그렇다고 이러한 요소들이 단군신화가 후대 생성된 근거일 수는 없다. 신화나 전설은 전해오면서 후대의 여망이 스며드는 경우가 많기 때문이다. 게다가 국조國祖를 곰과 같은 짐승에서 찾는 수조獸祖 신앙은 유서가 깊다. 가령 돌궐의 국조는 이리의 후손이었다. 캄보디아 건국신화에는 국왕은 사람과 뱀의 여인(蛇女; nagi) 사이에 태어난 후손이며, 뱀왕nagaraja은 토지의 주인이자 왕과 국가의 수호신이라고 했다. 몽골족의 구전을 수록한 『몽고비사』에서 몽골인의 혈통은, 푸른 이리와 흰 암사슴에서 비롯했다고 한다.

　　그러면 왕검조선의 건국자인 '단군왕검'은 어떤 의미를 지녔을까? 「응제시주」에 따르면 단군의 아버지인 환웅桓雄을 단웅檀雄으로 표기했다.

'환'과 '단'이 서로 호환됨을 알려준다. 여기서 '환'은 우리 말의 '환하다'의 뜻으로, '단'의 '밝돌' 역시 동일한 의미로 받아들일 수 있다. 단군은 '환한 임금'이나 '밝은 임금'의 뜻으로 풀이 된다. 신라 시조 혁거세왕赫居世王을 불구내왕弗矩內王이라고 불렀다. 이는 훈독과 음독으로 각각 읽은 것이다. 역시 '밝은 임금'의 뜻을 지녔다. 유목민족 연구의 권위자인 모리 마사오護雅夫 견해를 참조하면, '왕검'의 '검'은 '샤먼'의 뜻이다. 그러면 단군은 정치적 군장을 뜻하고, 왕검은 왕+샤먼의 합성어가 된다. 단군의 '군'과 왕검의 '왕'은 중복 표기이다. '단군(왕)검'을 영어로 표기한다면 'Bright king and shaman'의 뜻이 된다. 제정일치 사회 군장의 면모를 보여준다.

왕검조선은 신화에서 출발했다. 이후 단군은 하夏의 우왕禹王이 도산회맹塗山會盟할 때 태자 부루를 파견했다고 한다. 신화에서 역사적 실체로서 단군의 존재가 등장했다. 왕검조선이 신화에서 역사로 진입한 것이다. 이와 연동해 단군릉도 조성되었다. 이에 대하여 홍경모洪敬謨 (1774~1851)는 "이미 산에 들어가서 신선이 되었다고 했으니, 무덤이 어찌 있겠는가?(『冠巖存稿』「檀君墓記」"檀君入山爲神 墓於何有")"라고 평했다. 더 보태고 뺄 게 없다.

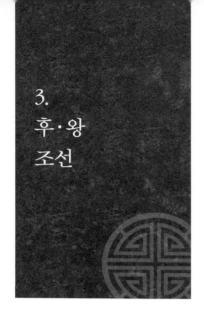

3.
후·왕
조선

　후·왕조선은 은말의 현인이었던 기자가 동쪽에 와서 세운 나라로 전하고 있다. 시대를 달리한 여러 문헌에서 일관되게 증언하였다. 그랬기에 이른바 기자동래 교화설은 소중화의 근거로 오랜 동안 자리잡았다. 그러나 기자동래 교화설은 20세기에 접어들어 부정되었다. 중국인들의 정치적 의도에서 나온 허구적 망상 내지는 공상의 산물로 치부하였다. 그렇지만 이 문제는 그렇게 간단하지만은 않다.

　첫째, 기자의 40여세 후손을 자칭하는 조선이라는 국가의 성격이다. 왜 그들이 굳이 기자의 후예를 표방했는지에 대한 납득할만한 근거 제시가 필요하다. 만약 기자의 후예가 아니라면 이 조선의 정체성을 밝혀야 한다. 둘째, 조선이 연燕과의 대결에서 패하여 서방 2천여 리 혹은 1천여 리를 빼앗겼다면, 당초의 소재지는 요서~요동을 운위할 수 있다. 그렇다면 이 국가의 청동기 문명은 중국과의 관련성을 지닐 수밖에 없다.

　전국7웅의 하나인 연과 겨루던 조선의 후侯였다. 그는 연후燕侯가 왕을 칭하자 자신도 왕을 칭했다고 한다. 조선의 국력이 강성했음을 알려주는 지표였다. 조선 후가 전국의 제후들과 어깨를 나란히 하며 겨루었음을 반증한다. 이 사실은 중국 사회의 일원으로서 조선이 참여한 의미로 받아들일 수 있다. 조선후가 기자 후손을 자칭한 것은, 기국箕國이 소재했던 연 북부 지역을 회복할 수 있는 명분이기도 했다.

요서~요동의 조선은, 한족漢族의 문화와 산융을 비롯한 북방 유목 문화가 교차한 지대에 소재했다. 연과 교전했을 뿐 아니라 위협까지 했던 조선은, 기원전 4세기 말~3세기 초에 서쪽 영역을 대거 상실하고 밀려났다. 이후 조선은 쇠약해졌다고 한다.

4.
대왕
조선

1) 조선의 정체성

조선의 정치적 입지는 육속한 중국 대륙의 정세와 엮어져 있었다. 진시황에 의해 전국의 6국은 병합되었다. 통일제국 진秦은 만리장성 축조에 주민들을 몰아넣었다. 전란과 토목 공사를 피해 중국 대륙 북부 지역 주민들이 대거 조선에 밀려들어 왔다. 혹은 진과 조선 사이의 공지에 몰려들기도 했다. 그러나 혹독했던 진 제국은 삽시간에 해체되고 다시 전란에 휩싸였다. 역시 중국 주민들의 대피성 이주가 잇따랐다. 그리고 한漢 제국이 들어선 이후에도 주민들의 이탈이 발생했다. 이 가운데는 흉노로 망명한 노관盧綰의 부장이자 연 지역 출신 위만衛滿이 있었다.

위만이 무리를 이끌고 조선에 망명한 기사가 『사기』와 『한서』에 각각 보인다. 그런데 다음의 위만 망명 기사에서 몹시 특이한 구절을 발견하게 된다.

추계만이복   魋結蠻夷服(『사기』 조선전)

추계만이복   椎結蠻夷服(『한서』 조선전)

위만이 망명할 때 두발 형태와 복장이 보인다. 복장은 모두 '만이
복'이라고 했다. 만이복은 비중국계 복장 즉 망명지인 조선의 의복이 분
명하다. 위만은 망명할 때 조선 복장이었음을 알려준다. 의복의 속성은
신분과 정체성을 반영한다. 위만은 그간 입었던 중국 의복을 벗어던지고
조선옷을 걸친 것이다. 조선 사람이 되겠다는 것이고, 조선의 질서에 순
응하겠다는 귀순 표지였다. 그러면 두발인 '추계魋結'는 무엇인가? 이 역시
복장과 연계된 두발 형태임을 뜻한다. 그렇지 않다면 굳이 기록에 남길
이유가 없기 때문이다. 물론 위만의 두발에 대해 『사기』와 『한서』는 서로
다른 표기를 했다. 그러나 분명한 것은 이러한 두발은 한족과 다른 두발,
그것도 조선인들의 두발을 가리킨다고 보아야 한다.

『사기』에 보면 한에서 파견한 사신들이 흉노에 항복한 이릉 장군을
접견하였다. 이때 이들은 함께 고국으로 돌아갈 수 있음을 넌지시 알렸
다. 그러자 이릉은 자신의 머리를 가리켰다. 흉노 두발인 '추계椎結'였다.
자신은 이제 흉노 사람이 되었기에 돌아갈 수 없음을 우회적으로 나타냈
다. 따라서 '추계'는 체두변발을 가리킨다.

위만은 조선에 망명할 때 변발에, 옷깃을 왼쪽으로 여미는 좌임左
衽 복장을 한 것이다. 명의 장군들이 후금에 항복할 때 변발에 만주족 복
장을 걸쳤다. 청에 항복한 인조도 동일한 복장을 입었다. 여러 해 전 뉴스
에 따르면, 바른 미래당을 탈당해 미래통합당에 입당한 모 국회의원이 빨
간 유니폼을 입고 나와 환영을 받는 장면이 있었다. 동일한 맥락에서 살
필 수 있다.

위만이 망명할 때의 두발과 복장을 통해 조선의 정체성을 확인할 수 있다. 1세기 경의 저술인 『논형論衡』에서 한사군 설치 후 조선의 두발이 상투로 바뀌었다고 했다. 이 기록은 조선의 두발이 변발이었음을 반증한다.

2) 집권과 세력 확장

위만은 조선 준왕의 신임을 얻어 백리 땅을 영지로 받았다. 이후 위만은 일선 병력을 이동해 속임수로써 준왕을 축출하고 집권했다. 위만은 새 왕조의 창건자였지만 기존 국호를 그대로 사용했다. 소수로써 다수를 전복한 그로서는, 기존 질서를 수용하고 그 속에 스스로 들어가는 게 통치에 유리했다. 그 결과 대왕조선은 중국계 유이민과 토착 세력의 결합으로 이루어진 연합 정권이었다.

위만의 경우는 살린스Marshall Sahlins의 외래왕 사례에 속한다. 위만이 조선인이라는 근거로 제시한 국호의 지속성은, 손진태가 말한대로 정권이 조선화朝鮮化한 증거에 불과하였다. 게다가 이방인이 토착민과 통합했을 때 살린스는 "종속된 하위 집단의 이름을 취하여 붙였다"고 했다. 살린스는 덧 붙여서 "하위에 있는 사회적 용어를 전체의 일반적인 개념으로 만든 일종의 역명명법逆命名法에도 불구하고, 이러한 분류는 문자 그대로 왕의 포용과 더불어 그의 통치권의 모순을 나타낸다"고 하였다. 이렇듯 토착 정복지에 대한 왕의 동화가 따른다. 그러므로 국호의 지속성이 위만이 조선인이라는 근거는 될 수 없다.

위만은 소수로 다수를 전복했기에 국호를 승계하거나, 토착민을 권력의 중추에 기용하는 타협 형태로 정권을 유지하였다. 그리고 위만이 조선에 올 때 호복胡服을 입었다. 동일한 시기 남월南越에서 중국 조인趙人 조타趙佗(他)의 경우도 이와 유사하다. 조타는 정권 탈취 후 월越이라는 원래의 국호를 그대로 사용했다. 그리고 한漢의 사신 육생이 조타에게 "'족하는 중국인이고 친척과 형제의 분묘가 (중국의) 진정 지방에 있는데도, 지금 족하는 천성에 반하여 관대冠帶를 버리고 추계魋結하고 있다…'고 했다"는 것이다. 『사기』에서 위만과 조타의 두발로 공히 등장하는 '추계'는 한족의 두발은 아니었다. 이렇듯 조선과 남월은 유사한 점이 많았다. 양국 간의 공통점이 무려 11개나 된다고 한다. 우선 위만과 조타는 진한秦漢 교체기에 중국 유이민이나 유망민을 기반으로 건국하였다. 양국을 구성한 토착민 대표인 상相이 국정의 주축을 이루었다. 중국계 왕권과 토착 상권相權이 타협·결합된 독특한 권력 구조였다.

위만은 외적인 안정을 중시해 한과 외신外臣 관계를 맺었다. 이를 연결 고리로 해 한의 선진 문물을 적극적으로 받아들였다. 더욱이 한에서 도입한 첨단 병기를 기반으로 정복 사업을 펼쳤다. 위만은 주변의 소국들을 정벌하여 넓은 영역을 확보했다.

대왕조선의 절정기는 위만의 손자인 우거왕右渠王 때였다. 이때의 팽창은 흉노 정벌에 국력을 기울이던 한으로는 신경 쓰이는 형세였다. 한이 신경을 곤두세운 데는 흉노와 조선의 결속 때문이었다. 양자가 손을 잡는 형국이라면 한의 흉노 정벌은 더욱 힘들어진다. 한은 '흉노의 왼팔을 자른다'는 전략에서 조선 정벌을 준비했다. 그러나 이러한 동기를 표방하고 조선을 공격할 수는 없었다. 당시 조선은 진번眞番 곁의 진국辰國이 한에 조공하는 길을 차단했다. 이는 조선이 한과 맺은 외신 규정의 위반이었다. 이 사안을 명분으로 걸 수 있었다. 그러나 한의 속내는 흉노 정벌로 인한 경제적 파탄에서 벗어나는 방도를 찾았다. 전매제와 균수법과 평준법을 시행했지만 역부족이었기 때문이다. 조선의 금광과 철광을 확보해 부족한 재원을 만회하려고 하였다.

　　한은 대외적 명분으로 조선의 외신 규정 위반을 걸었지만, 정치적으로는 흉노와의 연결 고리 차단, 경제적으로는 금광과 철광의 확보에 있었다. 기원전 109년에 시작한 전쟁은 1년을 넘겨 108년에 겨우 마무리되었다. 조선이 무너지게 된 요인은, 중국계 유이민 세력과 토착 세력 간의 갈등에서 찾을 수 있다. 실제 토착 세력의 내응으로 인해 조선은 안으로부터 무너져내렸다.

3) 대왕조선의 수도와 한사군

(1) 낙랑군의 이동

　　한은 멸망시킨 조선의 영역에 먼저 3개 군을 설치했다. 낙랑·진번·임둔이었다. 이듬해에는 현도군을 설치하였다. 이름하여 한사군인 것이다. 이 가운데 진번군과 임둔군은 존속 기간이 짧았기에 존재감이 거의 없었다. 낙랑군과 현도군은 당초의 소재지에서 이동하였다. 기원전 108년에 설치한 낙랑군은 이동을 거듭한 후 6세기대에 지금의 베이징 부근에서 소멸하였다. 현도군은 푸순撫順 방면의 제3현도군까지 남겼지만 고구려의 요동 완점에 따라 더 이상 재건되지는 않았다. 그리고 건안 연간(196~219)에 기존 낙랑군의 남부 지역에 대방군이 설치되었다. 이곳을 '황지荒地'라고 했으니 사람이 거주하지 않는 빈땅이었다.

　　한사군의 중심인 낙랑군의 중심 치소가 현재의 평양임은 분명한 것 같다. 그러면 이와 연계된 조선의 수도 위치가 구명되어야 한다. 조선의 왕성으로 청암동토성 등을 지목해 조사했지만 고조선 시기의 유구나 유물은 확인되지 않았다. 현재 평양에서 대왕조선 시기의 유적과 유물은 뚜렷하게는 확인되지 않았다. 그리고 낙랑토성이 대동강 남안에 조성되었듯이 조선 수도와 낙랑군 치소는 연결되지 않을 수 있다. 조선의 왕성을 밝히는 일이 과제로 남았다.

그 밖에 위만이 조선 경내로 넘어올 때 건넜던 패수와, 초원 4년(기원전 45) 명 호구부에 보이는 낙랑군 예하 패수현을 연결 짓지도 않았다. 시기 차이가 많지도 않은데 패수와 패수현의 위치를 분리해 비정하는 것은 납득이 어렵다.

한사군 설치 후 큰 변화가 따랐다. 즉 "한 무제가 조선을 정벌해 멸망시키고 그 땅을 나누어 사군을 삼았다. 이로부터 이후로 호와 한이 점차 구별되었다 漢武帝伐滅朝鮮 分其地爲四郡 自是之後 胡漢稍別(『삼국지』권30, 동이전예 조)"고 했다. 조선의 정체성은 '호胡'였다. 그랬기에 위만을 비롯해 중국에서 유입해 온 무리들도 호화胡化였었다. 그런데 한사군이 설치됨에 따라 호 속에 있던 한인漢人들은 자신들의 귀소처인 한으로 돌아왔다. 그 결과 한인과 토착 세력 간의 구분이 생겼다는 것이다. 한이 조선 지역을 지배하자 중국에서 이주해 왔던 주민들은 정체성을 회복했다. 이로 인해 이주 한인과 토착 호인과의 구별이 드러난 것이다. 한인과 토착 세력이 결성한 대왕조선의 근본적인 해체를 뜻하는 구절이었다.

(2) 영서낙랑의 태동

낙랑군이 대동강 남안인 지금의 평양 지역에 처음 소재한 것은 부인할 수 없다. 막대한 한대漢代 유물을 부장한 한계漢系 고분군과 치소였던 낙랑토성의 존재가 웅변하기 때문이다. 이러한 낙랑군의 이동 시기에 대해서는 313년이 정설이지만, 1세기 후반으로 지목하는 등 다르게 해석할 여지는 남아있다.

　　가령 111년에 부여 왕이 낙랑군을 공격한 사실은, 평양 지역의 낙랑군이 압록강을 넘어 요동遼東으로 이동했음을 뜻한다. 낙랑이 평양에 소재했다면, 부여가 고구려를 뚫고 공격할 수는 없기 때문이다. 고구려는 121년(태조왕 69)과 122년(태조왕 70)에 현도군과 요동군을 각각 공격할 때 마한의 군대를 거느렸다. 낙랑군이 지금의 평양에 소재했다면 고구려가 마한의 군대를 차출할 수는 없었을 것이다. 286년에 고구려가 대방을 공격하면서 군사적 압력이 대방군 뿐 아니라 한강 하류에 도읍한 백제에까지도 미쳤다. 백제 책계왕은 고구려 침략을 두려워해 한강 연변의 사성(삼성동토성)과 아단성(아차산성)을 수리했다. 이 사실은 고구려와 대방군 사이에 낙랑군이 존재하지 않았기에 빚어진 사태였다.

　　그리고 『삼국사기』에서 247년(동천왕 21)에 "평양성을 쌓고 백성과 종묘와 사직을 옮겼다"고 한 평양성 천도 기록을 본다. 천도 동기는 전란으로 환도성의 파괴를 꼽았고, 장소인 평양은 선인 왕검이 거주하던 곳이라고 했다. 『삼국사기』 고국원왕 13(343)년 조에서 '평양 동쪽 황성平壤東皇城'을 일러 '지금 서경 동쪽 목멱산 중에 있다'고 했다. 247년에 천도한 평양성은 지금의 평양을 가리키고 있다. 평양 일원에는 2~3세기대 고구려 적석총이 산재했다. 적석총이 이전 시기부터 산재한 게 아니었다. 2세기부터 조성된 것은 이 무렵부터 평양 일대가 고구려 영역이 되었음을 알려준다. 247년에 고구려의 천도가 가능한 환경이 마련된 것이다. 3세기 중엽을 하한으로 한 『삼국지』에서 고구려의 남쪽 경계를 '조선'이라고 하였다. 그리고 강원도 북부에 소재한 예濊의 서쪽 경계를 '지금 조선'이라고 했다. 낙랑군이 소재했던 공간을 '구조선舊朝鮮'이 아닌 '금조선今朝鮮'이라고 하였다. 이러한 사실은 마한의 북쪽 경계로 적힌 '대방'과는 달리, 적어도 3세기 중엽경에는 낙랑군이 지금의 평양에 소재하지 않았음을 반증한다. 그랬기에 낙랑 대신 '조선'이라는 구국호舊國號로 표기했고, 247년에 고구려의 평양성 천도가 가능하였다.

그 밖에 위魏 본국에서 233년과 254년에 정치범들을 낙랑으로 유배 보낸 사안이다. 이들의 유배 통로에 소재한 요동은 190년~238년까지 공손도→공손강→공손연 3대가 지배했기에 '절역絶域'으로 여겨 '해외지사海外之事'를 맡겼다고 한다. 실제 공손도가 낙랑태수로 부임해 가는 양무涼茂를 억류했을 정도로, 요동은 위의 행정력이 미치지 못하는 구간이었다. 이런 실정인데 233년에 위가 어떻게 요동 지역을 뚫고 평양으로 유배 보낼 수 있었을까? 더욱이 고구려는 44년(대무신왕 27)에 이미 살수(청천강)까지 내려왔을 정도로 한반도 서북부 지역을 잠식하고 있었다. 위가 233년(동천왕 7)에 평양 지역으로 유배보내려면 1차적으로 절역인 공손씨 세력권인 요동을 뚫어야 하고, 2차적으로는 고구려 영역을 통과해야 한다. 이렇게 지난至難한 구간을 통과해 정치범을 평양으로 유배보낸다는 것은, 지극히 부자연스럽고 사리에도 맞지 않다. 따라서 이 낙랑은 요동~압록강 이북 고구려 사이, 아마도 낙랑태수 처자가 생포된 서안평 부근에 소재한 것으로 보아야 맞다.

그리고 평양 지역의 낙랑군 주민 일부는 영서嶺西 지역으로 이동해 기존 한漢의 잔존 세력과 통합되었다. 『삼국사기』에서 백제 동쪽에 소재하여 신라까지 침공한 영서낙랑의 태동이었다. 낙랑군의 분해를 읽을 수 있다. 백제가 공격한 낙랑 우두산성은 춘천에 소재하였다.

4세기대에 접어들어 요동의 낙랑군과 대방군은 고구려의 집요한 공세를 견디지 못하고 전연前燕에 귀부하였다. 한반도의 대방군과 영서낙랑 역시 고구려의 압박으로 인해 해체의 길을 걸었다. 물론 영서낙랑은 진번이나 임둔, 그리고 제1현도군과 마찬 가지로 뚜렷한 고고학적 물증을 남겨놓지 못하였다. 그렇지만 평양의 낙랑군과 마한과는 교류 관계를 나타내주는 자료가 거의 없다가 2세기 후엽 이후부터는 중부 지방에 낙랑 관련 유물이 급증하는 현상이 나타난다. 이는 낙랑 주민의 이주 내지는 남하·확산을 뜻할 수 있지만, 영서낙랑의 소재지와 긴밀히 연계된 현상임은 부인할 수 없다.

한사군은 한반도에서 사라졌지만 그에 대한 인식은 후대까지 내려왔다. 낙랑이나 현도 그리고 대방이 지닌 상징성은 여전히 유효했기 때문이다. 삼국의 국왕들은 황제의 대행자로서 변군邊郡을 관리하는 권한을 위임받고자 하였다. 그랬기에 낙랑이나 현도 혹은 대방을 붙인 봉작封爵을 부여받았다. 역대 백제 왕들이 받았던 대방군왕에는 대방군이 관할했던 동예와 삼한 그리고 일본열도에 대한 과거의 지배권을 인정해 주는 의미가 담겼다. 대방군왕 등에는 황제로부터 부여받은 곧 황제권의 위임자로서의 권위를 지녔다. 통일신라와 고려 초에는 우리나라를 가리켜 '사군四郡'이라는 범칭을 사용했다. 혹은 '현도'를 표방하였다. 황제권의 정당한 위임자이자, 한국 역사의 출발을 중국 황제권이 미친 한사군에 두었다. 이 점은 부인하기 어려운 사실이다.

III

부여

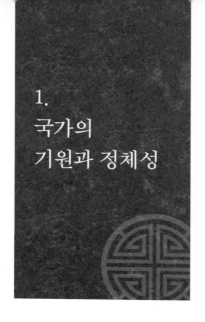

1.
국가의
기원과 정체성

1) 국호 기원과 역사적 위상

부여는 조선과 병존했던 국가였다. 꽤 이른 시기 중국 문헌에서부터 부여의 존재는 확인되고 있다. 이러한 부여 국호의 기원에 대해서는 여러 논의가 있었다. 일단 부여는 녹산鹿山 즉 사슴산에서 기원했다고 한다. 산 이름인 '사슴'을 일컫는 말이 만주어에서 '푸유puyu'였다. 푸유 음가를 옮겨 놓은 게 '부여'인 것이다. 산 이름에서 국호나 종족 이름이 기원한 경우는 선비나 오환에서 찾을 수 있다. 선비산과 오환산에서 각각 유래하였다.

복수複數의 부여를 포괄하는 부여사는, 285년에 전연前燕의 공격을 받기 전까지를 전기, 346년에 전연의 공격을 재차받아 파국에 빠질 때까지를 중기, 그 이후 494년까지를 후기로 설정할 수 있다.

부여의 중심지에 대해서는 현재 지린성 지린시 둥퇀산東團山 난청쯔南城子 일대로 지목하고 있다. 문헌과 고고학적 자료를 접목한 우고쉰武

國勛의 견해이다. 이 견해는 주목할만한 요소를 지녔지만 여전히 해결하지 못한 문제가 가로놓여 있다. 즉 왕성으로 비정한 난청쯔와 연계된 고분군은 마오어산帽儿山으로 지목해 왔다. 그런데 난청쯔가 왕성이라면, 인근 마오어산 고분군에서 왕릉군이 확인되어야 한다. 부여 왕릉 확인은 어렵지 않다. 옥갑玉匣을 두른 시신이 매장되었을 때 왕릉으로 지목할 수 있다. 부여 왕은 현도군으로부터 옥갑을 수의로 공급받았기 때문이다. 그리고 부여에서는 많은 경우 100명을 한꺼번에 순장했다고 한다. 그러나 옥갑 시신이나 순장묘는 단 1기도 확인된 바 없었다. 이 사실은 마오어산 고분군에서 왕릉의 존재가 확인되지 않았음을 뜻한다. 그렇다면 이와 연계된 왕성의 존재도 불투명해졌다. 게다가 난청쯔 주변에서 왕릉과 순장묘도 확인되지 않았다. 부여의 중심지는 전면적인 재검토가 필요하다.

부여가 지닌 역사적 위상은 높았다. 고구려와 백제 모두 부여에서 출원했음을 내세웠기 때문이다. 고구려는 당대의 금석문에서 북부여 출원설을 제기했고, 문헌에서는 동부여 출원설을 제기했다. 백제의 경우는 왕실의 '부여씨', 성왕대의 남부여로의 개호改號, 부여 별종別種, 스스로 고구려와 함께 부여에서 나왔다는 출원 의식, 부여 왕실에 닿고 있는 백제 시조 비류왕의 계보, 그리고 백제 시조라는 구태仇台 역시 부여계 인물이었다. 발해도 부여의 유속遺俗 즉 전통 계승을 천명했다. 시간적으로 연결되지 않은 발해 왕실의 경우도 정신적 자산을 부여에서 찾았다. 이러한 사실은 부여가 지닌 역사적 위상이 높았음을 뜻한다.

2) 건국 설화

부여 건국자는 동명東明이다. 동명의 건국담은 1세기 경의 문헌인

『논형』과 3세기대의 저술인 『위략』에 모두 수록되었다. 『위략』일문은 『삼국지』에 붙여져 전한다. 이러한 내용이다. 옛적에 북방 고리국(탁리국) 왕은 여종이 임신을 하자 그녀를 죽이려고 했다. 그러자 여종은 계란만한 기운이 몸에 쑥 들어와 임신했다고 해명하였다. 왕은 믿기지 않았지만 참고 기다릴 수밖에 없었다. 왕은 출산한 여종의 갓난아이를 돼지우리와 마굿간에 각각 버렸다. 그러자 말과 돼지들이 입김을 불어 주어 체온을 유지하게 했다. 보고를 받고 기이하게 여긴 왕은 천제의 아들로 생각하고는 아이를 어미에게 돌려보냈다.

고리국 왕은 동명이 장성하자 항시 말을 치도록 했다. 동명은 활을 잘 쏘았고, 말을 잘 다루었다. 왕은 동명의 특출한 기량에 겁을 먹었고, 자리를 빼앗길까 두려워했다. 동명은 왕이 자신을 죽이려 하자 탈출하였다. 남쪽으로 달아나는 동명 앞에는 싯퍼런 강물이 흘러가고 있었다. 단절을 나타내는 장애물인 강은 위기를 상징했다. 동명에게는 세 번째 위기였다. 출생 직후와 장성 후 살해 위협, 그리고 추격병을 뒤로 한 그 앞에 펼쳐진 강물, 그 위기일발 찰나의 순간에 활로 물을 치자 물고기와 자라가 떠 올라 다리를 만들어 주었다. 동명이 강을 건넌 후에 물고기 다리는 풀어 흩어져 추격하는 병사들은 건널 수 없었다. 이후 동명은 부여 땅에 자리잡고 왕 노릇했다고 한다.

동명왕의 부여 건국 설화는 부여계 국가들에 영향을 미쳤다. 고구려 시조 추모왕(주몽왕)의 건국 설화가 그 전형이다. 다만 전자는 태생이요, 후자는 난생이라는 차이 밖에는 없다. 백제 시조에 대해서도 "대저 백제 태조 도모대왕은 태양신의 영이 몸에 내려왔기에, 홀연히 부여에서 나라를 열었고, 천제의 수록授籙으로 모든 한韓을 합하여 왕을 칭했다. 夫百
濟太祖都慕大王者 日神降靈 奄扶餘而開國 天帝授籙 摠諸韓而稱王(『속일본기』延曆 9년 7월

조)"고 했다. 부여에서 개국한 도모대왕은 "도교에서 신선이 되는 비록秘
錄을 차례로 전수해 준다"는 '수록授錄'으로, 한을 합치고 왕을 칭했다고 한
다. 도모대왕은 '부여에서 개국'했지만, '한을 합치고'의 '한'은, 마한을 가
리킨다. 백제의 기원이 부여임을 설파하면서 마한 땅에 소재했음을 밝혔
다. 여기서 '태양신의 영이 몸에 내려왔기에'라고 했고, '부여에서 나라를
열었고'라고 한 도모대왕은, 부여 시조 동명왕을 가리킨다.『신찬성씨록』
에서도 주몽과 추모는 동일 인물로 표기했지만, 함께 수록된 도모왕과의
연관성은 언급하지 않았다. 따라서 도모왕과 고구려 추모왕(주몽왕)은 서
로 다른 인물이었다. 백제 시조의 정체성은 고구려가 아닌 부여에서 찾을
수 있다.

　　이와는 달리 "그 백제의 먼 조상 도모왕은, 하백의 딸이 태양의 정
령과 접촉해 낳았다고 한다 其百濟遠祖都慕王者 河伯之女感日精而所生(『속일본기』
延曆 8년 12월 조)"는 기사가 있다. 이 기사에 등장하는 도모왕의 부모는, 고
구려 시조 추모왕의 부모인 천제天帝와 하백의 딸과 유사하다. 특히『주
서』에서 "스스로 말하기를 시조는 주몽인데, 하백의 딸이 햇빛과 접촉해
잉태했다고 한다 自言始祖曰朱蒙 河伯女感日影所孕也"고 했다. 이에 따르면 도
모왕은 추모왕과 동일하다. 북주(557~581) 25년 간의 역사였고, 618~628년
에 출간된『주서』는, 고구려인들 스스로의 발언을 소개한 형식이다. 그 보
다 200년 전인 5세기 전반 고구려인들은 자국 시조를 '황천(천제)의 아들'
이나 '해와 달의 아들'이라고 했다. 이에 비해『주서』에 적힌 시조의 아버
지 '햇빛日影'은, '일정日精'은 물론이고 동일한 '햇빛日光'보다 의미가 약하
다. 중국인들이 당초 '황천(천제)'이나 '해와 달日月'과 같은 지존한 위상을,
'햇빛'으로 낮추어 적은 것이다. 반면 시간의 경과에 따라 동명 설화의 시
비侍婢는, 건국자의 어머니인 관계로 하백의 딸로 격상되었다. 부여 동명

설화를 그대로 이어받은 고구려 추모 설화의 발전 과정에서 포착된 현상이다. 따라서 '하백의 딸'이 등장한다고 해, 도모왕 설화의 연원을 추모왕에서 찾을 수는 없다. 설화도 유기체인 관계로 성장한 것이다.

정리해 보면 태양의 정령과 하백의 딸 사이에서 태어난 도모대왕은, 태양신의 강령에 힘입어 부여에서 개국했고, 한韓을 통합하고 왕을 일컬었다. 도모대왕의 통치 환경은 고구려가 아니라 한지韓地였다. 부여 동명 설화가 백제 지역에 맞추어 재구再構된 것이다.

혹자는 '奄扶餘'를 '부여에 머물고'로 해석하고, 도모대왕을 추모왕으로 지목하지만 모두 맞지 않다. 자전의 '奄'에는 '머물다'는 뜻은 없다. 백제 시조 온조설에 억지로 맞추려고, '졸본부여'에 정착한 추모를 염두에 둔 무리한 해석이다. 여하간 부여에서 개국해 마한 땅을 다스렸다고 했다. 부여 개국주가 곧 백제 건국주로 인식되었음을 뜻한다. 실제 '부여왕 위구태'가 사서에서 마한 땅의 백제 시조로 등장한다. 이처럼 백제는 자국의 시조를 부여 왕실과 연관을 지었다. 그러므로 '모두가 그리워 한다'는 뜻을 지닌 도모대왕의 '도모都慕'는, 전체 부여족 세계의 원조遠祖요 원조元祖인 동명왕을, 새롭게 의미 부여한 이름으로 보인다.

부여가 쇠잔해진 이래로 고구려와 백제는 보란듯이 부여 적통 경쟁을 벌였다. 백제는 538년에 아예 국호를 '부여'로 바꾸기까지 했다. 고씨 왕실을 허수아비로 만들었던 연개소문의 아들 묘지명에서는 동명과 추모를 구분하였다. 그러나 고구려 유민들의 묘지명에 보이는 '동명의 후손'은, 부여 시조 동명을 자국 시조로 합한 것이다. 고구려 당시에 동명과 추모가 동일인으로 만들어진 증좌였다. 『삼국사기』와 선행 사서인 『구삼국사』에서의 고구려 시조 이름 주몽(추모)과 시호 동명성왕은 고구려 이래의 산물이었다.

3) 건국자의 내력

동명 설화는 부여 건국 세력이 북방에서 내려왔음을 알려준다. 이들은 예지濊地 즉 예의 땅에서 건국하였다. 이를 뒷받침하는 근거가 '예왕지인濊王之印'의 존재와 부여의 옛성故城 이름을 '예성濊城'이라고 일컬었고, 나라의 기로耆老들이 자신들은 옛적에 망명한 사람들이라는 증언이었다. 북방에서 내려온 건국자들은 기존의 예인들과는 문화적인 차이가 있었던 것 같다. 그 중 하나가 성의 형태였다. 과거에 조성되어 사용하지 않는 '예성'과는 달리, 3세기대 부여 성은 감옥처럼 둥근 형태의 '원책員柵'이었다. 부여성은 '예성'과는 달리 둥근 목책이었던 것이다. 그러면 왜 둥근 형태의 목책을 사용했을까? 일단 부여의 독보적 방어 시설인 원책은 목축 생활에서 기원을 찾을 수 있다. 목축 생활에서는 재산인 가축을 중앙에 두고 그 주위에 군단群團이 둥그렇게 거주還居했고, 그 환상環狀 부락의 주위에 다시 둥근 울타리環柵를 둘렀던 것으로 보인다. 유목 사회에서의 거주 형태가 농경 사회에서 재현된 현상으로 해석된다.

이러한 집락의 결속과 정체성을 확인하는 행사가 축제였다. 부여의 축제인 영고迎鼓는 유목민 사회를 넘어 수렵민 사회의 전통을 반영해 주는 징표일 수 있다. 농경 사회에서의 축제는 추수감사제 성격을 지닌 음력 시월이었다. 그런데 반해 영고는 은殷 정월 즉 음력 12월인 한겨울에 펼쳐졌다. 한겨울의 축제는 수렵민이나 유목민 사회에서 가능했다. 이 사실은 부여가 비록 농경 사회에 둥지를 틀고 있지만, 외부 세계 그것도 북방에서 내려온 건국자의 정체성을 함축하고 있다. 그리고 영고는 문자 그대로 '북맞이'인데, 시베리아 제민족에서 볼 수 있듯이 '북'은 샤먼이 하늘과 소통하는 도구였다. 하늘에서 내려 온 북을 맞아 두드림으로써 축제의 시작을 알렸던 것으로 보인다.

4) 복수의 부여

기록상 부여는, 북부여와 동부여 그리고 부여가 존재한다. 사료에서 북부여와 동부여는 고구려 건국자의 출신지로 각각 등장한다. 이처럼 방위명方位名에서 취한 부여 국호에는 기준이 존재했을 것이다. 기록을 남긴 주체인 고구려를 기준해 북부여와 동부여를 운위하기도 한다. 그러나 복수의 방위명 부여는, 부여의 분파와 결부 짓는 게 자연스럽다. 당초 하나였던 부여가 어떤 변고로 인해 나누어졌다고 상정하는 게 가능하다. 그러나 이는 어디까지나 가능한 상정일 뿐 사실 여부는 검증이 필요한 사안이다.

방위를 칭하지 않은 부여는 3세기 후반에 집필된 『삼국지』에 보인다. 동일한 책에 수록된 『위략』에 따르면 "그 나라는 은부殷富하여 선세 이래로부터 일찍이 파괴되지 않았다"고 했다. 부여는 전연의 공격을 받은 285년 이전까지는 외침으로 파괴된 적이 없었다고 한다. 그런데 285년에 전연의 공격을 받아 부여 왕은 자결하고 1만여 명이 붙잡혀 갔다. 부여의 잔여 일족들은 북옥저 방면으로 피신하였다. 이를 기화로 동부여의 탄생을 운위하고 있지만 당치 않다. 이듬해 서진 정권의 지원으로 부여는 재건되었고, 북옥저로 피란했던 부여인들은 귀환했기 때문이다.

이 사안은 414년에 쓰여진 고구려 당대 기록인 「광개토왕릉비문」을 살피면서 검토해야 한다. 비문은 일단 고구려 시조 추모왕의 출원지를 북부여라고 했다. 『삼국사기』에서는 추모왕의 출신지를 동부여로 적었다. 「광개토왕릉비문」에서 동부여는 추모왕대 이래 고구려 속민이라고 했다. 동부여도 추모왕대에는 이미 존재했다는 것이다.

「광개토왕릉비문」에서는 추모왕의 출신지 '북부여', 추모왕 속민 '동부여' 그리고 추모왕의 남하 과정에서 접한 대하大河 엄리대수의 소속지로 '부여'가 보인다. 이곳을 '부여 엄리대수'라고 했다. 따라서 엄리대수의 북쪽이 북부여이고, 부여의 동쪽에 동부여가 소재한 것이다. 물론 이것만으로는 방위명 부여가 고구려 건국 이전에 존재했다는 근거는 되기 어렵다.

그렇지만 285년 이전에 복수의 부여가 존재했을 가능성과 더불어, '일찍이 파괴되지 않았다'고 했지만 파괴된 기록이 보인다. 우선 고구려 3대 대무신왕이 동부여를 공격해 대소왕을 전사시켰을 정도로 파괴시켰다. 이와 연계할 수 있는 기록이 『위서』에서 고구려는 일찍이 부여를 통속統屬시켰다는 것이다. 이처럼 명백하게 등장하는 부여는, 『삼국지』에서 '일찍이 파괴되지 않았다'고 한 부여와 동일할 수 없다. 그리고 부여에 체류하다 121년 11월에 귀환한 태조왕은(『삼국사기』), 곧이은 12월에 부여와 격돌했다(『삼국지』). 이해가 불가한 이러한 현상은 『삼국사기』와 『삼국지』의 부여가 서로 다른 국가였을 때 가능하다. 역시 복수의 부여를 상정할 수 있다.

3개의 부여 가운데 『삼국지』의 부여는 중국과 교류한 국가였다. 그리고 지린시 일대의 부여 유적은 초기 동부여와 관련될 가능성이 있다. 고구려 대무신왕의 공격을 받았던, 고구려 북쪽에 소재했던 동부여는, 이후 414년 이전 어느 때 동쪽으로 이동해 동해가에 소재하였다.

2.
역사
전개

1) 흥성과 시련

부여의 존재는 중국 문헌에서 일찍부터 등장했다. 그러한 부여는
한漢 제국 등장 이후 교류가 활발해졌다. 부여 왕이 낙양을 방문할 정도
였다. 전통시대 한국 역사상 국왕의 외국 방문은 초유의 일이었다. 이러
한 부여는 후한의 변군邊郡인 요동군이나 현도군을 줄기차게 공격한 고구
려와 선비 사이에 끼어 있었다. 변군에서는 부여를 통해 고구려와 선비를
견제하고자 했다. 혼인 동맹을 맺는 등 부여와 변군은 우호적 관계를 유
지하였다. 부여 왕의 장례에 사용할 수의 격인 옥갑이 항시 현도군 창고
에 보관되어 있었다.

한 제국 변군과의 교류가 활발했던 부여는 예악禮樂을 비롯한 중국
문명을 빠르게 수용했다. 중국인들이 소위 중화 문명 수용의 척도로 간주
하는 게 조두俎豆 사용 여부였다. 부여는, 예양禮讓과 조두를 사용하는 질
서 있는 모습으로 그려졌다. 부여는 옷깃을 왼쪽으로 여미는 좌임左袵과

는 달리 중국처럼 우임이었다. 퉁푄산 난청쯔 출토 도용陶俑을 통해 알 수 있었다. 그리고 부여인들은 한족처럼 상투를 틀었다.

부여는 집권국가는 아니었다. 사방에서 부여의 국도로 이어지는 4개의 간선 도로 일명 사출도四出道 주변의 대소 읍락을 중심으로 짜여졌다. 왕과 궁실 그리고 창고의 존재가 기록에 남아 있다. 3세기 후반 소위 동이 세계에서 '왕'의 존재는 부여와 고구려, 그리고 마한 목지국 진왕, 왜국 야마다이국 히미코 여왕 정도였다. 이 무렵 부여 인구는 8만 호인 40만 정도였으니 동이 세계에서는 대국이었다. 부여는 예하의 읍루를 통해 적옥赤玉과 질 좋은 담비가죽을 비롯해 청석 화살촉이 붙은 싸리 화살대楛矢와 관통력이 쇠뇌弩 같은 활을 징발했다. 적옥과 담비가죽과 호시는 중국에 보내지거나 부여 귀족들의 호사품으로 사용되었다. 그런데 부여의 과도한 수탈에 항거해 읍루는 황초黃初 연간(220~226)에 반란을 일으켰다. 부여는 여러 차례 군대를 보내 정벌을 시도했지만 험준한 지형 지세를 이용한 읍루의 저항을 제압하지 못했다.

부강했던 부여는 285년 전연의 공격을 받아 국왕 의려依慮가 자결하는 등 파국에 빠졌다. 그러나 서진의 지원으로 이듬해 부여는 재건되었다. 망했다가 회복된 부여 왕은, '부여 후왕夫餘後王 의려依羅'였다. 그렇지만 모용외는 그후에도 매번 부여인들을 약탈해 중국에 팔았다. 서진에서는 속전贖錢으로 이들을 구매해 부여로 되돌려 주었다. 서진 황제는 사주司州와 기주冀州에 명하여 부여인들에 대한 노예 매매를 금지시켰다.

기원 이전부터 존재한 동부여는 중국과의 교류가 없었다. 이후 부여는 백제에 밀려 서쪽으로 옮겨갔다. 이동하지 않고 잔존한 부여 세력이 북부여로 보인다. 이동한 부여는 346년 전연의 공격을 재차받아 국왕 이하 5만여 명이 붙잡혀갔다. 370년에는 전연에 왕자를 질자質子로 보낸 부여의 존재가 확인된다. 부여의 건재를 읽을 수 있다.

2) 왕과 사회

부여 초기 왕들의 운명은 농사의 풍흉豊凶에 따라 결정되었다. 한발이 들어 농사가 되지 않았거나 곡식이 영글지 않았을 때는 허물을 왕에게 돌려 쫓아내거나 죽였다고 한다. 시퇀산西團山을 중심으로 한 청동기 문명 단계 예왕濊王의 성격을 말해주는 듯하다. 이후 북방에서 내려온 주민들이 새로운 지배자가 되었던 것 같다. 부여 사회는 농경을 기본 생산으로 하고 목축업도 성행했다. 권력의 척도는 보유한 가축 숫자에 따라 결정되었다. 국정에 참여했던 마가馬加·우가牛加·저가猪加·구가狗加의 존재가 말하고 있다.

그러면 부여 왕실의 성씨는 어땠을까? 370년에 전연의 수도 업鄴에서 '부여왕자' 여울餘蔚은 "부여·고구려 및 상당上黨의 질자 5백여 인을 거느리고" 전진前秦 군대를 맞아들였다. 이 기사에 등장하는 '부여왕자 여울'의 '여'는 '부여씨'의 약기略記였다. 부여 왕실은 부여씨였던 것이다. 이는 백제 왕실과 동일하다. 근초고왕의 이름 '여구餘句'는 '부여구扶餘句'의 약기였다. 이로써도 백제 건국자들이 부여에서 내려왔음을 알 수 있다.

부여에서 왕은 초기에는 선거에 의해 선출했겠지만 기원 이후에는 세습직으로 전환했다. 적서嫡庶의 차이도 엄존했기에 적자의 경우 비록 유년이어도 즉위하였다. 부여의 중앙 정치 무대는 지역에 기반을 둔 대가大加들에 의해 좌우되었다. 읍락에는 호민豪民들이 예하 주민들을 노복처럼 부렸다고 한다. 그리고 하호下戶로 불린 일반 주민인 민民과 그 밑의 노비로 구성된 사회였다.

부여에는 왕은 존재했지만, 지역에 기반을 둔 대가들의 권한 또한 만만하지 않았다. 대가들 가운데는 독자적으로 현도군에 줄을 대는 경우도 있었다. 부여가 집권화하지 못한 사회였음은 무기자변武器自辨에서도 읽을 수 있다. 집집마다 각자 갑옷과 무기를 구비한 상태였기 때문이다. 그러다 보니 자연 각자의 무장 정도에 차이가 났다. 이렇듯 부여는 국가 권력이 무기를 공급하고 통제했던 게 아니었다. 주민 스스로 무기를 장만한 대가 중심의 호족 연합체 군대였다.

3.
사회와
문화

부여인들은 체격이 컸다. 위도가 높은 북반구 주민들의 신장이 크고 골격이 굵었듯이 부여인들도 이와 동일했다. 부여는 기강이 잡힌 엄혹한 사회였다. 일례로 "통역인이 말을 전할 때는 모두 무릎을 꿇고, 손은 땅을 짚고 조용히 말을 한다 譯人傳辭 皆跪 手據地竊語"는 모습에서 엿볼 수 있다. 그리고 "형벌은 엄하고 급하게 쓰는데, 사람을 죽인 자는 죽이고 가족은 몰수하여 노비로 삼았다. 도둑질을 하면 12배로 받았다"고 했다. 가정과 관련해서는 "남녀가 음란하거나 부인이 투기하면 모두 죽였다. 특히 투기를 미워하여 죽인 후 서울 남쪽 산 위에 시신을 버려 썩게 했다. 여자 집에서 시신을 얻고자 하면, 소나 말을 주고서야 받아 올 수 있었다"고 하였다. 간통죄와 부인의 투기죄는 모두 죽였다. 투기죄의 경우는 매장권을 박탈한 가장 가혹한 형벌에 처하였다. 일부다처제 사회에서 가정의 평화를 위해 무서운 물리적 제재를 가한 것이다. 부여와 동일한 풍속이 많았던 고구려에서도 투기죄에 관한 엄혹한 처벌이 존재했다. 고구려 중천왕의 소후 小后 관나부인에서 보듯이 투기한 여성을 가죽 부대에 넣어 강에

버렸다. 부여와 동일하게 매장권을 박탈하였다.

부여에서는 흉노와 동일하게 '형사처수兄死妻嫂' 즉 형이 죽으면 형수를 처로 삼는 혼속이 존재했다. 그 기원은 종족과 재산의 보전을 위한 경제적 목적에서 찾고 있다. 그런데 형사처수제가 고구려에서도 존재했는지는 불확실하다. 『삼국지』의 고구려 혼속에서는 이를 언급하지 않았기 때문이다. 물론 고국천왕 사후 산상왕으로의 왕위 계승과 혼인은 형사처수였다. 그러나 이는 어디까지나 현상에 불과했다. 고국천왕과 왕비 우씨 사이에는 자식이 없었기에 왕위를 형제상속할 수밖에 없는 상황이 빚어졌다. 그 중간에 우씨의 공로가 있어서 시동생 산상왕과 재혼이 가능하였다. 고구려 왕위계승에서 형제상속이었지만 이 경우를 제외하고 형사처수는 없었다.

동일한 『삼국지』에서 고구려의 서옥壻屋 등 혼속이 구체적으로 소개되었지만 형사처수 관련 기록은 없었다. 게다가 『삼국지』 저자는 부여의 혼속을 흉노와 결부 지었을 뿐 고구려와 관련 짓지는 않았다. 그렇다고 고구려의 혼속을 부여와 결부지은 구절도 없다. 물론 『삼국지』 동옥저 조와 예 조에서는 고구려와 이들 지역 간의 혼속상의 유사성을 암시해 주었다. 그러나 고구려 자체에 형사처수 흔적이 존재하지 않았기에 관련 지을 수 없다. 실제 고구려와 언어·종족적으로 연결되고 법속에서도 유사점이 많은 옥저와 동예 혼속에서 형사처수제는 없었다. 따라서 고구려에서의 형사처수제는 단정하기 어렵다.

부여의 형사처수제는 흉노나 선비와의 연관이 깊었다. 그리고 소의 발굽을 불에 쬐어 길흉을 점치는 우제점법牛蹄占法은 중세 몽골에 남아 있던 양뼈로 점을 치는 방식과 동질하다. 그리고 부여에서는 한겨울인 음력 12월(殷正月)에 거국적인 축제가 있었다. 부여 건국자들의 정체성을 확인해주는 축제였다. 축제 기간에 '於是時斷刑獄 解囚徒'라고 한 구절을, "이 때에는 형옥을 중단하고 죄수를 풀어 주었다"로 해석하여왔다. 그러나 '단斷'은 '중단'의 뜻이 아니라 '처리했다'는 의미였다. 영고 때는 형벌을 처리하여 갇혀 있던 죄수들을 풀어준다는 뜻이었다. 형벌을 집행하여 죽이거나 풀어 주었다는 것이다. 유대인 최대 명절 과월절 때도 사형시키거나 석방하였다.

부여에서 장례를 치를 때는 보통 5개월이 소요되었다. 장례 기간이 길었기에 시신 부패 방지용으로 얼음을 사용했다. 그리고 순장이 단행되었는데 많은 경우는 100명에 이르렀다. 무덤은 목곽묘와 목관묘가 모두 확인되었다. 순장이 가능한 무덤을 조성한다면 목곽묘였을 것이다. 그런데 부여 관련 유적에서 지금까지 단 1기의 순장묘도 발견되지 않았다. 앞으로 해결해야 할 중요한 과제로 남아 있다. 그 밖에 상례喪禮는 중국과 비슷하였다.

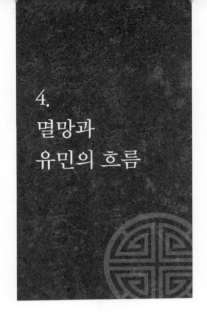

4.
멸망과
유민의 흐름

부여와 북부여 그리고 동부여의 시말을 살펴본다. 광개토왕대 (391~412) 모두루는 수사守事로 북부여에 파견되었다. 「충주고구려비문」에서 '고모루성 수사'가 등장한다. '수사'는 중앙에서 정복지에 파견한 관리로 보인다. 북부여는 적어도 광개토왕대에 고구려 영역에 편제되었음을 뜻한다. 이후 북부여 유민들은 나하那河 즉 동류쑹화강 내지는 눈강을 건너 나라를 세웠는데, 두막루국豆莫婁國 혹은 달말루達末婁라고 했다. 이들은 470년대에 "스스로 말하기를 북부여의 후예이다"고 했다. 북부여 후예인 두막루국은, 이후 여러 중국 왕조를 거치면서 723년~724년까지 중국과 교류를 하였다.

동부여는 우선 「광개토왕릉비문」에 등장한다. 410년(영락 20) 광개토왕의 정벌 명분으로 동부여는 추모왕 속민이라고 했다. 이때 광개토왕이 몸소 이끈 친정군은 동부여 왕성을 급습해 항복을 받았다. 광개토왕이 회군할 때 동부여 지방 수장들이 태왕의 덕에 감모해 따라왔다고 한다. 광개토왕은 추모왕의 속민이었기에 조공을 바쳐왔는데, 중간에 배반하고 조공을 하지 않자 응징을 하였다. 이때 광개토왕은 조공 이행 약속을 받은 후 회군하면서 단 한 뼘의 땅도 취하지 않았다. 그랬기에 동부여 수장들이 감모한 것이다. 광개토왕은 동부여를 멸망시키지 않았다. 『삼국사기』를 보면 494년(문자명왕 3)에 "부여 왕과 처자식들이 나라를 들어 가지고 와서 항복했다 扶餘王及妻孥 以國來降"고 했다. 이 부여는 광개토왕대부터 470년대 이전에 멸망한 북부여일 리가 없다. 동부여가 분명한 것이다. 504년에 고구려 사신은 북위 황제에게 보고하기를, 북위에 보낸 황금이 산출된 부여는 물길에게 내쫓겨서 더 이상 조공할 수 없다고 했다. 이 부여가 10년 전에 고구려에 항복한 동부여였다.

　　일찍이 285년과 346년에 전연에 각각 붙잡혀 간 부여인들은 여러 곳에 분산·거주되었던 것 같다. 내몽골 자치구 츠펑시赤峰市 바린쥐치巴林左旗 스팡즈촌石房子村에서 발견된 '진부여솔선백장晉夫餘率善百長' 명銘 동인銅印은 285년에 강제 이주시킨 부여인들의 거주와 연관 있어 보인다. 그리고 『제왕운기』의 저자 이승휴가 원元에 사신으로 가던 도중 요빈遼濱(랴오닝성 新民 부근)에 이르러 길가의 '부여 부마대왕'이라는 무덤을 접하였다. 부마대왕은 전연 모용황이 붙잡아 간 부여 왕 현玄에게 자기 딸을 시집보내 부마로 삼은데서 나온 것이다. 그의 무덤이 요빈에 소재했다는 것은 부여인들이 거주했음을 뜻한다.

　　그 밖에 고구려에 융화되지 못한 본토의 부여 유민들은 '부유말갈浮渝靺鞨'로 불리었다. 말갈의 일종으로 인식되었다. 나머지 부여 유민들은 선비족·발해·한족漢族에 각각 흡수되면서 종족 자체가 해체되고 말았다. 그러나 두막루 등의 부여 계승의식에서 알 수 있듯이 부여의 위상은 실로 높았다. 고구려와 백제 역시 부여 출원을 과시했었다. 발해도 정신적 자산을 부여에서 찾았다. 부여가 지닌 역사적 위상은 이처럼 드높았다.

IV

고구려

소노부 고구려 → 계루부 고구려의 개막과 연맹국가 → 준집권국가 단계 →
집권국가 단계(국내성기·평양성기·장안성기) → 막부 군사독재체제 → 보덕국(신라)
속고구려(당)

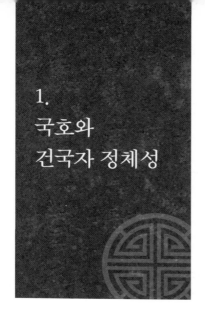

1.
국호와
건국자 정체성

1) 국호와 건국 과정

옛 문헌에서는 국호 고구려高句麗의 '麗'를 '리'로 읽도록 당부했다. 그러니 '고구리'로 읽는 게 맞다. 고려高麗도 '고리'로 읽어야 한다. 이러한 고구려의 기원을 구려駒麗에서 찾기도 했다. 그런데 중국의 아주 오래된 문헌에도 '고려'가 등장한다. 그럼에도 고구려 즉 고구리의 어원에 대해서는 '구려'에 미칭 '고'가 붙은 것으로 해석해 왔다. 관련해 '구려'를 고구려어에서 성城을 가리키는 '구루溝婁'와 결부 지었다. 고구려와 격절된 지역에서는 '모쿠리'나 '무쿠리' 등으로 읽고 있다. 그랬기에 '구려'를 '쿠리'와 결부 지었고, '모'나 '무'를 종족 이름 '맥貊'과 관련 지었다. 그렇게 되면 맥구려는 '맥족의 구려'라는 의미가 된다. 그러나 '맥貊'을 당시 '맥'으로 읽었는지는 의문이다. 오히려 '맥'은 '박狛'의 '붉'으로 읽었을 가능성이 더 크다.

고구려 국호의 어원에 대해서는 만주어의 '땅'을 가리키는 '구룬'을 비롯해 말馬 이름, 산 이름 등의 설이 제기되었다. 부여에서 신마神馬를 거루駏驉라고 했고, 또 만주에서 말을 가리키는 호칭과 결부 지은 것이다. 그리고 고구려의 어근인 '구려'가 창고의 뜻에서 연유했을 가능성이다. 함경남도 북청과 단천에서는 창고를 '구리'나 '우구리'로 일컬었다. 만주어에서 창고를 '구라'로 일컬었다. 『훈몽자회』에서도 창고를 가리키는 름廩을, '구루무'로 훈독했다. 그러한 창고가 소재한 곳을 보호하기 위해 성이 축조되었다. 고구려에서 성城을 '구루'로 일컫는 것은 성과 창고가 동일한 공간에 소재하였고, 보호라는 동일한 목적을 지녔기에 혼용되었을 수 있다. 결국 창고의 뜻에서 '구리'가 유래했을 가능성을 상정하게 한다. 창고는 재부財富의 상징이며, 고구려 수도는 이러한 재부가 가장 많이 몰려 있는 곳이었고, 가장 큰 창고를 지녔기에 '고高' 자를 넣어 고구려로 일컬었을 수 있다.

국호 고구려는 5세기 전후한 시점에서 '고려'로 표기되었다. 고려 국호는 10세기 전후해 궁예와 왕건에 의해 각각 부활된 바 있다. 고려 국호는 고구려에서부터 궁예와 왕건 정권까지 합하면 700년이 넘는다. 장구한 세월 동안 사용한 국호였다. 이는 단순히 동일 국호의 지속성에 그치는 문제가 아니었다. 정체성의 계승이라는 중요한 사안이었다. 왕건이 세운 고려에서도 고구려 시조 관련 제사를 지냈기 때문이다. 1123년(인종 원년)에 고려에 사신으로 왔던 서긍徐兢이 지은 『선화봉사 고려도경』에 보면 류화부인상이 언급되었다. 즉 "신상神像. 대개 여인의 모습을 만들어 나무에 새겼다. 혹은 부여(왕)의 처妻인 하신河神의 딸이라고도 한다. 그녀가 낳은 주몽이 고려 시조가 되었기에 그를 제사지낸다"고 했다. 고구려 시조를 고려 시조로 인식하였다. 고려는 당唐에 망했지만 당 말기에 왕건에 의해 회복되었다는 것이다. 때문에 이후 원元을 포함한 중국에서는 고구려와 고려를 동일한 계통으로 받아들였다.

확인된 고구려의 역사는 추모왕의 건국인 기원전 37년을 생각할 수 있다. 그러나 고구려 존속 기간 900년설이나 천년설을 염두에 두고, 또 기원전 107년에 설치된 현도군의 속현인 고구려현의 존재와 더불어, 소노부에서 계루부로의 왕실 교체 사실을 헤아려 보아야 한다. 「광개토왕릉비문」에서 알 수 있듯이 시조 추모왕에서 17세손 광개토왕에 이르기까지 왕실 교체는 없었다. 추모왕의 혈통이 변함없이 광개토왕에까지 이어진 것이다. 이렇게 볼 때 고구려 왕실 교체는 추모왕대로 설정할 수 있다. 실제 「광개토왕릉비문」에서 '개국開國'이라 하지 않고 '창기創基'라고 했다. 추모왕이 기업을 열었다는 것이다. 중국 위魏의 실질적인 건국자인 조조의 경우도 '창기'라고 했다. 추모왕의 경우는 기존에 고구려가 존재했기에 '개국'이라는 표현을 사용하지 않았을 수 있다. 고구려에서 계루부의 기업을 열었다는 의미로 사용한 것이다.

적어도 기원전 3세기 경에는 고구려 이름의 정치체가 존재하였다. 이 고구려는 팽창일로였던 위만의 대왕조선에 흡수되었던 것 같다. 현도군은 대왕조선 멸망 후인 기원전 107년에 고구려 영역을 포함해 설치되었다. 그런데 머지 않아 토착 세력의 저항을 받아 현도군은 서북으로 이동했다. 이러한 움직임 속에 훈강渾江 일원에서는 강력한 정치체가 결집하였다. 추모왕의 고구려 재건이었다.

2) 건국자의 정체성

고구려 시조는 추모왕鄒牟王보다 주몽朱蒙으로 더 알려져 있다. 그런데 추모는 「광개토왕릉비문」이나 「모두루묘지」를 비롯한 당대 고구려인들의 시조 이름 표기였다. 반면 주몽은 중국 북위의 역사를 담고 있는

『위서魏書』에서 비롯한 타칭이었다. 주몽의 '주'에는 주유朱儒와 같은 '난쟁이'의 뜻이 있다. 그리고 '몽'에는 '무지'와 '몽매'의 뜻이 담겼지만, 어린애를 가리키는 '동몽童蒙'을 이룬다. 조선 전기에 출간된 아동 학습서인『동몽선습童蒙先習』이 대표적이다. 이렇듯 주몽은 '난장이 어린애'의 뜻을 담고 있는 비칭이었다. '주몽'은 추모와 음이 닮았지만 나쁜 뜻이 담긴 글자를 골라 악의적으로 맞춘 고유명사였다. 중국 사서에서는 고구려에서 '땅'이나 '소국'을 가리키는 '나那'를 '노奴'로 변개했다. 초기 고구려를 구성하는 5부의 하나인 소노부消奴部·절노부絶奴部 등의 '나'를 종 '노奴' 자로 비하시켰다. 이 점을 직시해야 한다. 타칭이자 비칭인 주몽을, 후손이라는 이들이 사용할 수는 없지 않은가? 고구려인들의 자칭인 추모로 읽는 게 순리인 것이다.

그러면 고구려 건국자는 어디서 왔을까? 문헌으로는 가장 먼저 채록한『위서』와 국내 기록인『삼국사기』그리고 고구려 당대의 금석문인「광개토왕릉비문」과「모두루묘지」에서는 한결같이 부여 출원을 적시했다. 물론 문헌과 금석문에서는 고구려 건국자들의 출원지를 동부여와 북부여로 각각 달리 기록하였지만, 부여 출원에서는 일치하고 있다. 그러나 조선 후기 이래로 고구려 건국자의 부여 출원설에 대해서는 의문이 제기되었다. 우선 고구려 건국 설화는 부여 동명 설화의 차용借用에 불과하므로 역사적 사실과 무관하다. 그리고 고구려 건국자들이 부여에서 출원했다고 하지만, 실상은 부여 묘제가 조성된 바 없고, 토착의 적석총만 조영되었다. 이러한 문제 제기에는 지배자인 건국자들은 종족 고유의 그리고 정체성을 반영하는 묘제를 강요한다는 의식이 저변에 깔려 있다. 결국 건국 세력의 묘제가 조성되지 않은 점을 주목해 외부 유입설을 부정하였다. 추모왕의 부여 출원설은, 살린스의 외래왕 이론처럼 건국자의 권위를 높

이러고 만들어낸 이야기에 불과하다는 것이다.

　　이 사안은 고구려 건국자의 정체성에 관한 심대한 문제인 관계로 검증해 본다. 먼저 고구려로 인한 군사적 압박을 감당하기 벅찬 472년에, 백제 개로왕은 북위에 국서를 보냈다. 국서에서 개로왕은 자국의 연원을 고구려와 함께 부여로 밝혔다. 앙숙이자 타자인 백제의 시각에서도 고구려의 부여 출원설을 인정하였다. 부여로부터 내려오는 정통성 경쟁에서 백제는 고구려의 부여 출원설을 날조로 치부하면, 명분상의 주도권을 거머쥐는 데 유리할 수 있었다. 그럼에도 백제는 고구려의 부여 출원설을 인정해 준 것이다. 이보다 더 분명한 근거는 어디에 있을까? 고구려의 부여 출원설을 부정하는 논자들은 이 자료에 대해서는 대체로 비켜나고는 했다. 고구려 건국자들은 부여에서 내려왔기에 동명왕 설화를 자국 설화로 얼마든지 재창출할 수 있었다.

　　그리고 묘제가 종족이나 지배 세력과 일치하지 않는 사례가 많다. 일례로 백제 무령왕릉의 경우 중국 남조 양梁의 전축분을 수용하였다. 묘제가 지배 세력의 정체성과 연관된 지표가 될 수 없음을 보여준다. 그리고 환런 왕쟝루望江樓 적석총은, 부장된 부여계 유물을 통해 부여계 유이민의 분묘로 지목되었다. 묘제와 피장자의 출원지를 반영하는 유물 간의 부정합성이 보인다. 따라서 묘제를 통한 출원지 파악의 한계가 드러난다. 고구려 건국 세력의 부여 출원설을 부정해온 논자들의 핵심 근거 역시 힘을 잃었다.

　　관련해 외래왕 이론의 한 구절을 옮기면 다음과 같다. 즉 "왕들은 외부에서 온 자, 대체로 이주해온 왕자 출신 전사들인데, 그들의 아버지는 신이거나 그들 고국의 왕이었다. 그 자신의 권력욕 때문에 망명하거나 살인을 저질러 추방당해, 왕위를 계승할 수 없는 주인공들이다. 대신 그들은 다른 곳에서 그리고 여성을 통해 권력을 잡는다(Marshall Sahlins, Isalnds of history, The University of Chicago Press, 1985, 81~82쪽)."

실제 추모는 토착 왕의 딸(졸본부여 왕의 딸)이나 현지의 재력 있는 과부(소서노)와의 혼인을 통해 건국에 성공하였다. 어떤 기록이 맞든 간에 쫓겨온 추모는 토착 여성의 지원을 받아 건국한 것이다. 살린스가 말한 '다른 곳에서 그리고 여성을 통해 권력을 잡는다'는 주장과 부합한다. 추모는 토착민과의 융화 수단으로 우선 혼인을 이용하였다. 나아가 추모는 살린스가 말한 '왕의 포용' 즉 동화를 취했다. 그랬기에 부여 묘제가 고구려 건국지에 조성되기는 어려웠다. 살린스의 이론은 추모가 외래왕 유형에 속하므로 부여 출원이 부정되는 게 아니었다. 오히려 살린스 이론을 통해 고구려 건국자는 외래왕임이 입증되었다.

수적으로 열세인 건국자들이 토착 세력의 영역에 권력을 뿌리내리는 방법은 여러 가지였다. 가령 연인燕人 위만은 자신이 전복한 토착 국가 국호인 조선을 계승하였다. 이는 살린스가 운위했듯이 외래인이 토착민과 통합했을 때 '종속된 하위집단의 이름을 취하여 붙였다'는 사례에 해당한다. 이와 마찬 가지로 고구려 건국자들도 토착민의 묘제를 채용한 것이다. 더욱이 추모왕 집단은 그 이전부터 존재했던 고구려 국호까지 승계하였다. 따라서 출신 지역 묘제 조성 여부를 놓고서 건국 세력의 정체성을 따지는 일은 무의미하다.

3) 자연 환경과 국가 성격

인간의 삶에 끼치는 영향력은 맹모삼천지교孟母三遷之敎에서 보듯이 성장 환경이다. 자연환경은 고구려의 성장과 주민들의 기질에도 깊은 영향을 미쳤다. 고구려의 초기 근거지였던 환련과 지안 일대 산세는 기세가 흘렀고, 산악이 많았다. 깊은 골짜기가 많아서 산골의 물을 식수로 하였다. 그리고 평야는 좁았을 뿐 아니라 비옥한 토지도 없었기에 부지런히 농사를 지어도 배를 채울 수 없었다. 열악한 풍토를 읽을 수 있다. 이러한 상황을 극복하기 위해 고구려인들은 굳센 심지를 길렀다. 만주족의 경우 "오랑캐들의 성정은 허기지거나 목마른 것을 잘 견뎌낸다. 행군하여 나가고 올 때는 쌀가루를 조금씩 물에 타서 마신다. 6~7일 간 너덧 되升 먹는 것에 불과하다. 비록 큰 풍우風雨나 춥고 매운 바람이 있더라도 밤이 지나도록 한데에서 지낸다. 말의 성질도 5~6일 간 낮밤으로 풀을 전혀 먹지 않고도 역시 빠르게 달린다(『紫巖集』)"고 했다. 고구려인들도 이에 못지 않았을 것이다.

고구려인들은 자국 안에서 생산되지 않은 물자를 보충하기 위해 전투라는 수단을 이용했다. 이름하여 약탈 경제였다. 고구려에서는 3세기대에 좌식자坐食者라는 전문 전사층을 1만여 명쯤 구비했다. 당시 3만 호 즉 15만여 명 가운데 15분의 1이 전투 소임을 지닌 전사 계층이었다. 만주족의 경우에도 아랫 신분인 군졸들도 노비를 거느리고 있었다. 이에 잇대어 "노비가 경작을 하여 (곡물을) 주인에게 보낸다. 군졸은 오직 도검만 연마한다. 농토에서는 일하지 않는다(『紫巖集』)"고 했다. 17세기 초 만주족 사회에서도 3세기대 고구려에서와 마찬 가지로 전투에만 종사하는 좌식자 계층이 존재하였다. 고구려에서는 처자식의 생계를 안정시켜 훈련에만 전심하도록 한 것 같다. 고구려에서 군인은 선망의 대상이자 특권층이었음을 뜻한다.

고구려에서는 전투가 일상화된 관계로 젊은층의 사망률이 높았다. 그래서인지 고구려에서는 남녀가 혼인하면 죽을 때 입을 수의를 미리 만들었다. 청장년층의 사망률이 높았기에 사전에 죽음을 대비하고 준비한 것이다. 게다가 고구려에서는 생산 일꾼인 전사층을 우대하였다. 손진태도 "… 산악국민인 그들이 부단히 기근에 직면하였을 것은 상상할 수 있다. 그러므로 그들은 항상 전투에 의한 약탈로써 주요한 생산수단으로 하였다"고 했다. 만주족이 세운 후금의 경우도 "전쟁에 나갈 때는 기뻐서 뛰며, 처자 역시 모두 기뻐하였다. 재물을 많이 얻기를 원하기 때문이다. 군졸의 집에도 노비가 4~5인 있는데, 모두 전쟁에 함께 나가려고 다툰다. 오로지 재물을 약탈하기 위한 이유였다"고 했다.

생존을 위한 가혹한 시련이 고구려인들의 심지를 굳세게 만들었고, 또 그들을 정복 전쟁에 세차게 내몬 요인이 되었다. 이러한 정서를 『삼국지』에서는 "그 나라 사람들의 성질은 흉악하고 급하며, 노략질하기를 좋아한다. 길을 걸을 적에는 모두 달리듯한다"고 했다. 사뭇 긴장감이 감도는 사회 기풍 속에서 기력있는 풍모를 묘사하였다. 고구려인들의 비장하고도 다부진 모습은 인사법에서도 찾을 수 있다. 칼을 뽑기에 용이하도록 오른쪽 다리를 구부린 채 왼쪽 다리를 길게 빼는 궤배跪拜였다. 또 도성이나 촌락에서 날이 저물도록 남녀가 모여 용쾌勇快한 창락唱樂으로써 생활을 향락했다.

그러한 고구려를 일러 손진태는 '청년의 국가'라고 했다. 기력이 가장 왕성한 연령층인 청년이 주도하는 국가라는 뜻이다. 당 태종의 군대를 맞아 대군을 이끌고 출진하는 고연수와 고혜진에게 경험이 많은 늙은 대로對盧 고정의가 당부를 했다. 그러나 이들은 듣지 않고 돌격했다가 참패를 당하였다. 청년이 주도한 사회의 면면이었다.

4) 전투 수단 말과 전사戰士

고구려에서는 3세기 단계에는 군사 훈련에만 전심하는 전사층이 전체 인구의 15분의 1이었다. 게다가 신마神馬 거루가 부여 말 100필을 데리고 온(대무신왕 5) 이야기에서 처럼 고구려는 부여를 통해 명마를 확보한 것으로 보인다. 고구려 말들은 체구가 작아서 산에 오르는데 익숙하다고 했다. 이러한 과하마果下馬 외에 "또 말이 있다. 몹시 작아 산을 오르거나 험한 곳을 밟아도 지치지 않았고, 조와 쌀을 물에 섞어서 말에 먹이면, 곧바로 여러 날을 간다(『翰苑』)"고 했다. 만주족들 역시 말들을 조련하여 산과 언덕을 뛰어오르게 하고, 허기지고 갈증이 나도 피곤해하지 않게 순치시켰다. 만주족들이 부렸던 건장한 말들은 깊은 물도 잘 건넜다고 한다.

실제 경주 월성 출토 자료를 놓고 볼 때 신라 말의 높이도 120~136cm로 추정되었다. 몸통이 크고 다리가 짧은 형태의 말이었는데 제주마와 유사하였다. 경주 쪽샘 지구에서 출토한 말 갑옷을 입고 달린 말도 작고 다부진 형태로 추정되었다. 고구려 과하마도 이와 유사했을 것이다. 쪽샘 지구 철제 말 갑옷은 복원하니 무게 36kg이었다.

전쟁 수행에 있어서 근본적인 과제는 보급의 해결이었다. 이와 관련해 만주족의 경우가 시사를 준다. 즉 "무릇 전투를 할 때는 군량이나 군기軍器의 운반이 끊어지지 않기 위해 군졸들이 모두 갖추어서 간다(『紫巖集』)"고 했다. 만주족 군인 스스로 각자 보급 문제를 해결하였다. 고구려의 경우도 일부는 이와 같았을 것이다.

고구려는 숙련된 군인이나 강인한 말 같은 기존 장점에, 신장비를 적극적으로 활용했다. 고구려의 중장기병重裝騎兵 즉 철기鐵騎는 246년의 시점에서 한번에 5천 명이 등장한다. 이러한 철기가 전투의 주력이 되었을 것이다. 더욱이 만주와 한반도처럼 산이 많은 지형에서는 산을 잘 타는 작은 말들이 요긴했다고 본다. 이와 관련해 비록 훈련이 덜 된 조선 군인들의 사례이기는 하지만, 갑주병甲冑兵의 착장着裝 문제를 고려해 보아야 한다. 즉 "제가 진중에서 무인武人들을 보니 많은 이들이 갑옷과 투구를 이기지 못하여 좌우에서 버텨줘야 하니 거의 움직이기 어렵다. 이는 비록 갑주 입는 게 불편해서이다(『자암집』)"고 했다. 갑주병 스스로 갑옷을 입기 어려움을 토로한 것이다. 물론 철기의 경우는 이보다 훨씬 번잡하고 일손이 많이 따라야만 했다.

686년(垂拱 2)에 당장唐將 흑치상지는 변방으로 쳐들어 오는 돌궐 기병 3천 명과 갑자기 맞닥뜨렸다. 그는 이들이 말에서 황급히 내려 갑옷 입는 것을 보았다. 흑치상지는 그들의 시끄러운 모습을 포착하고는 2백 기騎를 거느리고 선두에 서서 찌르자 돌궐 기병들은 모두 갑옷을 버리고 달아났다. 여기서 철제 갑옷은 항시 착용하는 게 아니라 전투시에만 착용한다는 사실이다. 따라서 고구려 중장기병도 태마駄馬에 갑주와 무기 및 양곡을 싣고 다니다가 진陣을 칠 때 착용했던 것 같다. 그리고 1명의 철기에 여러 명의 보조 인력이 수반되었을 것이다. 전쟁을 많이 치른 고구려 인들은 신속한 갑주 착용과 보급 문제 해결을 위한 근본적인 방안을 모색했을 것으로 보인다.

4세기대 고구려의 군사 장비 혁신과 관련해 등자鐙子 사용을 제시하고 있다. 등자의 사용은 마상에서 자세를 안정시켜 궁시의 적중률을 증가시켰다. 동시에 활동의 자유를 주었다. 고구려는 숙련된 군인이나 말과 같은 기존 장점에 등자의 도입을 비롯한 신장비의 활용을 통해 전쟁 수행 능력을 극대화하였다.

2.
발전
과정

1) 소노부 고구려에서 계루부 고구려로

고구려는 소노부消奴部에서 계루부桂婁部로 왕실이 교체되었다. 이 시점을 고구려 제6대 태조왕대로 지목하였지만 타당하지 않다. 추모왕 이래로 혈통상의 변화가 빚어진 때는 없었기 때문이다. 기원전 3세기경에 소노부에서 주도권을 쥔 고구려가 등장했다. 이때는 소노·절노絶奴·관노灌奴·순노順奴 즉 소나·절나·관나·순나의 4개 소국 연합체였다.

소노부 고구려는 기원전 2세기 경 무렵 조선에 병합되었다. 소노부 고구려는 이후 한漢이 조선을 멸망시킨 직후인 기원전 107년에 설치한 현도군에 속하였다. 고구려현은 현도군의 수현首縣이었다. 이로 볼 때 고구려는 현도군 범위 안의 옛 조선 영역의 중심지였음을 알 수 있다. 기원전 75년에 현도군 반경 내의 토착 세력들은 현도군을 서북 지역으로 몰아냈다. 토착 세력 내에서 결집된 강력한 세력의 등장을 반증한다. 이러한 흐름 속에서 부여로부터 이동해 온 추모 집단이 새로운 권력으로 등장했다. 4개의 나郍 집단에 추모왕의 계루가 보태져 5개의 나로 구성된 소국 연합체가 결성되었다. 계루부 고구려의 태동이었다. 추모왕의 계루 집단 은 소수였기에 기존의 소노부 왕실과 연대할 수밖에 없었다. 그랬기에 전 왕실인 소노부의 종묘와 사직을 보존해 주었다. 아울러 기존 고구려 국호 를 사용할 수밖에 없었다. 또 그로 인해 추모왕은 '개국'이 아닌 '창기' 즉 '기업을 열었다'고 하였다. 추모왕의 건국은 기실 왕실 교체에 불과했다.

계루부 고구려 왕은 형제상속에서 부자상속으로 이행된 것으 로 믿어 왔지만 아무런 근거가 없다. 태조왕→차대왕→신대왕 3왕은 형 제 관계로 적혀 있지만 기실은 명백한 부자 관계였다. 고구려는 시조 추 모왕→유리왕→대무신왕 이래 부자상속의 원칙이 확고하게 자리잡았 다. 그러므로 고국천왕대에 부자상속제가 확립되었다는 주장은 근거 가 없다. 다만 고국천왕대에 족제적 성격이 강한 기존의 5부部 이름을 동·서·남·북·중의 방위명 부로 개편했다. 그리고 절노부와 연혼連婚하는 왕비족제를 확정해 강력한 우군을 구축하였다. 신진 인사인 을파소의 국 상 기용과 그의 건의를 수용해 빈민 구제법인 진대법賑貸法을 시행했다.

233년(嘉禾 2)에 고구려는 남중국 손권의 오吳와 통교했다. 고구려 수도는 압록강을 끼고 있는 지안이고, 오 수도는 양쯔강을 끼고 있는 난징 南京이었다. 이를 가리켜 이나바 이와키치稻葉岩吉는 고구려인은 압록강물 이 양쯔강물과 교류하는 모습을 놀란 눈으로 응시했고, 압록강은 국제적 인 강으로 되어 갔다고 했다. 그러나 압록강 하구에 중국령 서안평(중국 랴 오닝성 丹東)이 막고 있어 '국제적인 강'은 '국내 강'으로 갇히고 만다. 때문에 고구려는 압록강을 안정적으로 확보해 '국제적인 강'으로 만들고자 242년 에 서안평을 공격했다. 이는 위魏와 충돌하는 요인이 되었다. 244년에 위 장魏將 관구검 군대의 침공으로 동천왕은 북옥저 방면까지 퇴각하였다.

4세기대에 접어들어 진晉이 약화된 틈을 타고 북방 민족들이 대거 만리장성을 넘어 중국 본토로 밀려들어왔다. 고구려 역시 꾸준히 요동 지방을 공격한 결과 311년에 숙원의 서안평을 점령했다. 313년에 고구려는 낙랑군을, 314년에는 대방군을 요동에서 축출하였다.

2) 율령체제로의 진입과 수취收取

소수림왕대(371~384) 고구려는 국가체제 정비에 성공하였다. 국가 체제 정비는 불교의 수용(372년)과 국립 교육기관인 태학太學의 설립(372), 그리고 국가 통치의 근본이 되는 성문법인 율령律令의 반포(373)로써 구현되었다. 불교는 전진前秦의 순도順道에 의해 전해졌다. 불교는 그 이전부터 고구려에 전래되었기에 마찰없이 공인되었다. 이때 고구려 역사상 최초로 창건된 사찰을 『삼국사기』 정덕본에는 초문사肖門寺로 적혀 있다. 그러나 『중종실록』의 표기대로 상문사尙門寺로 읽는 게 온당할 것 같다.

보편적인 정신세계로서 불교의 수용은, 고구려 영역 내의 잡다한 여러 족속들이 지닌 신화와 설화들을 포용하면서, 한 단계 고양된 종교와 철학의 세계로 정신적인 규합을 가능하게 했다. 이러한 의미 부여는 적절하다고 본다. 고구려는 호국호왕 사상을 이용해 왕권과 국가 질서를 강화시켜 나갔다.

그리고 중국에서 발달한 법체계인 율령은 국가 통치의 근본이 되는 성문법이었다. 법전에 의해 왕권을 합법화하는 것을 목표로 삼았다. 여기서 율은 범죄나 형벌에 관한 규정을 내용으로 하는 금지법이요, 영은 그 밖에 국가제도 전반에 걸치는 규정을 포함하는 일종의 명령법이다. 불교가 국가의 정신적 통일에 이바지한 것이라면, 율령의 반포는 국가조직 그 자체의 정비와 완성을 의미하였다. 이렇듯 율령에 근거하여 운영되는 율령제국가는 집권국가의 중요한 지표였다. 고구려와는 달리 백제의 율령제국가는, 집권국가의 시작을 알리는 지표로 지목된다. 이와 연계해 인간을 규율화하여 규격화한 전문가들을 양성하는 수단으로서 학교·병사兵舍·병원病院·공장工場을 거론하고 있다. 이 점은 참고될 듯 하다.

국가 운영과 관련해 가장 긴요한 사안은 수취 문제였다. 수취에 관한 규정이 확정되어 반포되었을 것이다. 비록 고구려 후기의 조세에 관한 규정이지만 "인두세人[頭]稅는 베 5필에 곡식 5석石이다. 유인遊人은 3년에 한번인데, 열 명이 함께 세포細布 1필을 낸다. 조租는 [上]호戶는 1석이고, 다음은 7두斗, 하호는 5두이다(『隋書』: 人稅布五匹 穀五石 遊人 則三年一稅 十人共細布一匹 租戶一石 次七斗 下五斗)"고 했다. 여기서 상당히 감세해준 유인의 성격에 대해서는 명확하게 알려진 바 없다. 그런데 비슷한 용례가 『정조실록』에서 "고공雇工은 근거가 없는 사람이니 오늘 입역立役시키면 내일 도망하는 경우가 자못 많다. 군오軍伍를 거짓으로 기록한 것은 실로 부역이 중한데에서 생긴 것이니, 이 뒤로는 유인을 군액軍額에 편입시키지 않은 것을 일체 금지한다"는 구절에 보인다. 여기서 고공은 조선시대에 남의 집에 들어가서 끼니를 해결하는 노동자층을 가리킨다. 소속이 유동적인 고공 같은 극빈층을 유인으로 일컬었던 것이다. 이와 관련해 현재 몽골에서는 유목민이 35%를 점하고 있는데, 세금을 납부하지 않는다고 한다. 고구려 유인은 10명이 1개 조組로 납세하는 것을 볼 때 집단에 속했음을 알려준다. 따라서 고구려의 유인도 이동 생활을 하는 유목민일 가능성을 상정할수 있다. 혹은 수공업 종사자나 용인傭人들의 경우도 유인에 속했을 가능성이다.

3) 「광개토왕릉비문」 이해

(1) 통치로서의 관적질서官的秩序

광개토왕의 치적은 정식 시호인 '국강상광개토경평안호태왕國岡上 廣開土境平安好太王'의 '널리 영토를 개척하여 백성들을 평안하게 해주었다' 라는 구절이 함축해 주고 있다. 알렉산드로스대왕은 37세의 짧은 생애에 대제국을 건설했고, 광개토왕은 18세 소년으로 왕위에 올라 39세 한창 나 이에 세상을 떠날 때까지 자신의 나라를 '아시아의 고구려'로 만들었다.

광개토왕의 훈적을 담고 있는 「광개토왕릉비문」에는 유경儒經에 근 거한 구절이 많다. 유경에 근거하여 한 구절 한 구절 모두 심장深長한 의미 가 담겼다. 이에 따르면 거침없는 야심만만한 정복군주로서의 광개토왕 은 아니었다. 「광개토왕릉비문」에 보이는 광개토왕 이미지는 유경의 왕도 정치王道政治를 구현하는 덕화군주상德化君主像이었다. 「광개토왕릉비문」에 서 발견하는 광개토왕은 은사恩赦로 상징되는 인의仁義의 구현자였다.

「광개토왕릉비문」에서는 단 2곳의 세력만 멸칭으로 일컬었다. 백 잔百殘과 왜구倭寇·왜적倭賊으로 표기된 백제와 왜였다. 유경에는 의義와 인仁에 대척된 세력으로 '잔殘'과 '적賊'을 지칭했다. 백잔百殘과 왜적倭賊은 단순한 멸칭이 아니었다. 유경을 빌어와 광개토왕의 왕도王道 구현을 저 해하는 악惡의 양대축兩大軸으로 설정한 것이다. 고구려인들이 노련하게 구사하는 통치 명분의 일단이 드러난다.

논자들은 광개토왕은 악의 양대축 가운데 왜에 대한 응징 의식이 더 컸던 것으로 지목하였다. 그러나 왜의 경우는 고구려에 대적할 때만 '구寇'나 '적賊'이 붙었다. 반면 백제는 시종 '백잔百殘'이라는 멸칭으로 일컬 어졌다. 그럼에도 논자들은 광개토왕은 왜와는 달리 백제에 대해서는 시종 은혜를 베풀어주었다고 믿었다. 그러나 백제와의 전쟁으로 밝혀진 영락 17년 조의 전쟁에서 보기오만步騎五萬이 출동한 고구려군은, 백제군을 "목을 베어 죽여 모두 없애고 斬煞蕩盡"라고 했다. 적개감이 충만한 섬찟한 표현을 구사하여 백제군을 도륙한 것이다. 그 이유를 찾는 일은 그다지 어렵지 않았다. 영락 6년에 광개토왕은 백제 아화왕의 항복을 받고 용서해 주었다. 그러나 「광개토왕릉비문」 영락 9년 조에서 "백잔이 서약을 어기고 왜와 화통했다 百殘違誓與倭和通"고 했듯이 백제는 다시금 왜와 손을 잡았기 때문이다.

많은 논자들은 「광개토왕릉비문」에서 왜는 백제와 달리 차별된 세력으로 지목했다. 과연 그럴까? 「광개토왕릉비문」을 보면 영락 14년에 왜는 고구려 영역인 대방계를 급습했다. 이를 일러 '왜불궤倭不軌'라고 하였다. 주지하듯이 '불궤'는 모반을 가리킨다. 따라서 '불궤'는 고구려 통치권 안에 왜가 소재했음을 웅변하는 문자였다. 백제와는 달리 왜가 고구려 통치권 밖에 존재했다면 굳이 '불궤'라는 용어를 붙일 이유가 없다. '침侵' 등의 문자를 사용하면 되기 때문이다. 그러한 왜 역시 백제처럼 "왕당이 끊어버리고, 흔들어서 절단하여, 왜구가 무너져서 패하니, 베어서 죽인 게 셀수 없었다 王幢要截盪刺 倭寇潰敗 斬煞無數"고 했듯이 무자비한 응징을 받았다. 그 이유는 고구려가 왜를 백제보다 더 미워했기 때문이 아니었다. 고구려 법에서 가장 잔혹한 처벌이 모반죄였다. 왜 역시 모반을 하였기에 '끊어버리고, 흔들어서 절단하여'라는 잔학한 처벌을 받았음을 포고한 것이다.

그리고 「광개토왕릉비문」에는 '왕王'은 단 한 명, 고구려 '태왕太王'뿐이었다. 백제나 신라의 최고통수권자는 왕 대신 '주主'나 '매금寐錦'으로 각각 일컬었다. 이와 연동해 「광개토왕릉비문」에서 백제나 신라 등은 국가로 인정하지 않았다. 대신 고구려 통치 질서 내의 일개 '속민屬民' 집단으로 취급했다. 반면 고구려군은 '관군官軍'으로 일컬어졌다. 관군은 정당한 공적公的 무력을 가리킨다. 이에 반해 왜적은 중국의 후한말後漢末 관군에 대적하는 황건적을 연상하면 된다. 이렇듯 고구려가 설정한 통치 질서에 속하지만, 거역하는 집단이나 세력을 '구寇'·'적賊'으로 규정하는 일은 자연스러웠다. 따라서 광개토왕대의 통치 질서에는 왜도 포함되었던 것이다. 그랬기에 영락 10년의 신라 구원전은, 관군 대 왜적·왜구로 일컬어진 거역 집단에 대한 응징 구조로 짜여졌다.

이 같은 광개토왕대의 통치 질서는 막연히 천하관으로만 설명할 수 없다. 「광개토왕릉비문」에 엄연히 적시되어 있듯이 통치 행정의 구심인 '관'과 공적 무력인 '관군'으로 짜여졌다. 이러한 관적질서는 소수림왕대에 반포한 율령의 구현으로 해석된다.

(2) 왜 전쟁을 하는가?

「광개토왕릉비문」을 반추할 때 고도의 정치선전문이라는 인상을 절로 받는다. 「광개토왕릉비문」의 전쟁 기사는, 오스트레일리아 출신 역사학자 데이비드 데이David Day가 저술한 『정복의 법칙Conquest: A New History of Modern World』(2005)에 보이는 '정복의 공식'과 사뭇 부합하는 상징 조작이 많았다. 데이비드 데이는 "남의 영토를 차지하는 것을 합리화하려면 약탈 행위에 보다 근사하고 그럴듯한 옷을 입혀서 이런 행위가 법적으로나 도덕적으로 정당하게 보이도록 만들어야 했다"고 설파했다. 네덜란드의 법학자 휘호 흐로티위스Hugo Grotius는 『전쟁과 평화의 법』(1625)에서 정당한 전쟁을 논하기 위한 요건 3가지 가운데 두 번째로, 정당한 권리를 빼앗겼을 때 그것을 되찾는 방법이 전쟁밖에 없다면, 권리 회복을 위한 전쟁도 때에 따라 정당하다고 했다. 「광개토왕릉비문」의 전쟁 기사도 실제 이와 같은 구조로 짜여져 있다. 가령 영락 20년 동부여 정벌을, 추모왕 이래 속민이었지만 중간에 배반하고 조공하지 않자 응징하는 전쟁임을 밝혔다. 속민 의무를 이행하지 않은 동부여에 대한 응징전이었을 뿐 침략전이 아님을 분명히 했다.

그리고 16세기 명明에서 간행한 『투필부담投筆膚談』에서는 "대저 전쟁이란 그 지도리樞를 장악한 것 보다 큰 것이 없다. 전쟁의 주축主軸은 명名과 의義일 뿐이다. 나는 그 명名을 잡고 적에게는 오명을 더해 주어라. 나는 그 의에 의지하고 적에게는 불의를 보탠 즉, 삼군은 매우 사납게 뜨거워져 위로는 하늘에 통하고, 아래로는 우물을 뚫고, 가운데로는 천하의 정기旌旗가 있는 곳을 가로질러 휘하 병사들의 사기를 떨치게 해서 적들의 위세를 꺾을 것이다"고 한 구절과도 일치한다. 중요한 사실은 「광개토왕릉비문」은 이보다 훨씬 앞선 시기의 통치 철학이라는 것이다. 「광개토왕릉비문」의 전쟁은 정복전이 아니라 어디까지나 응징전이었다. 응징전의 명분을 상대방 과실에서 찾거나 혹은 조작했다.

현대전에서도 '가짜 깃발작전'이라 하여, 상대가 먼저 공격한 것처럼 조작해 공격 명분을 만드는 수법을 사용하고 있다. 최근 러시아의 우크라이나 침공이 대표적 사례에 속한다. 1846년 미국의 멕시코 침공도, 멕시코가 먼저 미국 영토를 침공했기에 전쟁에 돌입한다는 거짓말로 침략 전쟁을 정당화했다. 이러한 전쟁의 정당성은 전쟁의 지속성을 위한 요체였다. 때문에 전쟁 동기는 도덕성이나 명분의 석권과 연계되어 있다.

실제 전쟁의 정당성은 명분과 얽혀져 있고, 명분은 상징 쟁탈전이었다. 일례로 1868년 도바·후시미 전투鳥羽·伏見の戦い에서 왕정 복고파가 관군의 상징인 비단 어기御旗를 사용함에 따라 막부군이 졸지에 관군에서

반군으로 전락했다. 숫적으로 우세했던 막부군 패전 요인으로 흔히들 지목하고 있다. 「광개토왕릉비문」에는 정당성과 구심의 상징인 '관'과 예하 무력인 '관군'이 반드시 등장했다.

(3) 「광개토왕릉비문」의 구조

「광개토왕릉비문」은 건국설화 + 전쟁 기사 + 수묘인守墓人 연호烟戶라는 3단락으로 짜여져 있다. 논자들 가운데는 당초 3개의 각각 다른 비문을 조합하여 하나로 완성한 것으로 간주하는 시각도 있었다. 얼핏 그럴듯해 보이지만 수긍하기 어렵다. 3개의 단락은 유기적인 연관을 맺고 있기 때문이다. 즉 건국설화는 천제의 아들인 추모왕의 17세손 광개토왕이 펼친 성전聖戰의 명분이자 근거였다. 그리고 성전의 결산으로서 '광개토경廣開土境'과 더불어 점령지에서 차출한 주민들로 수묘인을 삼았음을 천명했다. 게다가 1775자字로 구성된 「광개토왕릉비문」의 맨 마지막 글자는 종결어미인 '지之' 자로 마무리하였다. 그것도 한 치의 여백도 없이 딱 들어맞게 새긴 것이다. 「광개토왕릉비문」은 처음부터 치밀하게 기획한 문장이었다.

그리고 「광개토왕릉비문」에 보면 '왕'은 고구려 왕에게만 국한되었다. 백제와 신라의 왕은 '주主'나 '매금'으로 각각 일컬었다. 그리고 고구려가 설정한 질서 체계에서는 관官에 의한 적법한 통치를 명시하였다. 「광개토왕릉비문」에서 악惡의 양대 축으로 설정한 백제와 왜를 상대한 전투는, 관군과 도적 내지는 그 아류들과의 격돌이었다. 그리고 전투는 항시 정당한 무력 관군의 승리로 귀결되었다.

광개토왕 일생일대의 성취인 64성 1400촌은 오로지 백제로부터였다. 후연과의 전쟁에서도 전과가 있었지만 「광개토왕릉비문」에는 기록하지 않았다. 오로지 광개토왕이 설정한 관적질서에 속한 세력만 해당되었다. 그리고 이 범주 내에서의 전쟁은 정복전이 아니었다. 고구려의 관적질서를 위배한 세력에 대한 응징전에 불과했다. 가령 동부여는 추모왕 이래로 속민이었기에 조공을 했는데 중간에 배반하고 조공하지 않았기에 응징하는 형식이었다. 그렇지만 광개토왕은 냉혈한 정복군주는 아니었다. 항시 용서와 자비심을 베푸는 덕화군주였다. 말할 나위없이 이는 만들어진 이미지였다.

「광개토왕릉비문」에서 비중이 지대한 단락이 마지막의 수묘인 연호 조였다. 수묘인 연호의 공간적 비중으로 인해 수묘비설守墓碑說이 나온 것도 결코 우연하지는 않다. 그런데 특이하게 광개토왕릉에는 일반적인 30호戶 정도의 수묘호보다 월등히 많은 330가家가 투입되었다. 게다가 수묘인은 국연國烟과 간연看烟의 2종류로 나누어졌다. 여기서 국연은 '국도國都의 연烟'이 분명하다. 이와는 상대적 의미를 지닌 간연은 '지방의 연'을 가리킨다. 국연은 국도에 소재한 광개토왕릉을 수묘하는 연호였다. 간연의 역할에 대해서는 구구한 해석이 제기되어 왔다. 그런데 국연의 구민舊民 출신지는 고구려 변경에 위치하였다. 그리고 간연은 광개토왕이 점령한 지역의 주민인 한예韓穢로 짜여졌다. 그런데 신민新民이 대상인 간연 가운데는 백제로부터 점령한 이 외의 지역, 가령 '백잔남거한百殘南居韓'과 같은 백제 영역 바깥, 그것도 백제 남쪽 영산강유역 마한 주민까지도 차출되었다. 이러한 경우라면 '지방의 연'인 간연의 역할 수행은 현실적으로 어렵다.

〈舊民 수묘인 연호〉

	출신지	國烟	看烟		출신지	國烟	看烟
1	賣勾余民	2	3	8	俳婁人	1	43
2	東海賈	3	5	9	梁谷		2
3	敦城民		4	10	梁城		2
4	于城		1	11	安夫連		22
5	碑利城	2		12	改谷		3
6	平穰城民	1	10	13	新城		3
7	此連		2	14	南蘇城	1	
계						10	100

〈新來韓穢 수묘인 연호〉

	출신지	國烟	看烟		출신지	國烟	看烟
1	沙水城	1	1	19	豆奴城	1	2
2	车婁城		2	20	奧利城	2	8
3	豆比鴨岑韓		5	21	須鄒城	2	5
4	句牟客頭		2	22	百殘南居韓	1	5
5	求底韓		1	23	大山韓城		6
6	舍蔦城韓穢	3	21	24	農賣城	1	7
7	古模耶羅城		1	25	閏奴城	2	22
8	炅古城	1	3	26	古牟婁城	2	8
9	客賢韓		1	27	瑑城	1	8
10	阿旦城			28	味城		6
11	雜珍城		10	29	就咨城		5
12	巴奴城韓		9	30	彡穰城		24
13	臼模盧城		4	31	散那城	1	
14	各模盧城		2	32	那旦城		1
15	牟水城		3	33	句牟城		1
16	幹氐利城	1	3	34	於利城		8
17	彌鄒城	1	7	35	比利城		3
18	也利城		3	36	細城		3
계						20	200

	國烟	看烟	計
舊民	10家	100家	110家
新來韓穢	20家	200家	220家
合計	30家	300家	330家

결국 300가에 이르는 방대한 규모의 간연은 실제 수묘역은 아니었다. 광개토왕릉에 수묘했던 대상은 국연 30가에만 국한되었다. 그러나 법제적인 간연 윤상輪上을 통한 광개토왕릉에 대한 수직守直은 새로운 관적질서의 발로였다. 광개토왕대의 관적질서는 구민과 새로 복속된 한예의 신민은 물론이고, 속민屬民과 그 너머에까지도 미쳤기 때문이다. 광개토왕릉 수묘 역은 영산강유역 마한을 비롯해 잡다한 세력까지 포괄했다. 그리고 고구려 귀족들이 광개토왕릉에 참배 왔을 때는 고국원왕릉(태왕릉) → 광개토왕릉비 → 광개토왕릉(장군총) 순의 동선이 만들어진다. 이때 고구려 귀족들은 자국 영역 바깥에서 차출한 수묘인들을 접하게 된다. 이들의 생경한 말씨를 통해 광개토왕대에 기세를 올린 정복의 범위를 피부로 실감하게끔 계산한 동선 배치였다.

4) 평양성 이도移都

장수왕은 427년에 평양성으로 도읍을 옮겼다(移都平壤). 평양은 247년에 동천왕이 축성한 후 주민과 종묘사직을 한꺼번에 옮긴 곳이다(築平壤城 移民及廟社). 그리고 334년에는 평양성을 증축했다(고국원왕 4). 342년 2월에는 환도성을 수리하고 국내성을 축조했다(修葺丸都城 又築國內城). 고국원왕은 6개월 후인 342년 8월에 환도성으로 이거했다(移居丸都城). 343년 7월에 고국원왕은 평양 동쪽 황성黃城으로 다시금 이거移居하였다. 떼어 읽기 오류로 생성된 '동황성'은 존재하지도 않았다.

고구려는 247년~342년 8월까지 평양에 국도를 두었다. 평양은 무려 1세기 가까운 95년 간 국도였다. 물론 고국원왕은 342년 8월에 환도성으로 이거했다. 그러나 342년 11월에 전연의 공격을 받아 다시금 환도성이 초토화함에 따라 고국원왕은 343년 7월에 평양의 황성으로 이거했다. 고구려는 다시금 평양 일원에 중심축을 두었다. 371년 10월에 고국원왕은 평양성에서 백제군과 교전 중 전사했다. 고구려는 343년 7월~371년 10월까지 평양성을 국도로 한 것이다. 앞의 95년과 뒤의 28년, 총 123년 간이 평양 일원을 국도로 한 기간이었다.

고구려는 백제와 공방전을 벌였다. 377년에 백제는 평양성까지 다시 쳐들어 왔다. 393년에 광개토왕은 평양에 9개의 사찰을 창건했다. 399년에 광개토왕은 "기해에 백잔이 서약을 어기고 왜와 더불어 화통하자 왕이 순행하여 평양으로 내려왔다. 그런데 신라가 사신을 보내 왕께 아뢰어 이르기를 己亥 百殘違誓與倭和通 王巡下平穰 而新羅遣使白王云(「광개토왕릉비문」영락 9년 조)"라고 했듯이 평양 바깥에 거처하였다. 그리고 동일한 「광개토왕릉비문」에서 404년에 "갑진에 왜가 불궤하여 대방계를 침입하자 △△△△△석성石城△ 선선船이 연달아 △△△ 왕이 몸소 거느리고△△ 평양으로부터△△△(「광개토왕릉비문」영락 14년 조))"라고 하여 '평양'이 다시 보인다. 이어서 광개토왕은 407년에 궁궐을 증수했다(增修宮闕). 물론 이 '궁궐'의 소재지를 살피기는 어렵다. 여기서 '증수'는 '건물 따위를 더 늘려 짓거나 고침'의 뜻을 지녔다. 정황상 곧 구도舊都가 될 궁궐을 고치는 것은 몰라도, 더 늘려 지을 것 같지는 않다. 도읍을 옮길 평양 궁궐 증축으로 간주하는 게 자연스럽다.

이후 427년에 장수왕이 도읍을 옮길 때까지 평양에 관한 기록은 보이지 않는다. 그러면 평양의 궁성은 어디에 소재했을까? 대성산성은 고구려 당시 노성魯城이었고, 대성산은 노양산魯陽山이라고 했다. 따라서 대성산성은 평양성이 될 수 없다. 그리고 대성산성과 짝을 지었던 안학궁 성은 5세기 후반 이후에 조성되었다. 그러니 장수왕대 평양성은 청암동 토성으로 비정할 수밖에 없다.

평양 일대는 총 123년이나 국도였었다. 광개토왕대에도 평양성은 실질적인 국도로 기능하였다. 그랬기에 427년 평양 이도移都는 귀족들 간의 합의에 따른 예고된 일로 볼 수밖에 없다. 청천벽력과 같은 날벼락은 전혀 아니었다. 따라서 국내성 귀족과 평양성 귀족 간의 대립과 갈등으로 간주했던 시각은 교정이 필요하다.

5) 기세를 올린 남진경영과 국원성

고구려는 고국원왕대 이래 남쪽으로 진출 방향을 잡았다. 고구려 의 요동 진출은 전연과 그 후신인 후연으로 인해 제동이 걸리고는 했다. 때문에 인구 조밀 지역이고 비옥한 농경지를 끼고 있는 백제 지역으로의 진출에 진력하였다. 그러나 당시 백제는 강성했기에 오히려 고국원왕이 평양성 전투에서 전몰하기까지 했다.

고구려의 남방 진출은 광개토왕대에 본격화하여 장수왕대에 정점 을 찍었다. 고구려의 시각에서는 백제와 신라 그리고 동부여 등은 국가로 취급하지 않았다. 조공 의무를 이행해야 하는 속민에 불과했다. 이와 관 련해 「광개토왕릉비문」 영락 6년(396) 백제 원정의 명분이 담겼을 유명한 신묘년辛卯年 조를 주목해 본다. 이 구절에 대한 석문釋文에는 이견이 많지만 새로운 석문과 해석도 가능하다. 논란이 많은 '海' 자를 원석탑본인 혜정본을 토대로 '是' 자로 새롭게 석문했다. 「광개토왕릉비문」에 보이는 '是' 자의 용례는, "我是皇天之子(건국설화)"·"百殘新羅 舊是屬民(신묘년)"·"東夫餘舊是鄒牟王屬民(영락 20년)"에서 보인다.

> 百殘新羅 舊是屬民由來朝貢 而倭以辛卯年來渡是破 百殘任那
> 加羅以爲臣民
> 백잔과 신라는 옛적부터 속민이었기에 와서 조공하였다. 그런데
> 왜가 신묘년 이래로 건너오자 격파했고, 백잔과 임나가라를 신민
> 으로 삼고자 했다.

「광개토왕릉비문」 용례상, 왜가 신묘년(391)부터 건너온 요인을 백제와 결부 지은 듯하다. 신묘년 조는, 이어지는 영락 6년(396)과 영락 10년(400)의 백제와 임나가라 진출 동기를 각각 밝힌 구절이었다. 우선 광개토왕의 전격적인 백제 공격은, 속민으로서의 약조를 어긴 백제 응징전으로 해석된다. 그 결과 광개토왕은 백제 국도를 급습해 아화왕의 항복을 받고 회군하였지만 58성 700촌을 확보했다. 이들 지역 가운데는 신라 지역으로의 진출 통로일뿐 아니라 경제적으로도 중요한 남한강 상류 지역이 포함되었다. 그리고 400년에 광개토왕은 신라 구원을 명분으로 보기步騎 5만의 대병력을 출병시켰다. 이때 고구려군은 왜군을 추격해 임나가라 종발성까지 이르렀다. 그러나 이튿을 노린 후연의 기습 공격으로 본토의 후방이 교란되자 고구려군은 회군할 수밖에 없었다. 그렇지만 「광개토왕릉비문」에는 고구려가 전장인 임나가라를 복구한 것처럼 적었다. 어쨌든 고구려군의 출병과 신라 주둔은, 신라와 임나 제국 그리고 일본열도의 왜에

도 영향을 미쳤다. 고구려의 선진 문물과 군사 문화가 전파되는 계기가 되었기 때문이다.

410년 광개토왕은 몸소 군대를 이끌고 조공을 이행하지 않은 동부여 응징전을 단행했다. 그렇지만 광개토왕은 한뼘의 동부여 영역을 차지하지 않고 회군했다고 한다. 해서 동부여 수장들은 감모해 따라온 것으로 적혀 있다. 고구려의 동부여 응징전은 영토 확보전이 아니었다.

이후 고구려는 평양으로 도읍을 옮기자 남진 경영은 활기를 띠었다. 고구려는 475년 백제 국도 한성을 함락시켜 기세를 올렸다. 이후 고구려는 남진을 거듭해 아산만까지 내려갔다. 이와 비례해 고구려의 국제적 위상도 상승하였다. 484년에 고구려가 북중국의 북위에 파견한 사신의 서열이 남제南齊에 이은 2위였다. 동아시아 세계에서 북위 및 남제와 어깨를 나란히 하는 강국으로 국제적인 인정을 받은 것이다. 489년에는 북위에 간 남제 사신이 고구려 사신과 동급으로 대우받는데 대해 항의할 정도였다. 「번객입조도蕃客入朝圖」에서 특유의 조우관鳥羽冠을 쓴 장대한 체격의 사내가, 상체를 벌렁 뒤로 젖힌 모습에서, 강대한 국력을 배경으로 한 고구려 사신의 당당한 풍모를 엿볼 수 있다.

고구려의 남부는 서로는 금강선에서 동으로는 소백산맥을 넘어 영일만에 이르는 지역까지 세력을 미쳤다. 고구려의 별도別都인 남평양성(서울 북부·경기도 고양)과 국원성(충주)를 좌우 축으로 한 남진경영이었다. 비옥한 충적평야를 끼고 있는 내륙 수로 남한강 상류에 소재한 충주는 유수한 제철 산지였다. 그리고 이곳은 계립령과 연결되는 수상과 육상 요지이기도 했다. 고구려는 국내성 도읍기에는 국원성을, 서울 지역을 점령한 평양성 도읍기에는 남평양성을 각각 별도로 설치하였다.

6) 장안성 이도移都

고구려는 552년에 "장안성을 쌓았다 築長安城"고 했다. 555년 10월에 "호랑이가 왕도에 들어오자 이를 붙잡았다 虎入王都 擒之"고 하였다. 571년에 "궁실을 중수하다가 누리가 들고 가물어서 공사를 중단했다 重修宮室 蝗·旱 罷役"고 했다. 586년에 "도읍을 장안성으로 옮겼다 移都長安城"고 하였다.

여기서 "築長安城"의 '축築'이 축성의 완결을 가리키는지, 시작을 뜻하는지는 명확하지 않다. 환도성의 경우 198년에 "환도성을 쌓았다 築丸都城"고 해 축성했고, 209년에 "왕이 도읍을 환도로 옮겼다 王移都於丸都"고 했듯이 환도성으로 도읍을 옮겼다. 198년에 환도성 축성을 시작해 11년 후인 209년에 완공되자 이곳으로 도읍을 옮겼다고 해석하면 자연스럽다. 그리고 342년 2월에 "환도성을 수리하고 또 국내성을 쌓았다 修葺丸都城 又築國内城"고 한 후, 342년 8월에 "거처를 환도성으로 옮겼다 移居丸都城"고 하였다. 문맥대로 살피면 환도성 이거를 위해 6개월 전에 수리를 한 것이다.

그런데 신라 삼년산성의 경우 470년의 시점에서 "삼년산성을 쌓았다. 3년이라는 것은 요역을 시작한지로부터 3년만에 일을 마친 까닭에 이렇게 이름했다 築三年山城 三年者 自興役始終三年訖功 故名之(자비왕 13)"고 했다. 문맥으로 볼 때 470년은 3년 공사가 마무리된 시점이었다. 이와 동일한 구체적인 사례는 남산신성이다. 즉 591년에 "가을 7월에 남산성을 쌓았다. 둘레는 2854보이다 秋七月 築南山城 周二千八百五十四步"고 했다. 첫머리글이 남아 있는 남산신성비에서는 "신해년 2월 26일에 남산에 신성을 만들었다 辛亥年二月卄六日南山新城作(제1·2·3·7·9·10비)"고 하였다. 적어도 확인된 6 구간을 넘어 동시에 일제히 축성 공사가 시작되었음을 알 수 있다. 그로부터 5개월 후인 591년 7월은 남산신성 완공 시점을 가리킨다. 이로 볼 때 "장안성을 쌓았다築長安城"의 '축築'은 장안성 완공 시점일 수 있다.

물론 552년에 장안성이 축조된 후 무려 34년 후인 586년에야 도읍을 옮긴 것은 부자연스러울 수 있다. 그런데 이 건은 근본적인 재검토가 필요하다. 즉 "기축년 5월 28일에 처음으로 일을 시작했는데 己丑年五月廿八日始役…(석각1)"·"기유년 3월 21일에 己酉年三月廿一日…(석각2)"·"기축년 3월 21일 己丑年三月廿一日…(석각3)"·"병술년 12월에 丙戌十二月中(석각4)"·"본성은 42년에 일을 마쳤다 本城四十二年畢役(석각6『平壤續志』)"는 평양성 석각 5종을 놓고 새로운 해석을 제기해 본다. 현재 석각1·3의 기축년은 569년, 석각2의 기유년은 589년, 석각4의 병술년은 566년으로 비정하고 있다.

석각2는 평양성 외성에서 확인한 것이다. 이를 놓고 "평양성의 외성은 586년 천도 후 3년 뒤에 축성이 시작된 것이라 할 수 있다"는 해석이 나왔다. 장안성의 다른 곳도 아니고 가장 바깥인 외성의 축조가 이도移都 후 3년이 지나서 시작되었다는 것이다. 552년을 장안성 축조 시작 연대로 간주한데서 빚어진 발상이었다. 그러나 외성을 먼저 축조한 후에 내성을 축조하거나, 기왕의 외성에 내성을 축조한 경우는 많다. 이 주장은 통례에 맞지 않다. 따라서 이 경우는 기유년을 589년 보다 한 갑자 올려잡은 529년으로 상정할 수도 있다. 그리고 석각6에 따르면 '본성' 즉 장안성은 42년만에 완공되었다. 이 기록대로라면 장안성은 544년에 축조가 시작된 것이다. 이는 『삼국사기』의 552년과는 차이가 난다. 반면 552년을 장안성 완공 시점으로 잡아 42년을 소급하면, 511년 무렵에 장안성 축조가 시작된 것이다. 석각1에서 처음으로 축성을 시작한 기축년을 569년보다 60년 상향하면 509년이 된다. 그렇다면 장안성은 509년에 시작해 대략 42년 소요된 552년 무렵에 완공한 것이다. 이 시점은 『삼국사기』에 장안성 축조 연대 552년과 대략 부합한다.

그리고 571년(평원왕 13)의 궁실 중수 기사를, 586년에 도읍을 옮긴 장안성 축조와 연관 짓는다면 어색해진다. 주지하듯이 '중수'는 기존의 건물을 고쳐 짓는 것이다. 새로 조성하고 있는, 즉 완공도 하지 않은 장안성의 궁전 중수는 말이 되지 않는다. 중수는 571년 이전에 건립된 궁전이 대상이 된다. 그런데 552년이 장안성 완공 연대라고 한다면, 20년 가까운 시간이 흐른 후의 궁전 중수는 무망하지만은 않다.

그러면 그로부터 장안성 이도까지 34년이나 소요된 이유를 설명해야 한다. 그 이유는 대내외적인 고구려의 정정 불안에서 찾을 수 있다. 고구려는 557년 환도성 간주리의 반란을 진압하였고, 568년 이전에는 신라에게 황초령과 마운령까지 빼앗겼다. 당시 고구려는 내적으로는 모반 사건과 외적으로는 신라의 침공에 직면하였다. 외우내환에 직면한 고구려는 익숙한 기존의 평양성을 떠나 신도시인 장안성으로 도읍을 옮기는 일은 결코 용이하지 않았다. 더욱이 신라가 안변(비열홀) 방면에서 평양으로 직공할 수 있는 등 여러 위험 요인이 도사리고 있었다. 그랬기에 성큼 장안성 '이도'를 단행하지 못한 것으로 보인다.

고구려 왕성인 평양성은 청암동토성이었다. 문자명왕대에 축조가 시작된 장안성은 신도시 개념의 공사였다. 고구려는 511년~552년까지 대외 정세가 안정되었고, 511년~549년까지의 전쟁은 백제와 총 4회(512년·523년·529년·540년)에 걸친 국지전에 불과했다. 고구려는 신도시 건설에 국력을 기울였기에 정복전을 펼칠 여력이 없었다. 그랬기에 550년과 551년에 고구려는 이전과는 달리 전쟁에서 고전을 면하지 못한 듯하다.

고구려는 550년에 백제의 공격을 받아 도살성을 빼앗겼다. 551년에 고구려는 신성과 백암성에서 돌궐의 침공을 막아냈다. 551년에 고구려는 신라에게 10성(군)을 빼앗겼다. 이때 고구려는 백제에 남평양 등 6개성을 상실했다. 551년에 고구려는 한강유역을 백제와 신라에 모두 빼앗겼다. 고구려가 한강유역을 상실하게 된 원인으로 내분을 운위해 왔지만 시점이 사실과 맞지 않았다. 게다가 외침을 받으면 내분은 사그라지게 마련이다. 외침은 오히려 결속 유발 요인이 된다. 고구려는 건국 이래 최대의 토목공사인 장안성 축조에 국력을 기울였기에 적절히 대응하지 못한 때문이었다.

그런데 고구려가 지금의 평양 지역에 도읍하던 시기를 '전기 평양성'과 '후기 평양성'으로 분류하기도 한다. 여기서 소위 '후기 평양성'은 장안성 도성 기간이다. 도성 이름 장안성은 확인되었다. 그리고 장수왕대인 427년의 평양성과 586년에 도읍을 옮긴 장안성은 서로 별개의 도성들이다. 그럼에도 마치 고구려 도성 이름이 평양성으로만 남아 있는 관계로, 식별이 어려워 전기와 후기로 나눈 듯한 인상을 주고 있다. 이 경우는 중국 사서에서 장안성을 가리키는 평양성 호칭을 그대로 따른데서 비롯했다. 중국 사서에서는 자국 도성 이름인 장안성을 사용하는 고구려에 대해 마뜩하게 여기지 않았던 것 같다. 그랬기에 장안성 이름을 사용하지 않고 굳이 평양성으로 일컬은 것으로 보인다. 『삼국사기』에 적힌 장안성 이름은 어디에 쓰려고 '후기 평양성' 운운하는가? 이 역시 또 하나의 사실 왜곡에 속한다.

7) 연립정권설 검증

6세기대에 접어들면서 고구려 내부 정세에는 분쟁이 격화되었다. 그랬기에 귀족들 간의 내분에서 어느 한 파派가 결정적인 승리를 거두어 권력을 장악하지는 못했다. 사병집단을 거느린 귀족들이 상호 타협하여 실권자의 직책인 대대로大對盧를 선임하는 잠정적인 귀족연립정권체제를 형성하였다는 주장이 제기되었다. 관련한 주된 근거는『주서周書』고려 조의 "대대로는 세력의 강약에 따라 서로 싸워 이기면 빼앗아 스스로 되고 왕의 임명을 거치지 않는다"는 구절에서 찾았다. 대대로는 귀족들 간에 무력으로 경쟁해서 승자가 스스로 취임하며 왕이 임명하는 직책은 아니었다.『한원翰苑』에 인용된「고려기高麗記」에 의하면, 대대로는 3년마다 선임하는데, 만약 그것이 여의치 않으면 귀족들은 각기 실력으로 대결하게 되고, 이때 왕은 궁문을 닫아 걸고 스스로를 지키는데 급급한 무력한 존재로 기술하였다.

6세기 중반 이래 고구려 왕권의 무력한 모습을 운위하였다. 그러나 이 무렵 고구려 왕들의 풍모 기록은, 귀족들에게 휘둘릴 수 있는 정황은 전혀 아니었다. 531년에 즉위한 안원왕은 "키가 7척 5촌이고, 큰 도량이 있었기에 안장왕이 그를 사랑했다"고 했다. 545년에 즉위한 양원왕은 "태어나면서부터 총명했고, 장성해서는 웅호雄豪함이 다른 사람보다 뛰어났다"고 하였다. 559년에 즉위한 평원왕은 "담력이 있고 말타고 활쏘기를 잘했다"는 평을 받았다. 그리고 590년에 즉위한 영양왕은 "풍채는 준수하였고, 세상을 구제하고 백성을 편안하게 함을 소임으로 여겼다"고 한다. 무기력했다면 담길 수 없는 기록들이었다.

그리고 근거 사료인『주서』자체는 후대에 결락이 생겨 보철補綴하였다. 북송시절北宋時節에 627~659년 사이에 편찬된『북사』등에서 보충한 부분이 많았다. 따라서『주서』의 대대로 기사의 대상 시기는, 북주대北周代 (557~581)가 아니었다. 최소한 581년~618년 당 건국 이전 사건으로 드러났다. 따라서 대대로 선임 기사는 6세기 후반대의 사실이 아니라 7세기대의 사건이라야 타당하다. 아울러 이와 연동된 귀족들 간의 갈등 역시 이 무렵으로 상정할 수 있다. 따라서『주서』에 처음 보이는 대대로 선임 기사를 통한 내분과 평양성(장안성) 관련 기록은, 6세기 중엽 고구려 실정을 반영하지 않았다. 그러므로 『주서』 고려 조에 근거한 6세기 중엽 고구려 내분설은 한 축軸을 상실했다.

고구려 왕권이 약화된 시점은 수隋로부터의 압력과 전쟁 위협이 고조되는 607년 무렵으로 지목할 수 있다. 긴장된 비상 국면 속에서 대수對隋 강경 귀족들이 권력을 장악했다. 결국 영양왕의 이모제異母弟인 영류왕이 즉위하게 된 것도 영양왕이 권력 일선에서 퇴진했음을 암시한다. 영류왕의 즉위는 영양왕과의 계승 관계가 매끄럽지 않았음을 뜻하는 동시에 심상찮은 정변 발생 가능성을 제기해 준다. 왕권의 불안정성을 뜻하는 표징임은 부인할 수 없다.

그런데 연개소문 집권 후 강력한 독재체제에 이어 세습체제까지 확립되었다. 따라서 연립정권체제는 607년 경부터 연개소문이 집권해서 강력한 권력을 구축하는 642년 사이 어느 때까지의 대략 30여 년 정도로 국한시킬 수 있다. 이는 세습체제까지 확립한 강력한 고려의 최충헌 정권을, 앞선 시기의 부침이 심한 무신정권과 동일하게 볼 수 없는 것과 같다. 따라서 귀족연립정권기를 거대한 시기 구분의 좌표로 설정하기에는 너무 짧은 기간이다.

연개소문 정변은 귀족 다중의 이익이 착종하고 또 그 이익을 대변하는 귀족연립정권체제를 종식시켰다. 그러한 연개소문의 정변은 그 아버지가 맡았던 대대로직의 습직襲職 문제와 결부되었다. 연개소문은 궁성 남쪽에서 열병과 주찬酒饌을 베푼 후 반대파 귀족들을 초청해서 살해하였다. 이 시점은 고구려의 국가적 명절인 10월 동맹제 때로 보였다.

연개소문의 집권은 그에 반대하는 세력과의 갈등을 야기시켰다. 그가 안시성을 포위한데서 알 수 있듯이 무력 대결을 수반한 내전 상황이 발생했다. 그러나 연개소문의 대당 강경노선과 전쟁은 내분과 내전을 일시에 잠재울 수 있었다. 그렇지만 어디까지나 봉합된 내분은 연개소문 사후 권력 핵심 간의 갈등으로 인해 걷잡을 수 없이 폭발하였다. 결국 국가의 몰락이라는 값비싼 대가와 교훈을 안겨 주었다.

8) 천리장성 축조와 수·당의 침공과 멸망, 그리고 재건

7세기 중엽 이전 고구려의 서쪽 경계는 요하 서쪽, 지금의 차오양朝陽인 영주營州에 이르렀다. 이 무렵 고구려 왕은 몸소 말갈병을 이끌고 수의 변경을 습격했다. 그런데 수는 본시 고구려 영역은 기자箕子와 한사군 이래의 중국 영토로 인식하였다. 실지失地 회복론이 등장한 것이다. 수가 고구려를 침공할 수 있는 명분이 갖추어졌다. 그 밖에 현실적으로 여러 가지 요인이 복합되어 2대에 걸친 수의 고구려 침공이 시작되었다. 그러나 고구려의 승리로 귀결되었다.

고구려가 수와 싸워 이길 수 있었던 동인은, 대병력 구비, 유수한 철광산지 확보, 지형·지세의 유리함, 기만전 구사, 인화人和라는 정신적 자산이었다. 수 양제의 패전을 거울로 삼은 당 태종은 "고구려 왕은 백성들을 사랑하여 상하가 화합하였고, 안락하게 지내고 있었으므로 이길 수 있었다"고 말했다. 실제『삼국사기』에 보면 승전을 거둔 영양왕의 성정에 대해 "풍채는 준수하였고, 세상을 구제하고 백성을 편안하게 함을 소임으로 여겼다"고 하였다. 이 구절은 당 태종의 평가와 어긋나지 않았다.

그리고 '상대를 단숨에 무력화시키는 힘'과 '고통을 오래 견디는 정치적 결의'가 각각 승패 결정 요인으로 작용했다. 대병력을 일거에 동원한 수는 '상대를 단숨에 무력화시키는 힘'을 지녔다. 이에 반해 고구려는 '고통을 오래 견디는 정치적 결의'가 확고하였다. 양자는 모두 승인勝因을 당초 지녔지만, 후자가 전자를 무력화시킨 것이다.

당 제국이 들어선 이후에도 기본 입장에는 변화가 없었다. 양국은 여전히 충돌 요인을 안고 있었다. 그런데 일촉즉발의 대결 구도 속에서 타협이 이루어졌다. 당은 실지 회복을 명분으로 한 침공을 중단하였다. 고구려는 그 대가로 패몰한 수군隋軍 시체더미로 만든 경관京觀을 헐기로 했다. 경관을 허문 631년부터 640년까지 고구려와 당은 우호 관계를 유지하였다. 이는 그 훨씬 전인 622년에 고구려 영내의 수군 포로들을 수만 명이나 송환한 연장선상에서 해석이 가능하다. 그로부터 9년 후인 631년에 고구려는 자국 영내에서 전사한 수군 해골에 제사지낸 후에 경관을 헐었기 때문이다. 따라서 경관을 허문 사건이 양국 간의 긴장을 유발해 천리장성 축조의 배경이 되지는 않았다. 경관은 고구려 양해 하에 허물었다. 고구려와 당 간의 화평의 표지로써 경관을 헐고 천리장성 축조를 시작한 것이다. 고구려가 천리장성을 축조함으로써 중국을 넘볼 일이 없음을 가시적으로 선언하였다. 598년과 같은 고구려군의 요서 기습이 재현되지 않을 것임을 보여주었다.

이에 맞춰 고구려는 영주까지 진출했던 서계를 요하 동쪽으로 후퇴시켰다. 그 경계선이 16년 간 축조한 천리장성이었다. 천리장성을 경계로 서로의 영역을 존중하기로 한 것이다. 한漢이나 수隋가 조선과 고구려를 침공할 때 육로와 해로를 병행했다. 때문에 육로만을 방비하는 일은 군사 방어적으로 중요한 기제가 될 수는 없었다. 실제 천리장성은 존재감이 거의 없었기에 축조 기록 외에는 유구도 분명하게 남아 있지 않다.

그런데 642년에 정변을 통해 집권한 연개소문은 천리장성의 존재를 인정하지 않았다. 양국 간의 기존 타협점을 무력화했고, 대결 구도로

끌고 갔다. 이로 인한 당 태종과의 충돌에서 연개소문은 승리했다.

그러자 당은 방법을 바꾸어 신라의 제의를 받아들였다. 당은 백제를 멸망한 후 고구려를 협공하기로 했다. 660년 7월 신라와 당의 협공으로 백제는 멸망하였다. 이제 고구려만 남았다. 그러나 의자왕 항복 이후에도 백제인들의 항쟁은 수그러들지 않았다. 이로 인해 신라와 당은 백제에 발이 묶이고 말았다. 고구려는 신라와 당에 대응할 수 있는 시간을 벌 수 있었다. 그렇지만 신라와 당은, 663년 백강 전투에서 백제와 왜 그리고 탐라 연합군을 격파한 후 백제 옛땅을 접수했다. 그리고 웅진도독부라는 괴뢰정권을 수립한 후 고구려 공격에 초점을 맞췄다. 이때 노령인 연개소문의 용전으로 고구려는 위기를 잘 막아냈다. 그러나 이러한 보람도 없이 연개소문 사후 아들 형제들 간의 분쟁으로 고구려는 668년 9월에 몰락하였다.

동방의 강국 고구려 이미지는 멸망 이후에도 여전히 유효했다. 684년에 양저우揚州에서 반란을 일으킨 이적李勣의 손자 서경업徐敬業이 패배한 후 강도江都로 달아났다가 다시금 그 처자와 함께 뱃길로 고려로 망명하려 했기 때문이다. 이 '고려'는 이미 당 제국의 내번內藩(番)으로 요동 지역에 설치돼 적어도 9세기 초까지 존속했다. 이러한 요동의 고구려를 '소고구려국小高句麗國'으로 명명하기도 했지만, 중국인들이 입버릇처럼 운위하는 '망한 것을 일어나게 하고, 끊어진 것을 잇는다'는 '흥망계절興亡繼絶'과 연결짓는다면, '속고구려續高句麗'로 일컫는 게 온당하다. 단절된 고구려 역사를 이었기 때문이다. 국가의 제사가 끊어지지 않았다는 것은 왕조의 존속을 뜻하는 징표였다.

신라 역시 고구려 유민들을 받아들여 국가를 재건해 주었지만, 오래지 않아 해체시켰다.

3.
도성과
왕릉

1) 도성

한국 고대사회에서 성城과 고분古墳은 불가분의 관계에 있었다. 통치 거점인 성 인근에 그들이 묻혔기 때문이다. 생활 유적과 내세관이 담긴 사후 유적은 항상 따라붙었다. 하나의 공식과 같았다. 통치 거점 가운데 가장 격이 높은 유적은 왕성과 이를 중심한 권역인 도성이었다. 이와 짝을 이루는 분묘 유적으로는 왕릉을 꼽지 않을 수 없다. 왕성과 왕릉은 당대 최고 지배자가 활동하고 묻힌 공간이었기에 지고至高한 수준의 정성과 공력이 따라 붙었다. 그런 관계로 이를 통해 당대의 문명 수준과 통치력의 정도를 가늠하는 일은 가능해졌다.

한국 고대사회에서 통치 거점은 단순한 평지 성이 아니었다. 높은 산지대에 축조한 산성을 거점으로 삼았기 때문이다. 편의보다는 방어에 주안점을 두었기에 나타난 현상이었다. 심지어 왕성이더라도 예외가 되지는 않았다. 고구려 위나암성(오녀산성)·환도산성·백제 북한산성·신라

명활산성이 산정에 소재한 왕성이었다. 비록 평지에 궁성이 조성되더라도 배후에 공산성이나 부소산성과 같은 산성을 각각 끼고 있었다.

평지성과 산성을 조합한 왕성론을 일반화시켜 통설처럼 흘러왔다. 그러나 적어도 고구려와 신라에서는 이러한 주장이 성립하기는 어렵다. 삼국 가운데 2개 국가에서 성립이 어려운 주장이었다. 고구려 첫 도읍지인 환런의 하고성자와 오녀산성을 평지성과 산성의 조합으로 엮는 주장은 성립이 어렵다. 국내성과 환도산성의 경우도 동일한 사례에 속한다.

고구려 왕성 연구에서 가장 중요한 논제는 3년(유리왕 22)에 천도한 '국내위나암성國內尉那巖城'의 소재지였다. 지금까지는 '국내위나암성'의 '국내'에 현혹되어 국내성이 소재한 지안集安으로 천도한 것으로 단정했다. 그러나 국내성은 342년(고국원왕 12)에 축조되었다. 국내성이 축조되지도 않은 '국내'가, 지안 지역일 수는 없다. 게다가 위나암성을 환도산성으로 비정해 왔다. 통설이었다. 그러나 환도성은 198년(산상왕 2)에 축조되었다. 따라서 3년(유리왕 22)에 "왕이 국내로 천도하여 위나암성을 쌓았다 王遷都於國內 築尉那巖城"고 한, 위나암성은 환도성이 될 수 없다. 결국 '국내위나암성'은, '우라산성'으로도 일컬어졌던 암벽 성인 환런의 오녀산성으로 비정하는 게 가장 합당했다. 환런 권역에서의 천도였기에 '국내'는 동일한 '서울 지역'의 뜻이었다.

그간 오녀산성과 하고성자를 산성과 평지성의 조합으로 규정해 왔다. 그러나 양자 사이에는 하천이 가로놓여 있고, 도로를 따른 이동 거리는 14.8km요, 직선 거리는 8.3km에 이른다. 양자는 서로 관련 없음을 반증한다. 그리고 국내성과 환도성의 경우는 비록 3km밖에 떨어져 있지 않지만, 하천이 경계를 이루는데다가 행정 구역 또한 엄연히 달랐다. 게다가 축조 시기가 209년(환도성)과 342년(국내성)으로 시차가 무려 133년이나 벌어진다. 도성 구획과는 무관한 것이다. 양자를 짝짓기하기는 어렵다. 역시 평지성과 산성의 조합론이 불가함을 알 수 있다.

지금까지의 논의를 통해 고구려가 환런에서 지안으로 천도한 시점 또한 변경이 불가피해졌다. 그 시점은 209년(산상왕 13)에 "겨울 시월, 왕이 환도로 도읍을 옮겼다 冬十月 王移都於丸都"는 기록이 밝혀준다. 문제는 천도 시점에서 그치지 않는다. 왕성을 포함한 도성의 이동은 왕릉의 소재지까지 이동시키게 마련이다. 천도 시점이 바뀜에 따라 제10대 산상왕 이전 고구려 왕릉들은 환런에 소재한 게 된다. 지금까지는 제2대 유리왕대 천도설에 따라 이후 왕릉들은 죄다 지안에 소재한 것으로 간주했었다. 학계에 새로운 과제를 안겨다 주었다.

고구려가 427년에 천도한 평양성은 청암동토성이 분명하다. 대성산성은 고구려 당시에 노성魯城으로 불리었다. 평양성이 아니었다. 대성산성 밑의 안학궁은 5세기 후반 고구려 석실분 위에 조성되었다. 최근까지도 안학궁의 고려 때 조성설이 제기되고 있다. 어쨌든 대성산성과 안학궁 양자는 평양 도성과는 아무런 관련이 없었다. 그리고 시가지 전체를 에워싼 거대한 규모의 장안성의 경우는 나곽羅郭 안에 자연스럽게 산지대를 포괄하였을 뿐이다.

고구려 별도別都로는 국원성國原城(충주)을 비롯해 남평양성南平壤城(북한산성)과 재령(현재의 신원군)의 한성漢城을 지목할 수 있다. 여기서 백제 도성 이름 한성을 취해 별도 이름을 부여한 일은 교치僑置였다. 이와 관련한 교군僑郡은 중국사의 격동기에 보이고 있다. 원래 설치되었던 지역을 떠나 다른 지역에서 일시적으로 설치·운영되었다. 고구려는 551년에 백제와 신라 동맹군에게 한성을 빼앗겼다. 553년에는 신라가 한성을 지배하였다. 백제 국도였던 한성은 이제 신라 영역에 속한 것이다. 고구려는 비록 한성을 빼앗겼지만, 그러나 한성이 지닌 상징성과 위상을 살리고자 했다. 그 결과 재령의 장수산성을 거점으로 한성을 교치한 것으로 보인다. 한성 지명을 "한성군은 한홀이라고도 한다. 식성이라고도 한다. 내홀이라고도 한다"고 했다. 여기서 한성은 한홀과 동일한 지명이다. 식성과 내홀의 동일 여부는 알 수 없다. 그러나 분명한 사실은, 한성 이전에 있던 식성이나 내홀 지명 위에 한성을 씌웠다는 것이다.

고구려는 교치한 한성을 별도로 삼았다. 그럼으로써 고구려 영역에 거주하는 백제인들의 구토 회귀 염원을 충족시켜주었다. 아울러 구토 한성 회복을 위한 응징전과 탈환전의 명분을 갖추는 효과를 확보했다. 고구려 영역 백제인들로 하여금 고구려에 애착을 갖게 하기 위한 조치였다. 고구려는 백제를 보호하고 배려하는 존재로 자리매김하게 했다. 그러면서 고구려의 적대국을 신라로 설정해 백제 유민들을 결집시키는 효과를 노렸다.

2) 왕릉

고구려 왕릉은 혈연에 기반한 군집분에 머물렀던 백제나 신라, 그리고 임나 제국과 달리 단독 능역이었다. 고구려 시조 추모왕은 「광개토왕릉비문」에 적혀 있듯이 승천했기에 분묘가 조성될 수 없었다. 소위 동명왕릉은 천장遷葬이 될 수 없었다. 능묘 자체가 당초부터 조성되지도 않았다. 그러니 이장移葬한다는 자체가 어불성설이 아니겠는가?

도굴로 인한 이장설이 일반화되었다. 일례로 전연이 도굴한 미천왕릉은 이장할 이유가 없었다. 미천왕비가 생존해 있었기에 능묘를 봉쇄하지 않았다. 무령왕릉을 연상하면 된다. 무녕왕의 관棺이 들어오고, 또왕비 관이 들어온 후에야 영구 폐쇄되었다. 석실 적석총도 구조상 연도

문을 따고 들어가 관을 탈취하면 그만이었다. 그럼에도 도굴되었다고 하니 곡괭이질을 연상한 것이다. 지안 지역에서는 서대총을 비롯한 왕릉급 고분 가운데 중앙이 함몰되거나 허물어진 상태가 종종 목격된다. 이러한 무덤을 도굴의 결과로 인식한 것이다. 그러나 석실 적석총 구조는 봉분 위로부터 삽질할 것도 없이 연도 입구만 따면 간단히 현실玄室로 진입할 수 있다. 『자치통감』에서는 "쇠의 아버지 을불리(미천왕) 묘를 발發하여 그 시신을 실었다 發釗父乙弗利墓 載其尸"고 했다. 『삼국사기』에서도 '발發'로 표기하였다. 여기서 '발'은 자전에서 '열開'의 뜻으로도 사용된다. 그러니 미천왕릉을 열어 그 시신을 수레에 실었다는 의미인 것이다. 모용황이 미천왕릉 자체를 파괴한 것은 아니었다.

　　게다가 왕릉이 볼썽사납게 파헤쳐진 상태로 오랜 동안 남아 있다는 자체가 왕실의 권위를 실추시키는 일이었다. 상상할 수 없는 정황임에도 도굴이라는 인식이 뇌리에 박혀 이장설을 제기해 왔다. 그런데 미천왕릉은 도굴되어 관 즉 재궁梓宮이 납치되었다가 반환되었다. 이러한 경우는 새로 능묘를 조성할 필요가 없다. 원래 능묘에 관을 그대로 안치하면 된다. 임진왜란 때 도굴의 화禍를 입은 중종의 능인 정릉靖陵도 시신을 원래 능묘에 안치했을 뿐이다. 따라서 도굴된 왕릉의 이장설은 상상의 산물이었다.

　　고구려에서의 특유한 장지명식葬地名式 시호를 놓고 능묘의 소재지 구명을 위한 단서로 삼는다. 관련해 동천왕東川王·중천왕中川王·서천왕西川王과 같은 장지명 시호에 보이는 동천·중천·서천을 지안 지역의 개천에서 찾는 경우가 일반화되었다. 그러나 가만히 보면 북천北川과 남천南川은 없다. 그러니 동서로 흐르는 강을 가리킴을 알 수 있었다. 그리고 국천國川을 압록강으로 간주하는 견해가 통설처럼 되었다. 그러나 압록강은 『삼국사기』에서만 21회나 등장한다. 고구려 때도 압록강은 압록으로 불리었다. 압록강을 국천으로 일컬은 흔적은 그 어디에도 없다. 국천은 국내성 서편을 가로질러 흐르는 통구하를 가리키는 게 분명했다. 국내성 이름에서 국천이 유래한 것으로 보였다. 웅진성에서 웅천·웅수가 나왔고, 사비성에서 사비수·사비하가 연유했다. 이와 동일한 선상에서 국천의 연원을 지목할 수 있다.

동천·중천·서천은 압록강을 구간별로 나눈 이름으로 지목하였다. 한강의 경우도 용산강·서강·조강祖江·여강驪江 등등 구간별로 이름이 달랐다. 강원도 영월을 지나가는 남한강을 동강과 서강으로 일컫는 것도 매한가지였다. 이처럼 압록강을 구간별로 구분한다면 고구려 왕릉 비정에 중요한 관건이 된다. 아울러 기존의 견해는 전면적인 폐기가 불가피해진다.

고구려 왕릉 비정의 쟁점은 태왕릉과 장군총의 피장자 구명이었다. 핵심만 지적한다면 광개토왕릉비는 태왕릉 능역 담장 바깥에 소재했다. 광개토왕릉비와 태왕릉은 근접해 있지만 서로 무관함을 반증한다. 태왕릉은 국강상國岡上에 소재한 광개토왕릉비와 인접하였다. 게다가 광개토왕의 조부로서 백제와의 전쟁에서 순국한 고국원왕이 국강상왕國岡上王이었다. 그러한 고국원왕의 능은 광개토왕릉비가 소재한 '국강'에 속했다. 따라서 장대한 태왕릉은 조성 시기를 비롯한 여러 정황에 비추어 볼때 고국원왕릉이 합당하다.

장군총은 광개토왕릉이 분명해졌다. 세키노 타다시關野貞가 처음 제기한 광개토왕릉설은 형안이 번득이는 탁견이었다. 그랬기에 민족주의 사학자인 단재 신채호도 이곳을 탐방한 직후 동의하였다. 육당 최남선과 우현 고유섭도 현지 탐방을 통해 장군총=광개토왕릉설에 동의했다. 사회경제주의 사학자인 이청원도 동일한 입장이었다.

국내성에서 동쪽으로 출발한 고구려 왕은 고국원왕릉인 태왕릉을 참배하는 동선이다. 고령에 백제와의 전쟁에서 순국한 고국원왕을 기억하면서 복수심을 불태웠을 법하다. 그리고 잠시 동쪽으로 이동하면 거대한 광개토왕릉비를 접하게 된다. 한 글자 12cm의 큼지막한 비문은 광개토왕의 훈적을 뇌리에 똑똑히 각인시켜 주고도 남는다. 손자인 광개토왕이 백제 왕의 항복을 받아내 고국원왕의 숙분을 씻었다는 사실을 온 천하에 알리고 있다. 광개토왕의 태산만한 훈적에 경의를 품고 광개토왕릉인 장군총으로 이동하는 동선이었다. 정치적으로 고도로 계산된 동선을 염두에 두고 광개토왕릉비를 세운 것이다. 이러한 깊은 뜻을 몰랐기에 오랫동안 광개토왕릉비와 인접한 태왕릉을 광개토왕릉으로 착각하였다.

평양성 천도 이후의 왕릉 가운데 경신리 1호분漢王墓에 대해서는 일찍이 이곳을 조사한 세키노 타다시가 장수왕대 전후의 능묘로 단정했다. 석실 적석총의 마지막 단계인 장군총 양식에서 석실 봉토분으로 넘어가는 단계의 능묘로 파악하였다. 때문에 평양성 천도(427) 직후의 왕릉인 장수왕릉으로 간주하는 견해가 많았다. 장수왕은 491년에 사망하였다. 427년부터 491년까지는 2세대 이상이므로 시간적 공백이 실로 크다. 이 점을 고려해 장수왕의 원자였고, 문자명왕의 부父인 고추가 조다助多를 경신리 1호분 피장자로 비정하는 게 온당하다. 조다는 비록 즉위하지는 못했지만 윗대와 아랫대로 강대한 권력을 지닌 부왕父王과 자왕子王이 받쳐주고 있는, 왕에 준하는 인물이었다. 더욱이 이때는 고구려의 강성기였다. 부왕인 장수왕보다 일렀던 조다의 사망 시점과 사회적 위상은, 왕릉이 분명한 경신리 1호분의 피장자로서 적합했다.

그 밖에 연개소문에게 피살된 영류왕의 경우도 장지명 시호를 지닌 마지막 왕으로 간주된다. 당군이 고구려를 침공했을 때 평양 외곽에 영류산이 등장하고 있다. 지금의 평양시 북쪽 용성 구역 쯤에 소재한 산에서 영류왕릉을 찾을 수 있을 것 같다.

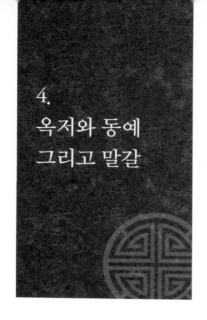

4.
옥저와 동예
그리고 말갈

1) 옥저

고구려가 정치적으로 복속시키고 경제적으로 수탈한 세력으로 옥저와 동예가 있다. 『흠정만주원류고』에 따르면 '옥저'라는 말은 만주어에서 '삼림森林'을 가리키는 '와집窩集'에서 기원했다고 한다. 그러나 인장명에 등장하는 '부조예군夫租薉君'의 '부조'와 관련 짓는다면, 옥저에 선행한 이름이 부조이다. 옥저가 부조에서 연유했다면, 만주어 기원설은 타당하지 않다.

옥저는 지금의 함경남·북도 일대에 소재한 5천 호의 인구를 지닌 읍락 단위의 정치 세력이었다. 3세기 단계의 상황을 담은 『삼국지』에 보면 옥저는 당초 대왕조선에 복속해 있었다. 그 뒤 한사군이 설치되자 임둔군의 지배 하에 들어갔다. 옥저는 임둔군 폐지 후 낙랑군에 속했다. 낙랑군은 옥저 우두머리들을 세력 규모에 따라 후侯·읍군邑君·삼로三老 등으로 일컬었다. 옥저는 이후 고구려 정치적 세력권에 속하였다. 그러한 옥저는 마운령을 경계로 북옥저와 남(동)옥저로 나뉘어졌고, 고구려의 공납 지배 대상이 되었다.

옥저 영역은 3세기 단계에 "큰 바닷가에서 살며, 그 지형은 동북이 좁고, 서남이 긴데 천리 정도이다 濱大海而居 其地形東北狹 西南長 可千里(『삼국지』권30, 동이전 동옥저 조)"고 했다. 지금의 함경남·북도에 걸쳐 있는 형세를 상기하면 좋을 것 같다. 근래에는 북옥저 문화를 투안지에團結-크로우노브카 문화Krounovka culture와 연결 짓고 있다. 그러나 두만강 너머의 이곳은 '천리 정도'에 불과한 영역에, '동북이 좁고 서남이 긴' 옥저 지형을 벗어난 곳에 소재하였다.

2) 동예

동예는 지금의 함경남도 일부와 강원도 북부 지역에 소재했다. 동예의 내력은 기원전 128년 창해군滄海郡 설치와 연관 짓기도 하지만 명확하지 않다. 동예는 3세기 단계에 2만여 호戶를 거느린 집단이었다. 그러한 동예는 옥저와 유사한 정치적 역정을 밟아 왔다. 동예는 평양의 낙랑군을 기준으로 할 때 그 동쪽 지역에 거주하는 예족 사회를 가리키고 있다. 동예에는 전체를 대표하는 군왕은 존재하지 않았다. 한漢 이래로 벼슬에는 후·읍군·삼로가 있었다고 한다. 이들이 각각 주민들을 지배하고 있었다. 후·읍군·삼로는 전한대 중국 제도의 흔적이었다. 한대에는 군郡의 영주를 왕王, 현縣의 영주를 후侯, 현후縣侯에 준하는 직職으로 읍군邑君이 있었다. 삼로는 현성縣城을 둘러싼 자치조직의 장長인데, 개척촌의 촌장과 같은 위치였다. 30년에 후한 광무제가 낙랑군 동부도위를 폐지하였다. 이때까지 불내현성不耐縣城에 주재하며 동부도위가 다스렸던 영동칠

현嶺東七縣 땅에서 물러났다. 그 때까지 140년 가까이 한의 직할통치 하에서 중국식의 도시생활에 익숙해져 있었던 원주민인 예인들은 한의 행정 조직을 그대로 보전하여 자신들의 사회질서를 지켜왔다. 한대의 현청縣廳에 있었던 공조功曹(서무 계장)와 주부主簿(회계 계장)의 직책이 그대로 남아 있었다. 중국인이 아닌 예인들이라는 것만 다를 뿐이었다.

예濊 가운데 영동嶺東의 함경남도 방면의 예는 옥저와 동일하게 고구려의 지배를 받았다. 그런데 245년 관구검의 고구려 침공과 동시에 낙랑태수 유무와 대방태수 궁준도 군대를 동원해 영동의 예를 공격해, 불내예후不耐濊侯 등의 항복을 받았다고 한다. 247년에 동예는 위魏 조정이 소재한 낙양까지 조공한 덕에 불내예왕不耐濊王에 봉해졌다는 것이다. 불내예왕은 "거처가 민간에 섞여 있다"고 할 정도로 동예는 낙후된 사회 발전 단계였다. 이러한 현실에 비해 왕으로의 책봉은 지나친 우대에 속한다. 따라서 이 기록 자체에 대한 의심도 든다. 게다가 한반도 동해변에 소재한 동예가 어떤 경로를 거쳐 위정魏廷에 이를 수 있었는지? 그럼에도 이 기록을 믿는다면, 고구려에 대한 견제라는 측면과 예군 남여 고사故事에 따른 후대厚待로 보인다.

동예의 급속한 중국화의 근거로서 동일한 성姓끼리 혼인하지 않았다는 '동성불혼同姓不婚' 혼속을 제시하기도 한다. 물론 당시에 성 개념이 등장하지 않았다는 견해가 지배적이다. 그러므로 '동성'은 동일한 부족을 가리키는 것으로 해석하였다. 즉 족내혼을 인정하지 않았다는 것이다. 그러나 동예에는 후·읍군·삼로가 있었을 정도로 중국 제도와 문화의 영향을 받았을 소지가 다분하다. 따라서 '동성불혼'을 중국 문화의 특징의 하나로 지목하여, 중국풍의 성씨 사용 가능성이 제기되었다.

옥저와 동예는 고구려에 공납하는 대상이었다. 특히 동예는 고구려가 멸망할 때까지 반독립적인 상태로 존속하였다. 고구려도 금기가 많을 정도로 배타성이 강한 동예 사회를 해체하여 흡수시키지는 못한 것 같다.

3) 말갈

『삼국사기』에 등장하는 말갈은 국초부터 항시 백제와 신라를 괴롭히는 침략자 이미지였다. 주지하듯이 말갈 이름은 6세기 중반에 생겨났다. 그리고 한반도 내 말갈의 공간적 범위는 예와 겹치고 있다. 그러한 예를 말갈로 기재한 것은 『삼국사기』 편찬 당시 김부식의 여진 인식에 기인한 것으로 추정된다. 당시 김부식은 여진족을 몰아내고 9성城을 쌓았던 윤관尹瓘의 아들 윤언이尹彦頤와 갈등하고 있었다.

과거 동예와 옥저의 거주 반경에 여진족이 거주한 현실이었다. 이러한 여진족은 세력을 키워 금金을 건국하고 고려를 굴종시켰다. 금에 대한 사대를 주창했던 김부식이었다. 그는 전대 사서에 등장하는 예濊를 죄다 말갈로 변환시켰던 것 같다. 그 결과 말갈이 본거지인 만주에서 남하해 삼국시대 초기에는 이미 한반도에서 활약한 것처럼 만들었다. 금 즉 여진의 연원이 되는 말갈이 한반도 중부와 심지어는 남부까지 진출한 게 된다. 그럼으로써 윤관이 여진족을 몰아내고 9성을 축조했지만 반환하는 게 순리라는 저의를 지닌 듯하다. 말갈에서 연유한 여진의 한반도 내에서의 공간성을 인정해주려는 의도였던 것 같다. 그럼으로써 고려와 금이 공존하는 체제를 구축하려고 한 듯하다.

V

백제

회의체 읍락사회 →국國→연맹국가 →왕조국가→
집권국가(한성후기·웅진성 도읍기·사비성 도읍기)→
국가회복운동기(무력항쟁기·웅진도독부기)→당唐에서 재건된 '내번內蕃(藩) 백제'

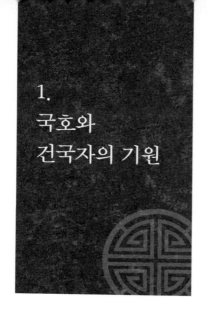

1.
국호와
건국자의 기원

1) 국호와 더불어, 시조는 누구인가?

백제百濟 국호의 기원에 대해서는 다양한 견해가 제기되었다. 이 가운데 '맥족의 나루'라는 해석도 있다. 백제 수도 한성은 한수에서, 위례성 역시 한강을 가리키는 아리수·욱리하에서 유래했다. 강 이름에서 지명이 나온 것이다. 웅수·웅천에서 웅진성, 사비하에서 사비성 이름이 비롯한 경우와 동일하다. 물론 그 반대 해석도 무망하지 않다. 그리고 웅진熊津은, 나루 이름 자체가 지명에 이어 국도 이름으로 불리었다. 일본에서 백제를 일컫는 '구다라'도 백제 수도요 항구인 부여 '구드래 나루'의 '구드래'에서 연유했을 가능성이다. 백제는 나루를 이용해 내륙수로와 해로를 잘 이용하였다. 항해와 관련한 나루의 비중이 지대했기에 국도 이름과 국호로까지 이어졌을 수 있다.

백제 시조하면 흔히 온조를 연상한다. 그러나 백제 시조는 온조 외에 『삼국사기』에는 비류왕이 전한다. 비류왕은 북부여 해부루 왕의 서손인 우태의 아들로 적혀 있다. 반면 온조는 고구려 시조 후처의 아들로 전한다. 2 가지 기록에서 비류와 온조는 모두 형제로 설정되었지만, 시조역일 때는 계통이 전혀 다르다. 북부여(비류왕)와 고구려(온조)로 나누어진다. 게다가 두 사람의 어머니도 소서노(비류) 혹은 졸본부여 왕의 둘째딸(온조)이나 월군의 여성(온조)으로 판이하다. 물론 이러한 기록만으로는 시비를 가리기 힘들다. 그랬기에 『삼국사기』를 지은 김부식은 "어느 것이 옳은 지 모르겠다"고 판단을 유보했다. 그럼에도 온조를 시조로 간주하는 경향이 지배적이지만, 특별한 근거는 없다. 두 명의 시조 기사 가운데 온조 기사가 먼저 적혀 있으니 정통성이 있지 않겠냐는 주장은 막연한 추측에 불과하다.

　　『삼국사기』에서 고구려 시조 이름을 거론할 때 추모가 먼저 적혀 있지만, 뒤에 적힌 주몽을 취하여 일컫고 있다. 자신은 두 번째 표기를 취하면서 타인에게는 앞에 적힌 기록을 취하라는 식이다. 비류와 온조 이 2 기록 가운데 『삼국사기』 백제 시조왕본기는 비류왕본기로 밝혀졌다. 전 남편과의 사이에서 두 아들은 낳은 과부 소서노는 추모왕보다 8세 연상이었다. 두 사람의 혼인담이 외형상 사실에 근접한 것이다. 그리고 여타 기록들 또한 비류의 남하 기사 등과 부합하였다. 가령 마한 왕이 백제 시조 왕을 꾸짖으면서, 강을 건너 왔을 때 발 붙일 곳이 없었던 사정을 상기했다. 온조 시조 기사에는 남하 과정 기록이 없다. 반면 비류 집단은 패수와 대수를 건너 미추홀에 이르렀다고 한다. 강을 건너 온 집단은 비류 일행이었다. 그리고 졸본부여 왕녀 등을 어머니로 한 온조 시조 기사와는 달리, 비류 시조 기사에는 어머니 소서노를 대동하고 남하하였다. 그러므로 백제 건국 후 환갑에 사망한 왕모는 비류왕 남하 기사에 보이는 소서노임을 알 수 있다.

시조 논의와 관련해 『삼국사기』는 백제 멸망 후 대략 500년 가까운 세월이 흐른 기록이라는 점을 유념해야 한다. 『삼국사기』 기록의 신빙성을 절대시할 수 없다는 점을 알려준다. 가장 중요한 사안은 백제 당시에, 백제인 자신들의 기록에 주안점을 부여해야 한다.

『삼국사기』에 따르면 백제 왕실의 부여씨는, 고구려와 함께 부여에서 출원한데서 유래했다고 한다. 실제 의자왕의 풀 네임은 '부여 의자'였다. 제13대 근초고왕(재위 346~375)의 이름 여구餘句의 '여'는 '부여'의 줄임말이었다. 370년 부여 왕자 여울의 '여' 또한 '부여'의 줄임말이 분명하다. 이 사실은 백제와 부여 왕실이 동일한 부여씨임을 알려준다. 백제 왕실의 근원이 부여임을 웅변하는 증좌였다.

그러면 비류왕의 원조遠祖인 해부루왕의 해씨와 부여씨는 어떤 관계일까? 근초고왕 이후 백제 왕실은 부여씨였고, 그 이전은 해씨였던 것으로 해석된다. 근초고왕을 기점으로 한, 백제 왕실 교체를 뜻하는 증좌였다. 2개의 왕실이라 하더라도, '북부여 해씨'와 '부여 부여씨'에서 알 수 있듯이 모두 부여에서 출원했다.

무엇보다 가장 중요한 백제인 스스로의 인식을 반영하는 기록에 따르면, '부여 별종'으로 적혀 있다. 백제는 부여의 한 갈래임을 알려준다. 그리고 472년에 개로왕이 북위에 보낸 국서에 따르면, 자신들은 고구려와 함께 근원이 부여임을 밝혔다. 일국의 최고 통수권자가 외교문서에서 자국의 정체성을 천명한 것이다. 이보다 더 정확하고 분명한 기록이 어디에 있을까? 그리고 백제 당시 사비성 도읍기 시조 관련 기록을 보면, 구태仇台의 사당이 설치되었고, 사시四時 제사가 있었다고 한다. 구태는 후한 말 부여 왕 위구태尉仇台를 가리킨다는 기록이 보인다. 부여 시조 동명의 후손으로 위구태가 등장하고, 또 대방 옛땅에서 구태가 백제를 건국했다고 한다. 이러한 기록들은 백제 당시에 백제인들이 자국의 연원을 부여에서 찾았음을 알려준다. 실제 그렇게 인식하였기에 538년에 성왕이 사비성으로 천도하면서 국호를 '남부여'로 고친 게 아니었을까. 『일본서기』에서도 이때 백제가 '부여'로 개호한 사실이 확인된다.

지금까지의 사실을 정리하면, 『삼국사기』에 적힌 2명의 백제 시조 기록 가운데 부여계 비류왕 기록의 신빙성이 확인되었다. 그리고 부여와 동일한 왕실의 '부여씨', '부여 별종', 부여 왕에 대한 제사, 국호 '부여' 등을 통해 부여로부터 내려오는 역사적 법통 계승을 분명히 했다. 이 점을 뒷받침하는 게 동명묘東明廟 건립과 한성 도읍기 왕들의 배알이었다. 동명묘는 부여 시조 동명왕을 제사지내는 사당을 가리킨다. 동명왕은 『삼국사기』에 인용된 「해동고기」에서 '(백제) 시조 동명始祖東明'이라고 등장한다. 이 동명이 고구려 시조가 아님은, 백제인들이 일관되게 부여와 연관 지었고, 백제 왕성에는 고씨가 없었던 점을 제시할 수 있다. 그리고 백제는 "그 시조 구태의 사당을 도성에 세워놓고 해마다 네 차례 이곳에 제사한다 立其始祖仇台之廟於國城 歲四祠之(『북사』)"고 했는데, '구태'는 '동명의 후예 東明之後有仇台(『북사』)'였기 때문이다. 구태는 "한 요동태수 공손강이 딸을 (구태에게) 시집 보냈는데 드디어 동이의 강국이 되었다 漢遼東太守公孫度以女妻之 遂爲東夷强國(『북사』)"고 했다. 이 구절은 "부여왕 위구태가 … 공손도는 부여가 두 오랑캐 사이에 있자 종녀를 (위구태의) 아내로 삼게 했다 夫餘王 尉仇台更屬遼東 時句麗・鮮卑彊 度以夫餘在二虜之間 妻以宗女(『삼국지』)"는 기사에 근거한 것이다. 백제 시조 구태는 부여 왕 위구태를 가리키고 있다.

백제인들이 사시 제사를 지낸 부여 왕 (위)구태의 원조인 동명왕은 부여 시조였다. 백제 시조 동명왕의 정체는, "대저 백제 태조 도모대왕은 태양신의 영이 몸에 내려왔기에, 홀연히 부여에서 나라를 열었고, 천제의 수록授錄으로 모든 한韓을 합하여 왕을 칭했다 (『속일본기』 延曆 9년 7월 조)"는 도모대왕과 무관하지 않다. 도모대왕은 '부여에서 개국'했지만, '한을 합하여'의 '한'은 마한을 가리킨다. 백제의 기원이 부여임을 설파하면서 마한 땅에 소재했음을 언명하였다. 여기서 '태양신의 영이 몸에 내려왔기에'라고 했고, '부여에서 나라를 열었고'라고 한 도모대왕은, 부여 시조 동명왕 외에는 달리 비정할 대상이 없다. 그리고 '모두가 그리워 한다'는 뜻을 지닌 도모대왕의 '도모都慕'는, 전체 부여족 세계의 조종祖宗인 동명을, 새롭게 의미 부여한 이름이었다.

지금까지의 서술을 통해 백제 건국자들은 부여에서 내려왔고, 또 그렇게 인식했음을 알 수 있었다. 백제의 실제 건국자는 해씨 비류왕이었지만, 4세기 중엽 부여씨에 의한 왕실 교체가 이루어졌다. 여기서 가장 중요한 관건은 백제가 538년에 부여로 개호했다는 것이다. 국호 개호는 단순한 이름 변경이 아니었다. 국가의 정체성을 부여에서 찾았다는 것이다. 이때 부여가 된 백제는, 부여 시조를 백제 시조로 당길 수밖에 없었다. 부여 시조 동명왕이 백제 시조인 연유였다.

백제는 원조元祖로 동명왕을, 그리고 시조로 구태를 설정했다. 『후한서』에 따르면 120년(永寧 1)에, 사자嗣子 위구태尉仇台를 한에 보내 조공하였다. 136년(順帝 永和 1)에, 부여 왕이 한의 경사京師에 와서 조회했다. 여기서 후계자였던 위구태와, 한 조정을 방문한지 불과 16년 후에 왕의 신분으로 조회한 이는, 서로 동일 인물로 보인다. 이러한 위구태는, 『삼국지』에서 190년~204년 경에 요동을 석권한 공손도와의 혼인동맹 속에서 등장한 위구태와는 서로 다른 인물로 지목하고 있다. 어느 위구태라고 해도 중국과는 우호 관계를 유지하였다. 백제에서 시조로 받든 구태는, 과거 부여가 고구려와 대립하는 시점에서 중국과 손을 잡은 상황을 연상시킨다. 부여로 개호한 백제는 고구려에 상실한 고토 회복이 절체절명의 과제였다. 백제는 중국이라는 우군을 통해 고구려를 견제하려 했고, 그러한 선상에서 위구태왕의 후손을 자처한 것 같다.

백제 왕실 계보의 정점에 좌정한 동명왕이나 도모대왕은, 고구려 시조와는 무관하였다. 재언하지만 백제 왕실은 해씨나 부여씨였을 뿐 고씨는 없었기 때문이다.

2) 부여에 연원 둔 물적 증거

백제 건국 세력의 기원이 부여임은 왕에 대한 호칭을 통해 읽을 수 있다. 백제에서는 왕을 어라하於羅瑕로 일컬었다. 어라하의 '하'는 '가加'와 동일한 존칭어미였다. 그렇다고 할 때 '어라'는, 285년과 286년 당시 두 명의 부여 왕 이름인 의려依慮·의라依羅와 모두 유사하다. 여기서 의려·의라는, 고유명사가 아닌 부여 왕에 대한 보통명사로 해석된다. 그러면 백제와 부여의 왕호가 서로 동일한 것이다. 백제 건국 세력이 부여에서 내려왔다는 또 하나의 증거가 된다.

이는 고고학적으로도 입증된다. 비류의 미추홀 세력권인 김포 운양동 고분에서는, 지린성 라오허선老河心 부여 고분에 부장되었던 호편형弧片形 금제 귀고리가 출토되었다. 풍납동토성 출토 소형 은관 역시 라오허선 고분 출토 은제 귀고리의 일부였다. 풍납동토성 경당 지구의 마두갱馬頭坑도 랴오허선 고분 매장에서 확인되었다.

중국 지린성 지린시 둥퇀산 평지성에서 확인한 부여의 凸 자형字形 움집 구조는, 한반도 중부 지역 백제 초기 주거지와 유사하다. 백제 건국 집단이 고구려가 아니라, 부여에서 남하했음을 입증하는 물증으로 쓰일 수 있다. 이와 동일한 움집은 연해주 크로우노브카 보다 더 멀리 북방의 러시아와 중국의 접경지인 싼장三江평원에서도 발견되었다. 본 집자리는 백제의 부여 기원과 관련한 물증으로 엄정한 평가를 기다린다. 부여의 기원인 탁리국의 소재지 역시 북방이었기 때문이다.

그리고 석촌동 3호분 대형 토광묘와 유사한 분묘가 중국 지린성 퉁허通化 완파보지萬發撥子 M21호 토광묘이다. 완파보지 M21호 토광묘는 전국시대 중만기中晩期 이전이므로 기원전 4세기~3세기대로 편년할 수 있다. 35구의 인골이 매장된 순장묘로 간주된다. 토광묘인 완파보지 M21호는, 부여와의 연관성이 깊다. 비록 시간적 차이는 크지만 순장묘로 추정되는 석촌동 3호분 대형 토광묘는, 완파보지 M21호와의 연관성이 보인다.

그 밖에 「양직공도」에 보이는 도포차림 백제 사신의 복장 역시 부여와 연결되고 있다. 그리고 청주 신봉동 출토 철복鐵鍑은, 부여 영역에서 출토된 동복銅鍑과 연관성을 지녔다. 청주 오송리 출토 동병철검銅炳鐵劍 또한 부여와 관련한 랴오닝성 시차거우西岔溝 및 지린선 라오허선 출토품과 연결되고 있다. 운양동 분구묘에 부장된 철제 장검의 청동제 검격劍隔과 이조선돌대주조철부 역시 라오허선 고분 부장품에서 확인되었다. 이렇듯 부여와 연관된 물증들이 많았다. 그 밖에 모용선비와 관련한 물증도 나타난다.

백제 건국 세력의 첫 근거지는 미추홀 즉 인천 문학산성 일대였다. 문학산성 주변에는 백제 토기 산포지가 확인되었다. 그리고 사실 여부를 떠나 미추왕릉 유적이 전해왔다. 이 밖에 '백제 우물'을 비롯한 비류왕 관련 전승이 남아있다. 반면 서울 지역에는 적어도 3세기 이전 백제나 고구려 관련 유적이나 유물을 비롯해 온조 관련 전설도 남아 있지 않다. 백제 건국 세력은 이후 미추홀에서 위례로 이동하였다.

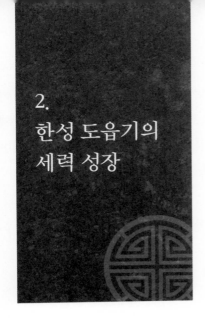

2.
한성 도읍기의
세력 성장

1) 한반도 중부 지역 통합 비결, 소금

　　백제는 3세기 중엽 경에 한반도 중부 내륙 지역을 통합하였다. 그러한 비결은 무력이 아닌 생필품의 장악과 독점 공급망에서 찾을 수 있다. 미추홀인 인천에서 출발한 백제는 소금을 경제적 교환 수단으로 활용했다. 그런데 소금은 단순한 교역품이 아니었다. 생필품이었기에 매매물에서 벗어나 정치적 성격을 지닌 선택적 하사품으로 발전했다. 이 무렵 백제는 위례성인 지금의 서울 지역으로 거점을 이동한 것 같다. 이와 관련해 백제는 한반도 전체 수계의 약 ¼을 차지하는 한강(남한강·북한강) 내륙 수로를 장악하였다. 한강과 연계된 임진강과 예성강 수계까지 아우르는 일은 어렵지 않았다. 백제는 생필품인 소금에 대한 독점 생산과 독점 공급망을 기반으로 한반도 중부 지역을 장악했다. 소금 가격은 내륙 오지일수록 상승하였다. 그럴수록 소금을 매개로 지역 통제는 한층 수월했다.

　　서울 석촌동 즙석봉토분과 동일한 분묘가 북한강은 물론이고 남한강과 임진강유역에 조성되었다. 이러한 분묘 공동체는, 소금 공급망을 기축으로 한 정치적 연합체의 결성을 뜻한다. 고이왕대(재위 234~286)에 백제는 한반도 중부 지역에 대한 정치적 통합을 이루었다. 이러한 힘을 기반으로 백제는 아산 지역의 목지국目支國 세력을 남으로 밀어냈다.

2) 백제사의 획기, 근초고왕대

(1) 영역 확장

백제사상 획기는 근초고왕대(346~375년)인 4세기 중후엽이었다. 이 무렵 백제는 가위 정지할줄 모르는 운동력으로 팽창해 갔다. 북으로는 동아시아의 강국 고구려와의 전쟁에서 거듭 승리하였다. 371년에 백제군은 평양성까지 진격해 고구려 고국원왕을 패사시켰다. 이 사건은 백제의 영광으로 두고두고 회자되었다. 고구려 압박에 시달리고 있던 백제 개로왕이 북위에 보낸 국서에도 고국원왕의 머리를 베어 장대에 꽂았다고 자랑했다. 백제의 영광을 이룩한 국왕이 근초고왕과 근구수왕 부자였다.

이 무렵 백제는 낙동강유역에 진출해 임나 제국에도 존재감을 크게 높였다. 근초고왕은 마한 목지국 진왕의 영향력 복원 차원에서 임나 제국에 진출한 것으로 보인다. 어떠한 이유이든 백제의 임나 제국 진출은, 이들에게는 심각한 위협 요인이었다. 그 결과 백제에 공동 대응할 수 있는 연합체 결성을 촉진시켰다. 그렇지만 백제는 임나 제국 가운데 고령의 가라를 대표 창구로 삼았다. 임나 제국에 대한 분열을 조장하면서 조정자 역을 하였다.

백제는 남으로 마한 잔여 세력을 포위·고립하는 전략을 세웠다. 그 일환으로 근초고왕은 교역권 장악을 추진했다. 근초고왕은 탁순국을 방문한 왜 사신을 한성으로 불러 자국 물산의 우수함을 일깨워주었다. 근초고왕은 왜의 기존 교역 창구를 백제로 전환시키는 데 성공했다. 상인왕商人王으로서의 진가를 발휘하였다. 그 결과 백제는 왜와의 공동 작전을 통해 주요 항구인 고해진(강진)과 섬진강 수로를 이용한 욕나谷那의 철산지를 확보했다. 욕나는 백제 때 욕내군欲乃郡이었던 곡성을 가리키는데, '동한의 땅東韓之地'에 침미다례(해남)와 함께 속했다. 그리고 백제는 해로의 안전을 도모할 목적으로 고흥반도를 장악하였다. 동시에 이 지역 패자로서 해남에 소재한 침미다례를 '도륙屠戮'하여 해체시켰다. 백제와 왜 간의 공동 이익의 산물로서 마한 서남부 연안 지역을 장악했다. 백제에서 왜로 이어지는 장애물을 모두 제거한 것이다.

근초고왕 남정南征 직전 백제 영역은 『삼국사기』 시조왕기 13년 조와 동일하게 북은 패하(예성강), 남은 웅천(금강)이었다. 그러나 369년 남정의 결과 백제는, 시조왕기 36년 조에 적혀 있는 고사부리성 즉 고부·정읍에 축성한 노령산맥선까지 영역을 확장하였다.

(2) 집권화의 길

백제는 기본적 생존 자원에 대한 생산 수단을 직접 장악하고자 했다. 농경에 필수적인 관개灌漑와 관련한 수리권水利權의 직접 지배에 나섰다. 대규모 노동력을 조직적으로 동원해야 가능한 저수지 축조를 대대적으로 단행하였다. 김제 벽골제碧骨堤가 대표적인 사례였다. 백제는 수리권 관리와 관련해 저수지 인근에 토성을 축조하였다. 벽골제를 관장하는 토성은 명금산토성이었다. 이곳은 벽골제와 주변의 농지를 한눈에 장악할 수 있는 요지였다. 백제 국가 권력은 기본적 생존자원의 생산 수단인 수리권을 장악함으로써 촌락 말단까지 힘을 미칠 수 있었다. 물론 벽골제를 방조제로 추측하는 견해도 있다. 그러나 330년 기록 속의 벽골지碧骨池는 제천 의림지나 상주 공검지처럼 '지池'로 표기했다. 790년 증축시 기록에는 '제堤'로 표기되었다. 반면 방조제는 훨씬 후대 기록에 등장하는데 '방축防築' 또는 '축언築堰'으로 표기하였다. 따라서 벽골제는 방조제가 될 수 없다.

369년 3월 마한 경략과 9월 고구려와의 전쟁에서 승리한 근초고왕은, 그해 11월 한강 남쪽에서 대규모 사열을 했다. 이때 백제군은 모두 황색 기旗를 나부꼈다. 황색은 음양오행에서 중앙과 황제를 상징하는데, 중원 의식의 탄생을 가리킨다. 동일한 해에 백제가 공략한 침미다례를 '남만南蠻'으로 일컬었다. 남만은 단순한 '남쪽 오랑캐'가 아니라 역시 백제 중심 사이관四夷觀인 중원 의식 태동을 뜻한다.

369년에 각 부部에서 내걸던 기치를 황색으로 통일한 사건은 의미심장하다. 국왕이 5부의 병권을 장악한 역사적 순간이었다. 호족 연합체 군대였던 백제군은, 이제 국가의 군대이자 국왕의 군대로 거듭난 것이다. 이와 더불어 그간의 무기 자변自辨에서 벗어나, 생산과 공급을 국가에서 장악해 통제하는 단계로 넘어갔다.

근초고왕은 369년 한해에 가위 휘황한 업적을 자랑했다. 이러한 369년의 성취가 응결된 도검이 근초고왕이 제작한 칠지도七支刀였다. 우주목宇宙木인 세계수를 형상한 칠지도는 고구려 왕을 전사시켜 기세등등한 371년 이듬해에 왜왕에게 보내졌다. 관련해 칠지도는 명문에 적힌 바와는 달리 단조품이 아니라 주조품이었다. 명문 자료의 한계를 감지해야할 것 같다. 그러므로 명문 연호와 월·일간지月日干支의 부합 여부는 큰 의미가 없다.

근초고왕대에는 공식적으로 문서를 기록하는 체제가 구축되었다. 일반적으로 "고기古記에 이르기를, 백제는 개국한 이래로 문자로서 일을 기록하지 않았는데, 이에 이르러 박사 고흥을 얻어 비로소 서기書記함이 있었다. 古記云 百濟開國已來 未有以文字記事 至是得博士高興 始有書記(『三國史記』권24,

근초고왕 30년 조)"는 기사를, 역사서 '서기' 편찬으로 운위하였다. 그러나 이 구절의 '서기'는 전후 문맥을 놓고 볼 때 문서 기록의 공식화를 가리킨다. 국가 제도 전반의 조직화를 가리키는 문자로 풀이된다. 이어 백제는 국가 통치의 근본인 성문법인 율령을 제정·반포한 것으로 보인다. 근초고왕대 집권화의 지표는 관부 조직의 관료화였다. 백제는 아직기와 왕인뿐 아니라 이후 오경박사는 물론이고 와박사같은 기술직을 3년 교대로 왜에 파견하였다. 3년 교대에서 보듯이 관료제의 기반이 구축된 것이다.

근초고왕대를 상징하는 정복전의 무서운 기세는, 중장기병전에 기반하였다. 백제는 계기적 발전이 아니라 새로운 수혈로 인해 급팽창한 것으로 풀이된다. 아울러 해씨에서 부여씨로의 왕실 교체를 상정할 수 있다. 시조 비류왕은 해씨였지만, 근초고왕은 부여씨였다. 근초고왕 재위 중인 370년에 부여 왕실 역시 부여씨였다. 만주 지역 국가 부여의 분화를 읽을 수 있다.

3) 요서경략

(1) 요서경략 기사 검증

백제의 요서경략은 중·고등학교 국사 교과서에 수록될 정도로 유명한 역사적 사건이었다. 그렇지만 학계에서는 쟁점화했다가 현재는 슬그머니 자취를 감추고 있다. '설說'이라는 꼬리표가 붙었던 학설 아닌 학설이 요서경략론이었다. 백제가 랴오허遼河의 서쪽 요서 지역을 경략 즉 차지하여 다스린 사건은 중국 정사正史에 보인다. 488년에 편찬한『송서』를 필두로 사서에서는 요서경략 기사가 이어졌다. 그런데 요서경략 기사는 전사前史를 그대로 전사全寫한 것은 아니었다. 시점과 내용이 보태지거나 위치에 대한 구체적인 진술까지 덧붙여졌다. 이 사실은 요서경략이 지나간 화석이 아니라 살아 있는 유기체였음을 반증한다.

백제 개로왕은 5세기 중엽 유송劉宋에 사신을 보내 자신과 신하들의 관작 제수를 요청했다. 당시 백제는 고구려의 남진 압박에 시달리고 있었다. 그리고 개로왕은 피의 숙청을 통해 강력한 왕족 중심의 친위체제를 구축하고자 했다. 개로왕은 자국의 위상을 올려 높은 품계를 제수받음으로써 자신의 정치적 지위를 높이고자 하였다. 이와 관련해 개로왕은 유송과 연대해 북적北敵인 북위와 고구려에 공동 대응할 수 있는 소재를 찾았다. 개로왕은 유송의 현안인 북위의 위협 타개와 더불어, 북벌北伐의 공동운명체가 될 수 있는 근거를 제시했다.

동진 말의 혼란기에 백제는 요서 지역에 진출하여 군郡을 설치해 통치하고 있음을 알렸다. 이렇게 되면 북위는 백제와 유송의 공적共敵인 것이다. 백제와 유송이 연대할 수 있는 명분과 근거가 마련되었다. 이로 인하여 백제의 요서경략은 중국 사서로서는 처음으로 『송서』에 수록될 수 있었다.

백제의 요서경략은 정치적 목적에서 창출된 것은 아니었다. 실체가 없는 '만들어진 역사'였다면, 후대 사서는 『송서』의 기사를 답습만했을 것이다. 이와 관련한 첫 기록인 『송서』에서는 "그 후 고려가 요동을 차지하자 백제는 요서를 차지했다. 백제가 다스리는 곳을 진평군 진평현이라고 했다"고 하였다. 여기서는 고려 즉 고구려가 차지한 요동의 구체적인 지역 명시가 없다. 『송서』에 이어 두 번째로 요서경략을 게재한 「양직공도」에서는 고구려가 요동에서 공격한 대상을 '낙랑'이라고 했다. 고구려는 평양에서 요동으로 이동한 낙랑을 차지한 것이다. 「양직공도」는 『송서』의 빈 부분, 즉 고구려의 경략 대상을 채워주었다. 그러나 백제가 요서에서 차지한 곳은 『송서』와 달라지지 않았다. 그랬기에 「양직공도」에서는 『송서』의 진평현을 그대로 기록하였다.

그런데 대다수 연구자들은 「양직공도」의 "晉末駒麗略有遼東樂浪亦有遼西晉平縣"라는 구절에서 처음 보이는 '낙랑'을 주어로 삼았다. 낙랑을 요서 진평현 설치의 주체로 간주하였다. 이렇게 하면 "진말晉末에 고구려가 요동을 차지하자, 낙랑 역시 요서의 진평현을 차지했다"는 해석이 나온다. 그러나 본지本地에서 쫓겨나 그것도, 요동도 아니고 상징성만 있는 요서에서 페이퍼 컴퍼니 교군僑郡에 불과한 낙랑이 요서 일부 지역을 점령한다는 것은 꿈결 속에서나 가능하다. 게다가 「양직공도」 백제국기百濟國記에는 백제와 낙랑이 등치等値라는 전제가 없다. 오히려 '역亦'이라고 하여 고구려와 동치同値임을 밝혔으니 주어가 바뀌지 않은 것이다. 그러니 요서경략 주체는 이 구절의 주어요 표제標題인 '백제'를 가리킨다고 보아야 맞다. 따라서 본 구절은 "晉末駒麗略有遼東樂浪 亦有遼西晉平縣"로 떼어 읽어야 마땅하다. 이렇게 하면 "진말에 고구려가 요동의 낙랑을 차지하자, (백제) 역시 요서의 진평현을 차지했다"는 해석이 도출된다.

「양직공도」 해당 구절은 고구려=요동=낙랑, 백제=요서=진평의 대응 관계를 보여주었다. 이와는 달리 『양서』에서는 "진의 치세에 고구려가 이미 요동을 차지하자, 백제 역시 요서와 진평 2군의 땅에 의거하여 스스로 백제군을 두었다"고 했다. 고구려는 『양서』와 『송서』 이전 단계에 이미 요동을 석권하였다. 그랬기에 고구려가 차지한 특정 군을 적시하지 않았다. 반면 백제는 요서 전역이 아니라 그 일부 지배였기에 진평군을 적시한 것이다. 설령 「양직공도」 저자의 의도와는 달리 낙랑이 백제와 등치라고 하자. 그렇더라도 백제의 요서경략을 부인하는 기록이 될 수는 없다. 교군에 불과한, 그것도 요동도 아닌 요서에서 얹혀사는 낙랑이 진평현을 경략할 수는 없기 때문이다. 더욱이 『양서』에서는 '낙랑'은 사라지고 '백제'가 주어로 다시금 전면에 등장하지 않았던가? 그러자 백제=낙랑이라는 주장이 제기되었지만 타당하지 않다. 낙랑은 고구려를 필두로 삼국 국왕의 작호에 등장했다. 낙랑은 백제만의 상징이 될 수 없었다.

백제가 차지하여 다스렸다는 요서의 거점이 진평군이었다. 그 위치에 관한 정보는 당대唐代에 지은 『통전』이나 송초宋初의 저술인 『태평환우기太平寰宇記』, 그리고 청대淸代의 국가 기록에서도 덧붙여졌다. 즉 "유성柳城과 북평北平의 사이"나 "영주營州와 평주平州의 사이" 혹은 "금주錦州·영원寧遠·광녕廣寧의 땅"으로 각각 기술했다. 이 사실은 백제의 요서경략이 와전이나 허구가 아님을 반증한다. 여타 전승 자료의 존재를 반증해주었기 때문이다. 백제가 해당 지역을 지배하지 않고서는 생성이 어려운 기록들로 보아야 한다.

진평군이 설치되었다는 유성은 지금의 랴오닝성 차오양朝陽에, 북평은 베이징北京 부근으로 지목되었다. 그런데 최근 차오양 일원에 대한 북조기北朝期의 분묘를 발굴 조사한 결과 북위의 행정력이 삼연三燕의 수도였던 지금의 랴오닝성 베이퍄오北票 일원은 물론이고 차오양에도 미치지 못한 것으로 드러났다. 이 사실은 진평군 소재지를 지금의 차오양~베이징 부근으로 기록한 『통전』 기록을 주목하게 한다. 이와 더불어 청대의 "(唐의) 마단림馬端臨이 진평은 당 때 유성과 북평 사이에 있었다고 말했는데, 실은 지금의 금주·영원·광녕의 땅이다"는 기록이 다가온다. 후자 지역은 차오양 동편이나 동남편이기에 북위 영역 바깥인 동시에 랴오허 서편이다. 이곳은 백제가 설치한 진평군 입지로서는 하자가 없다.

백제 진평군은 북위 후기에 차오양 서쪽으로 이동했을 수 있다. 차오양 일원 북조 분묘들은 후기에는 조영되지 않았기 때문이다. 이렇게 본다면 『통전』의 진평군 위치 기록은 의미가 없지 않다. 이와 연계해 중국 사서에서 고구려 서계西界를 영주 즉 차오양이라고 한 기록이 주목된다.

앞서 제기한 발굴 성과와 결부 지을 때 북위 후기의 분열을 틈타 고구려가 차오양까지 진출한 근거로 해석할 수 있기 때문이다. 사서 기록과 물증의 일치로 평가할 수 있다.

학계의 기존 연구사에서 누락된 조선 후기 역사학자 한치윤과 민족주의 사학자 육당 최남선과 신민족주의 사학자 민세 안재홍 및 남창 손진태 그리고 홍이섭 등도 요서경략을 수용했다. 끝으로 김부식이 "비록 을지문덕의 지략과 장보고의 의로움과 용맹함이 있었다 하더라도 중국의 서적이 숨겨버려서 자취가 아주 없어졌다면 듣지도 못했을 것이다 雖有 乙支文德之智略 · 張保皐之義勇 微中國之書 則泯滅而無聞"는 글귀가 상기된다. 마치 요서경략을 가리키는 말 같다. 실로 천하의 명언이 아닐 수 없다.

(2) 요서경략 부정론에 대한 검증

백제의 요서경략을 부정하는 논자들은, 『삼국사기』를 비롯한 한국 사서에 적혀 있지 않다는 점을 지적했다. 그러나 해상왕 장보고의 눈부신 활약도 중국과 일본 문헌이 아니었더라면 몰랐을 것이다. 그리고 이들은 요서경략이 북조계 사서에 보이지 않는다는 점을 거론하였다. 그러나 이 사안은 형편 좋게 속단할 성질은 아니다. 금석문을 통해 고구려가 평주平州 (灤河下流)를 점령한 사실이 확인되었지만, 『위서魏書』 지형지地形志 등 북조계 사서에서는 일체 수록하지 않았다. 중국과 일본의 연구자들은 평주 함락을 기록하지 않은 이유를 단순 오류가 아니라 고의적인 누락으로 간주하였다. 이와 마찬 가지로 요서경략도 북조인들의 고의적 누락에 혐의를 두어야 하지 않을까? 더욱이 『위서』는 사료 증거 능력이 현저히 떨어진 관계로 '더러운 역사책' 즉 '예사穢史'로 불리기도 했다. 이러한 북조계 사서에 요서경략이 비치지 않는다고 하여 사실이 아닌 양 속단해서는 안될 것이다.

보다 중요한 사실은 백제의 요서경략은 백제의 역사라는 것이다. 응당 백제사에 수록할 내용이었다. 북조에서는 백제 영역인 진평군을 자국사 지형지에 수록할 일은 아니었다. 게다가 당시 남조와 북조는 격렬하게 대립하였다. 상대 국가에 대한 비칭과 멸칭이 일상화되었다. 그러는 가운데 양조兩朝는 상대국 영역으로 지방관을 임명하는 요령遙領과 허봉虛封을 통해 자국이 마치 전 중국을 통치하여 정통성을 지닌 양 과시했다. 이러한 정서이니 요서의 진평군도 기록과 문서상으로 은폐되었다고 해도 하등 이상할 게 없다. 당시로서는 어쩌면 지극히 자연스러울 수 있다.

백제는 고구려와는 달리 이상할 정도로 남조 일변도의 교류를 가졌다. 다만 고구려의 압박이 임계점에 이른 472년에 개로왕은 북위에 사신을 처음으로 파견했다. 이렇듯 백제가 남조 일변도의 교류를 가진 이유는, 북위와 대치한 요서 진평군 때문으로 간주할 때 수긍이 간다. 실제 백제는 488년과 490년에 북위와 격돌한 바 있다. 비록 과장이 있다치더라도 북위 기병騎兵 수십만이 백제 경내로 진입한 기사는, 요서 진평군을 고려하지 않고서는 생각하기 어렵다.

물론 백제의 해상 능력을 의심하는 논자들도 있다. 그런데 「광개토왕릉비문」에 따르면 404년에 왜는 선단을 이용해 대방계帶方界까지 쳐들어 왔었다. 해로를 통한 왜군의 고구려 원정이 가능했음을 알 수 있다. 그런데 이보다 거리가 짧은 백제의 요서 상륙은 불가하다는 것이다. 백제에 대한 편견의 골이 깊다는 것을 알 수 있다. 최근의 연구에 따르면 4세기말부터 백제는 중국대륙과의 횡단 항해가 가능했다고 한다. 따라서 요서 경략 이해의 요체는 기록의 불비不備가 아니었다. 가슴 속에 깊이 박힌 편견의 쇠울타리 때문이었다. 마음속에 높이 쌓은 신기루 같은 만리장성 벽을 허물어야만 진실과 만날 수 있지 않을까 싶다.

사실 백제의 요서경략만큼 편견이 깊은 역사도 없었다. 조선의 모화주의자들에게는 백제가 중국의 일부 지역을 지배한 일은 상상하기조차 어려웠다. 이러한 심사에서 나온 게 '만리 바다' 운운하는 불가능한 항해 구역론이었다. 이후 한국 근현대 역사학에 직간접으로 영향을 끼친 일본의 연구자들도 "일본은 백제·신라의 건국과 거의 같은 시기에 반도에 진출하여 백제·신라를 보호하고 고구려의 남하를 막아냈다. 이후 신라는 고구려에 붙어 일본을 배반했지만, 백제는 그 건국에서 멸망까지 시종 우리나라에 의지했던 것이다"고 하였다. 이에 덧붙여 "그래서 서기 제5세기의 형세는 북의 고구려와 남의 일본과의 반도에서의 패권쟁탈사로도 볼 수 있는 것이다"고 단언했다. 1951년에 「백제의 요서영유설에 대하여」라는 논문을 집필한 일본인 연구자는 5세기대를 고구려와 왜의 대결 구도로 해석하였다. 이러한 시각을 지녔기에 백제가 한반도를 뛰어넘어 북위와 대결한다는 것은 상상해서도 안 되었다. 그러므로 갖은 이유를 들이밀어 요서경략을 부정하였다. 이 점을 똑바로 직시해야 하는 것이다. 실제 그가 처음으로 제기한 '백제의 요서영유설'은, 한국에서 '백제의 요서경략설'로 수용되어 역사 용어로 정착하였다. 정사에 수록된 백제 요서경략 기사가 주관적인 학설로 전락한 것이다.

(3) 백제와 관련한 중국 동부 연안과 최남단

일각의 편견과는 달리 백제의 해외 거점을 웅변해주는 물증이 보인다. 중국 장쑤성 롄윈강連雲港 산지대에는 당초 2천 기 이상의 백제 석실분이 산재해 있었다. 19세기 후반의 산둥성 지진 이전에는 반도나 도서였던 곳에 백제 분묘가 조성된 것이다. 중국 동부 연안과 도서 지역은 국가 멸망 후 백제인들이 사민徙民된 곳은 아니었다. 그러니 백제인들의 진출일 수밖에 없다. 더욱이 중국에서는 "항상 백제의 백성을 편안하게 하고 장회의 족속을 무성하게 하라 常安百濟之民 永茂長·淮之族"고 하여 '장·회 長淮'인 양쯔강과 화이수淮水를 백제와 연결 지었다. 렌윈강 일원은 백제인들이 거주했던 '장·회' 가운데 화이수와 연관된 지역이었다.

그리고 중국의 최남단이요 베트남과의 접경 지역인 광시좡족자치구廣西壯族自治區에는 '백제향百濟鄉'과 '백제허百濟墟' 지명이 백제의 존재를 환기시켜준다. 문화는 발상지보다 변두리에서 잘 보전된다는 말을 실감시켜 주었다.

이와 더불어 최치원이 "(백제가) 오吳·월越을 침공했다"고 한 기술을 주목해 본다. 이는 『구당서』에서 "서쪽으로는 바다를 건너 월주에 이르렀다 西渡海至越州"고 한 백제 서계西界와의 연관성 때문이다. 국가를 경계로 한 동·남·북계와는 달리, 백제의 서계로 월주인 샤오싱紹興을 적시하였다. 백제 명장 계백이 황산黃山에서 "옛적에 구천句踐은 5천 명으로 오吳의 70만 무리를 격파하였다"고 했다. 계백이 언급한 월왕越王 구천의 근거지인 월주 즉 샤오싱 일대와 한반도 서남부 지역은 절임문화를 공유했다. 멀지만 가까운 곳이었다.

(4) 요서경략 동기

백제의 요서경략 기사는 직간접 사료만 추려도 14종에 이른다. 결코 적지 않은 사료들이었다. 그것도 백제에 영토를 빼앗긴 중국인들의 기록물에서 확인된 사료가 주종을 이룬다. 그럼에도 더 많은 자료를 요구하고 있다. 물론 완벽한 자료가 남아 있다면 고대사 연구는 일도 아닌 것이다. 그러니 생떼를 쓴다는 인상을 지울 수 없었다. 아무리 곱게 받아들이려 해도 근자에 '요서진출설을 강변하는 사이비 역사학'이라는 글귀는 도를 넘었다. 요서경략은 앞으로도 공론의 장場에서 더욱 치열한 논의가 따라야 마땅하다. 그럼에도 보란 듯이 상대측에 법정 선고하듯이 양양한 태도는 참담하기까지 했다.

백제는 후연과 연계해 고구려를 견제하여 왔었다. 400년에 고구려군 보기步騎 5만의 낙동강유역 출병도, 허실을 틈탄 후연의 고구려 후방인 서방西方 급습으로 실패하고 말았다. 백제와 후연의 연계를 의심할 수 있는 사안이었다. 그런데 이제는 고구려의 반격을 받아 후연이 위태롭게 되었다. 후연의 구원 요청을 받아 백제군이 요서에 급거 출병하였다. 그 직후 후연은 붕괴되고 고운高雲의 북연 정권이 들어섰다. 즉시 북연과 고구려는 우호 관계를 유지하였다. 그러자 출병했던 백제군은 상황이 모호해졌지만 주둔한 지역을 실효 지배했다. 요서경략의 기원을 이 같이 새롭게 추정해 보았다.

4) 고구려와의 사투, 그리고 한성 함락

백제는 371년에서 6년 지난 377년에 다시금 3만 병력으로 평양성을 습격했다. 두 차례의 전쟁 모두 국왕이 지휘한 친정이었다. 백제는 평양성 전투에서 고구려 왕을 살해할 정도로 대승을 거둔 후, 한산漢山으로 이도移都하였다. 한산은 북한산성 안의 중흥동고성이었다. 북진 경영을 위해 중심축을 한강 이북으로 옮긴 것이다. 그리고 양국 간의 공방전은 계속 이어졌다. 백제와 고구려는 407년~469년 사이에 전쟁이 보이지 않지만, 기록의 불비에 불과한 것이다.

손에 피를 묻히고 즉위한 제21대 개로왕은 고구려와 처절하게 전쟁을 하였다. 내부적으로 그는 왕족 중심의 친위체제를 구축했다. 외우

내환 속에서 '내환'을 수습한 그는, '외우'인 고구려와의 대결에 국력을 모았다. 그렇지만 개로왕은 왕권 강화를 위해 궁실을 우람하게 새로 짓거나 치장했고, 왕릉을 개수하였다. 잦은 한강 범람으로부터 도성의 안전을 지키기 위해 숭산(하남 검단산)에서 사성(강남구 삼성동토성)에 이르는 구간에 제방을 축조했다. 이러한 토목 공사로 인해 민심 이탈과 재정 궁핍이 가속한 것은 사실이겠다. 그러나 고구려 간첩 승 도림의 꾐에 빠진 개로왕의 실정이라는 주장은 따르기 어렵다. 이 이야기는 이마니시 류今西龍가 주장했듯이 소설 같은 허구에 불과하였고, 도미 아내 이야기와 한 묶음으로 보였다. 모두 개로왕의 아둔함과 실정을 나타내는 데 목적을 둔 허구였다. 704년에 한산주 도독으로 부임해 온 김대문이 집필한『한산기』에 수록된 내용이었을 것이다.

개로왕은 자력으로 타개하기 힘든 고구려의 남진에 대응해 전방위 외교에 사활을 걸었다. 이 중 북위를 끌어 당기는 게 가장 유효한 수단이었기에 슈퍼급 문사들을 총동원해 머리를 짜내 만든 국서를 472년 북위에 전달했다. 개로왕은 북위가 고구려 응징전에 나설 수 있도록 심리적인 측면까지 십분 고려해 명문名文을 만들었지만, 냉정한 현실의 벽을 넘지는 못했다. 475년 한성 함락과 더불어 개로왕은 포살捕殺되었다. 백제는 한번 망하다시피 하였다.

한성 함락 기사에 등장하는 북성北城과 남성南城은 풍납동토성과 몽촌토성이 될 수 없다. 고구려군은 북성을 함락시킨 후 남성을 공격했다고 한다. 그런데 풍납동토성은 몽촌토성과 650m 밖에 떨어져 있지 않다. 이 경우는 두 성 간의 연계를 차단하기 위해 동시에 포위해야만 한다. 따라서 북성과 남성은 한성을 공유하는 북한성(중흥동고성)과 한성(풍납동토성)을 가리킨다고 본다. 한수(한강) 북쪽의 북한성과 남쪽의 한성인 것이다.

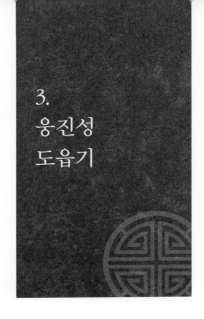

3.
웅진성
도읍기

1) 기본 영역 바깥에 움을 틀다

백제는 한성을 상실한 후 웅진성(공주)으로 천도했다. 웅천인 금강 남안南岸에 붙어 있는 웅진성은, 『삼국사기』 시조왕 13년 조의 기본 영역인 남으로의 계선界線 웅천 바깥이었다. 웅진성은 근초고왕 남정 이전 백제 기본 영역 바깥에 소재했다. 백제사에서 또 하나의 획기로 기록될 법한 일이다. 이 무렵 『삼국사기』 백제 왕계에는 오류가 보인다. 이와 더불어 수정한 계보를 함께 제시한다.

웅진성에 도읍하던 63년 간 백제는 다사다난했다. 일단 아산만까지 고구려 영역이 미쳤다. 그런데 475년 이후 백제와 고구려 간의 전투 기록이나 백제가 밀린 기록도 없다. 그럼에도 고구려 영역이 아산만까지 미친 것은 할양割讓받은 결과일 수 있었다. 백제는 내부적으로 난마처럼 얽힌 일들이 많았기 때문이다.

〈『삼국사기』 백제본기 본문의 왕계〉

〈새로 조정된 한성말·웅진 도읍기의 백제 왕위계승 관계와 계보표〉

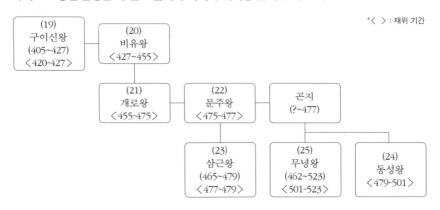

　　문주왕의 피살과 13세에 즉위한 삼근왕의 사망, 그리고 해씨 세력을 제압한 진씨 세력의 택군擇君에 따른 유년의 동성왕 옹립이 숨가쁘게 이어졌다. 담력이 셌던 동성왕은 성장하면서 과단성 있는 면모를 보였다. 전쟁에서 동성왕의 배포와 신궁인 활솜씨는 고구려군을 압기했을 것이다. 그는 신라 왕녀와의 혼인을 통해 가장 긴요한 우군으로 신라를 받아들였다. 동성왕은 이탈해 간 지방 세력 흡수 차 무진주(광주 광역시)까지 친정하였다. 이때 백제는 탐라(제주도)를 복속시켰다.

　　동성왕은 국력을 회복했지만 귀족들과의 이해는 첨예하게 충돌하였다. 그 선상에서 겨울에 사비(부여) 지역으로 사냥왔다가 눈이 많이 쌓인 관계로 환도하지 못한채 피살되었다. 그의 피살 사건을 수습하고 즉위한 이가 장신에 그림처럼 잘 생긴 데다가 넉넉한 성정의 소유자인 무녕왕이었다. 40세의 연만한 연령에 즉위한 그는 정치와 경제에 걸쳐 많은 치적을 쌓았다. 그는 고구려와의 전쟁에서 승리해 강역을 상당히 회복했다. 이를 기반으로 522년에 그는 "다시 강국이 되었다"고 선언하였다.

　　무녕왕 재위 후반기에 백제는 사비성 천도 작업을 한 것으로 보인다. 사비성으로 천도하게 된 요인은 웅진성 일원의 협소함을 운위하고 있다. 그러나 근본적인 이유는 웅진성과 사비성은 동일한 금강 수계에 속하지만, 웅진성 구간은 수심이 얕아 바닷배가 뜰 수 없었다. 대외 교류를 할라치면 강배를 이용해 사비성 구간으로 이동한 후 환선換船을 해야 했다. 이러한 번거러움에서 벗어나 일거에 해외로 나갈 수 있는 사비성으로의 천도를 단행한 것이다.

2) 영산강유역 마한의 동향

　　우리나라를 가리키는 범칭이 되었을 정도로 상징성이 지대한 '삼한三韓'은, 당초 '한韓'으로 불리었다. 한이 삼한으로 분화한 것이다. 삼한 가운데 가장 강력했던 마한 맹주 목지국 진왕辰王의 영향력은 낙동강유역 변한까지 미쳤다. 이러한 목지국은 3세기 중엽경 대방군과의 격돌 과정에서 패하여 몰락하고 말았다. 그럼에 따라 마한의 중심축은 남부권으로 남하하였다. 아울러 변한의 구야국과 안야국이 성장하는 일대 전기가 되었다. 이러한 정치 환경 속에서 289년에 신미국新彌國 등 20여 국國이 서진과 교섭하였다. 해남반도에 소재한 침미다례와 동일한 정치체인 신미국은, 목지국의 몰락을 기화로 지역연맹체 맹주로서의 위상을 확보했다. 이무렵 영산강유역에는 옹관을 주묘제로 채택하였고, 급기야 고총분묘로까지 발전시켰다. 고총분묘의 등장은 고유 색깔을 지닌 세력들의 결집을 웅변해주는 현상이었다.

영산강유역 마한 세력에는 공포스런 해가 369년이었다. 이때 단행한 백제 근초고왕의 마한 경략은, 해남반도·고흥반도·섬진강 수계水系에 대한 거점 지배와 더불어, 금강 이남~노령산맥 이북의 영역 지배에 이르렀다. 이때 영산강유역은 백제 영역이 아니었다. 이 점을 확인시켜주는 『일본서기』 신공 49년 조의, 침미다례忱彌多禮가 도륙되자 [比利辟中布彌支半古四邑]이 항복했다는 기사를 검토해 본다. 즉 백제에 복속되었다는 [　] 안의 지명을, 오랜 동안 '비리比利·벽중辟中·포미지布彌支·반고半古'의 4읍邑으로 끊어 읽어왔다. 이는 지명 뒤의 '4읍四邑'이라는 문자를 의식한 결과였다. 즉 '고사古四'의 '四'는 숫자로도 쓰이므로, 바로 뒤에 붙어 있는 '읍邑'과 연관 지은 것이다. 그러나 '고사'는 전라북도 고부 지역을 가리키는 지명이다. 『삼국사기』 도독부 13현 조에서 "고사주古四州는 본래 고사부리古沙夫里로서"라고 하여 고부 지역을 분명히 '고사古四'로 표기했다. 따라서 고사와 고사부리는 동일 지명일 가능성이 높다. 그럼에도 '4읍四邑'을 의식한 지명 떼어 읽기가 많지만, "무릇 4읍 한인 등의 시조이다 凡四邑漢人等之始祖也(신공 5년 조)"는 구절을 상기해야 한다.

백제가 점령한 지역과 관련해 신공 49년 조 지명 말미의 '사읍四邑'이 '4개 읍'을 가리킨다면, 신공 5년 조처럼 '무릇 4읍凡四邑'으로 표기했어야 한다. 그러나 그러하지 않았다. 더욱이 고사古四는 고사古沙와 동일한 지명이었다. 따라서 신공 49년 조의 지명들을 '4개 읍'이라는 '4읍四邑'에 한정시킨 해석은 맞지 않다. 오히려 비리·벽중·포미·지반·고사로 떼어 읽었을 때 해당 지명들은 금강 이남~노령산맥 이북으로 소재지가 밝혀진다. 그리고 369년 '마한 경략' 이전 백제의 남계南界는 금강이었다. 이러한 백제 영역은『삼국사기』시조왕 13년 조에서 웅천을 남계로 하는 영역 기사와도 연결된다. 시조왕 13년 조 영역 기록과 근초고왕대의 남정은 대응 관계를 보인다.

백제 영역 밖 영산강유역 세력의 성장은 독보적인 옹관묘 문화를 통해 읽을 수 있다. 그 정점인 금동관金銅冠·금동식리金銅飾履·단봉문 환두 대도單鳳文環頭大刀가 부장된 나주 반남면 신촌리 9호분의 피장자 성격에 대해서는 논의가 많았다. 신촌리 고분에서 출토된 임나가라나 왜계 유물의 존재는, 이들 세력과 연계한 독자적인 행보를 시사해주었다. 이와 더불어 신분의 지표인 동시에 정치적 계통을 암시해주는 위신재인 금동관과 환두대도가 중요한 준거였다. 이들 신촌리 9호분 부장 위신재는 백제보다는 대가야(가라)적인 요소가 많은 것으로 밝혀졌다. 게다가 신촌리 9호분에서는 사여품의 지표인 중국제 도자陶瓷나 금은제金銀製 귀고리도 부장되지 않았다. 백제와 연관성이 없다는 징표였다. 더불어 신촌리 9호분 금동관 편년을 웅진성 도읍기로 지목한 견해도 취신하기 어려웠다. 웅진성 도읍기나 그 이후에는 왕도 뿐 아니라 백제의 지방 그 어디에도 금동관모는 더 이상 착장하지 않았기 때문이다. 따라서 나주 반남면 신촌리 9호분 금동관의 제작 주체는 백제가 될 수 없다. 영산강유역 세력의 운동력이 가장 활발했을 때의 산물이었다. 신촌리 9호분 금동관은 백제와 구분되는 또 다른 세계, 마한의 존재를 확인시켜주는 징표였다.

3) 전방후원분 조성과 양속체제兩屬體制

한반도 서남부 지역에서 확인된 일본의 표지적 묘제인 전방후원분前方後圓墳 피장자에 대해서는 많은 논의가 있었다. 그럼에도 그 성격 구명에는 공감대를 이끌어내지 못한 감이 없지 않았다. 더불어 전방후원분이 소재한 공간 이해가 부족한 감마저 든다. 이곳은 노령산맥 이북과 영산강 유역, 그리고 해남반도에 이르는 3개 권역圈域으로 나누어진다. 이러한 전방후원분이 소재한 구간은 369년에 백제 근초고왕이 금강을 건너 평정한 마한 잔여 지역이 된다. 이때 백제군은 왜군과 합동작전으로 이 지역을 석권한 것으로 알려져 있다. 바로 그러한 유서 깊은 공간에 왜계 전방후원분이 조성되었다. 이 점은 해당 피장자의 성격을 암시해주는 단서가 될 수 있다. 그리고 전방후원분의 조성 시점은 백제사에서 간난기艱難期인 5세기 말~6세기 전반이었다.

475년에 한성이 함락되고 웅진성 천도를 단행한 백제는 고구려의 군사적 위협에서 벗어나는 일이 현안이었다. 동성왕이 왜에서 귀국하여 즉위할 때 왜병 5백 명이 위송衛送했다. 이 숫자는 전지왕이 왜에서 환국할 때 수행한 왜병 1백 명 보다 5배나 많다. 전방후원분이 조성되는 5세기 말~6세기 초엽 비상시국을 맞은 백제에 큰 버팀목이 되었던 세력이 왜였음을 알려준다. 당시 동성왕은 이탈해간 지방 세력을 흡수하는 작업을 병행하였다. 그 작업의 일환으로서 과거 백제와 왜 간의 공동작전의 성과이기도 했던 마한 잔여 고지故地에 왜인들을 분봉했다. 이때 분봉된 왜인들은 369년에 백제가 이곳을 점령할 때 활약했던 왜장과 한부韓婦 사이에 출생한 후예이거나 백제와 관련을 맺은 가문으로 확인되었다. 전방후원분 피장자들은 백제와 연고를 맺었던 왜인들이었다.

6세기 중엽경에는 백제 조정에 왜계 관인들이 등장한다. 이러한 양속체제의 연원은 근초고왕과 왜장 간의 벽지산과 고사산 서맹에서 연원을 찾을 수 있다. 이후 양국은 공조체제를 갖추었다. 그 첫 번째가 마한 평정 군사작전이었고, 그 두 번째는 백제에서 왜로의 박사 파견이었다. 전자는 왜에서 백제로 파병된 것이요, 후자는 백제에서 왜로의 학자 파견이었다. 이 사실에서부터 양속체제의 실마리를 잡을 수 있다. 이후 백제는 오경박사와 더불어 와박사瓦博士와 같은 기술직 박사를 3년 교대로 왜에 파견하였다. 이렇듯 근초고왕대 이래 백제와 왜는 우호를 다졌다. 동시에 공동의 이익을 위해 지속적으로 운명을 함께 하였다.

6세기 중엽에는 백제도 관인을 왜에 파견한 사실이 확인되었다. 왜계 관인이 백제에서 활약한 사실과 연관 있어 보인다. 6세기 중엽까지 백제는 한수유역을 점유하고 있던 고구려를 몰아내고 고토를 회복하는 일이 숙원이었다. 한성 함락이라는 비상시국과 고토회복이라는 숙원 사업 속에서 백제와 왜는 이해가 일치하였다. 이때 백제와 왜는 고구려의 군사적 위협에 공동 대응하는 상황에서 일종의 양속정권적 비상체제를 강화하였다. 그랬기에 백제와 왜 간의 관인들이 상호 왕래하여 상대국 조정에 배치될 수 있었다. 나아가 백제는 지방 지배를 완료하는 소기의 성과를 거두자 방方·군郡·성제城制라는 전면적인 지배 방식으로 전환하였다. 이와 맞물려 백제는 분봉했던 왜인들을 조정의 관인으로 귀속시켰다. 왜인들을 중앙관료화한 것이다. 그런데 회복한 한수유역을 신라에 침탈당하고, 양속정권의 한 축軸이었던 성왕의 전사와 맞물려, 그 성격은 쇠퇴하고 말았다.

문제는 백제와 왜 간의 양속체제의 본질적 배경이다. 여기에는 종래 운위되었던 외교나 협력 관계만으로 설명할 수 없는 부분이 엄존한다.

일단 왜계 관인이 백제 조정의 관료로 활약한 것과 마찬 가지로, 백제에서도 왜 조정에 관인을 파견했다. 이와 더불어 왜 조정 핵심 지역에 '백제' 국호가 대궁大宮을 비롯한 상징성이 큰 공간에 부여되었다. 게다가 『신찬성씨록』을 통해 우에다 마사아키上田正昭도 시사했듯이, 왜왕의 혈통에도 백제 왕실과의 연관성이 엿보이고 있다. 그렇다면 백제와 왜 간의 관인 교환은, 현상만 놓고 양속체제라고 한 느낌이 든다. 유례가 극히 드문 이러한 사례의 본질은, 연합정권적 성격의 증좌일 수도 있다. 차후 심도 있는 분석이 요망된다.

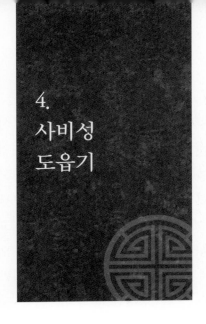

4.
사비성
도읍기

1) 기획도시 사비성의 빗장을 열다

(1) 국가 정체성, 부여 회복

538년 봄 성왕은 사비성 천도를 단행했다. 국호를 '남부여'로 개호했는데, 당시 표기는 '부여'였다. 이 사실은 『일본서기』 계체기를 통해서도 확인할 수 있다. 개호는, 부여로부터 내려오는 역사적 법통 계승을 대내외에 천명한 것이다. 백제가 부여가 되었다는 것은, 국가 정체성이 부여임을 뜻한다. 부여 시조 동명이 백제 시조가 되었다. 그리고 동명의 후손인 구태를 제사지내는 사당을 건립하였다. 부여를 중흥시킨 위구태가 곧 구태였다. 『통전』에서 '백제 시조는 후한말 위구태'라고 하였다. 백제인들에게 동명과 구태는 각각 원조元祖와 예조裔祖의 관계였다. 일본 문헌에 등장하는 '모두가 그리워하는' 뜻을 지닌 도모대왕都慕大王은, 동명왕에 대한 중의적 명호였다.

(2) 소위 은화관식

사비성 천도와 더불어 관제 개혁이 단행되었다. 관복은 옷 소매 색깔로써 신분을 구분하였다. 관모는 웅진성 도읍기까지의 양식에서 벗어났다. 검은 가죽 모자에 은화銀花 장식을 꽂아 신분과 위계의 상징인 관모를 통일했다. 그런데 현재까지 확인된 소위 은화관식은, 무령왕릉에 부장된 왕과 왕비 금장식과는 달리 관모에 고정시키는 장치가 없다. 그리고 폭이 넓은 꽃이 아니라 폭이 아주 좁은 나무 가지樹枝 모양에 가깝다. 오히려 칠곡 송림사 전탑에 부장된 수지형樹枝形 은장식과 흡사하다. 게다가 지금까지 십여 개가 확인된 소위 은화관식은 동일한 게 하나도 없다. 국가에서 위계의 표지로 내려주는 물품이라면 정형성이 보여야 한다. 발굴된 숫자도 사비성 도읍기 123년 동안 관인의 규모와 비교해 극소량에 불과하다.

소위 은화관식의 경우 시신이 안치된 현실이 아닌 연도에 부장된 경우도 있었다. 그 밖에 소위 은화관식은 미륵사지 서탑 공양품으로 금정金鉦 등과 함께 부장되었다. 신분과 위계의 지표물이 공양품이 될 수는 없다. 이러한 여러 점에 비추어 볼 때 실제 은화관식은 이와는 사뭇 다른 모양새일 수 있다.

(3) 사비도성, 서나성 축조 여부

사비도성은 우리나라 역사상 최초로 도시 전체를 성벽으로 에워싼 나성 구조였다. 그랬기에 기획도시로 간주하였다. 현재 사비도성의 나성은 북나성과 동나성은 확인된다. 반면 서나성과 남나성은 남아 있지 않다. 그런데 '남아 있지 않다'는 것은, 당초부터 쌓지 않았다는 의미는 아닐 수 있다. 산을 끼고 있어 지대가 비교적 높은 북나성벽과 동나성벽은 보존이 용이한 환경이었다. 반면 백마강을 끼고 있는 충적지에 축조된 서나성벽과 남나성벽은 일찍 침식되었을 수 있다. 540여 년 전의 기록에 바탕을 둔 『신증동국여지승람』에 따르면 부소산을 끼고 동서 양 성벽이 백마강에 이른다는 기록이 보인다. 서나성의 존재를 읽을 수 있다. 지금은 존재하지 않지만 540여 년 전에는 존재했던 것이다.

백마강이 해자 역할을 하므로 굳이 서나성을 축조할 필요는 없다고도 한다. 그러나 고구려 장안성에서 보듯이 대동강에 접한 구간에도 성벽은 축조되었다. 강에 접하였기에 성벽을 축조하지 않은 경우는 세계 도성사에서 그 유례가 없다. 백제 말기 성충과 흥수가 금강 하구인 기벌포를 막으라고 했다. 당군을 비롯한 외침이 금강을 따라 진행될 수 있음을 예견한 것이다. 그럼에도 금강에 접한 서나성벽이 축조되지 않았다면 그대로 뚫리고 만다.

그리고 가장 중요한 사유는, 백마강의 범람으로 도성의 피해를 막기 위해서라도 서나성이 필요하다. 백제는 한성 도읍기에도 한강 범람으로 제방을 축조했었고, 웅진성 도읍기에도 금강 범람으로 민가 피해가 극심하였다. 따라서 서나성과 남나성은 당연히 축조되었다고 본다. 실제 백마강 연안에서 기와집 터가 발굴된 바 있다. 이 사실은 지금 보다 백마강강폭이 더욱 좁았다는 뜻이다. 그리고 기와집 부지와 백마강 사이에는 어떤 형태로든 담장이 존재했다고 보아야 한다. 그렇지 않다면 신분이 높은이가 거주하는 공간이 아무런 대책없이 백마강에 노출된 것이 된다. 이로써도 서나성벽의 존재를 읽을 수 있다.

(4) 가칭 정림사지의 조성 시기
사비도성 중앙에 가칭 정림사지가 소재하였다. 1942년에 발굴했을 때 '정림사定林寺' 명銘 고려 기와가 출토되었기에 이름이 붙었다. 그러나 이와 동일한 명문 기와는 현재의 절터 외에 부여군 관북리와 부소산 군창터, 석목리에서 각각 출토되었다. 그리고 현재의 절터에서는 고려 때 가마터가 확인되었지만 동일한 명문 기와는 출토된 바 없다. 절터에서는 명문에 보이는 '대장전'에 비정할만한 유구도 확인되지 않았다. 그랬기에 가칭을 붙일 수밖에 없다.

부소산 남쪽 왕궁 부지에서 접근이 용이한 곳이 가칭 정림사였다. 그랬기에 왕실과 연관된 기획 사찰로 지목해 왔다. 심지어 '정림사' 이름도 남조 양 무제의 윤허를 받아 붙였다는 주장까지 제기되었다. 그러나 이와는 달리 고고지자기考古地磁氣 측정 결과 가칭 정림사는 7세기 초, 예를 들어 610년 경에 조성된 사찰이요, 탑은 목탑이었다. 이를 알 수 있는 근거는 탑지塔址에서 출토된 소조 불상 등은 목탑 안에 안치된 것들이었기 때문이다. 문제는 현재의 석탑이 백제 탑이라면, 양자 간의 시간이 너무 짧을 뿐 아니라, 위치 역시 동일하므로 고려할 부분이 있다. 불과 50년 정도 짧은 기간에 목탑에서 석탑으로 바뀐 게 되므로, 관련한 근거와 개연성이 뒷받침되어야 한다.

그리고 현재의 석탑은 금당이나 강당지와 동일하게 고려시대 층위에 소재하였다. 이와 관련해 부여 석조石槽(보물 제194호) 명문은, 석탑 명문과 동일한 내용이지만 분량이 적다. 그리고 제목 '대당평백제국 비명碑銘'은 석조는 1줄이지만 석탑은 2줄이다. 게다가 석조는 1줄에 11자이지만, 석탑은 16자 이상이다. 이 사실은 제3의 비문을 2곳에 동일하게 전사轉寫하지 않았음을 알려준다. 그리고 '비명碑銘'의 대상이 모두 비석은 아니었다. 이 사실은 당초 별도로 존재한 '비명'을, 석탑과 석조에 각각 새겼음을 상정하게 한다. 처음부터 탑신에 새겼으면 '비명'이 아니라 '탑명'이라고 했을 것이다. 게다가 석탑에 전혀 맞지 않은 '8월 기사 간지가 초하루인 15일 계미에 세웠다 八月己巳朔十五日癸未建'는, '건建' 즉 '(비를) 세웠다'고 했다. 그런데 석탑에 새겼으니 '각刻'이라고 했어야 맞다. 혹은 '기記'로 적어도 무방하다. 명문의 '建'은, 탑을 세운 것일 수 있지만, 소정방이 '정림사탑'을 세운 것은 아니었다. 이 점은 모두가 동의하는 분명한 사실이다. 참고로 편운화상부도에도 "정개 10년 경오년에 세웠다 正開十年庚午歲建"고 해 '건建'이라고 했다. 부도를 건립한 시점을 명기한 것이다. 그러나 '정림사탑'의 '건'은, 탑 건립을 말할 수 있는 상황이 아니므로 비석 건립을 가리킨다고 보아야 한다. '정림사탑' 명문은 당초 비석에 새겨져 있었던 것이다.

그 밖에 비문을 '종명鐘銘'이나 '탑명' 등으로 표기한 사례는 있지만, 탑이나 석조 등에 새긴 글을 '비명'이라고만 한 사례는 없다. 석탑에 새긴 글은 '석탑기명石塔記銘(천안 開天寺)'이라고 했다. 이러한 사실은 '비명'이, 당초 석탑이 아니라 석비에 새겨졌음을 뜻한다. 이후 어느 때 석비의 문장을 석탑과는 달리 석조에는 요약해 간략히 새긴 것이다.

이와 관련해 부여현 서쪽 2리, 백마강 가에는 소정방비가 540여 년 전에는 존재한 사실을 상기해야 한다. 그리고 석탑과 석조 명문은 소정방이 주인공으로 짜여 있다. 그런 만큼 석탑과 석조 명문은 소정방 비문을 복각復刻했을 개연성이 높다. 복각 시점은 소정방 신앙이 창궐하던 고려 중기 이후로 상정된다.

(5) 불교 왕국

중국 사서에서는 백제에는 "절과 탑이 많았다"고 했다. 사비도성 곳곳에 목탑이 기러기처럼 늘어선 모습을 연상할 수 있다. 백제는 불교 왕국이었다. 게다가 기획도시인 관계로 최첨단 시설물이 깔려 있었다. 부여 관북리에는 상수관 시설이 확인되었다. 수돗물을 마시는 백제인의 모습을 연상할 수 있다.

　　천도를 단행한 성왕은 신라와 임나 군대를 이끌고 76년만에 한성과 남평양성을 회복하였다. 그러나 2년 후 신라의 급습으로 백제는 한강하류 지역에서 쫓겨나고 말았다. 이에 대한 응징 차원에서 성왕은 신라를 공격하다가 관산성 전투에서 패사하였다. 패전 책임에서 자유롭지 못한이가 아들 위덕왕이었다. 곡절 끝에 즉위한 위덕왕은, 불교 수용 여부를둘러싼 갈등에 처한 왜의 쇼토쿠聖德 태자 지원차 파병을 결행했다. 백제는 숭불파를 지원해 종교전쟁에서 승리하였다. 이후 위덕왕은 일본 불교문화인 아스카 문화가 만개하는 데 지대한 역할을 했다.

　　위덕왕은 554년~598년까지, 햇수로 무려 45년 간 재위했다. 장구한

창왕명사리 그릇에서 '曷'으로 판독한 글자는 자형상字形上 '曷'이 맞다. 창왕사리 그릇의 소위 '亡王子'의 '亡' 자.

재위에도 불구하고 위덕왕은 후사後嗣가 없었기에 아우인 혜왕이 즉위했다. 이와 관련해 위덕왕은 578년 석가 열반일(2월 15일)에 맞춰 왕흥사 목탑에 불사리를 공양하였다. 고인이 된 왕자들을 추복한 것이다. 사리 그릇 겉면에 새겨진 명문을 '亡王子'로 판독한 근거는, '三' 자의 둘째 획 밑에 파여진 홈을 '亡'으로 판독한 데 따랐다. 그러나 동일한 재질인 정지원명 금동불상 명문과 비교하면 '亡' 자가 아니라 '三'이 맞다. 왜냐하면 'ㅣ' 획이 조금 내려오다가 끊어진데다가, 이는 겉면에서 자주 눈에 띄는 부식 흔적으로 보이기 때문이다. 게다가 사리 그릇에 새겨진 형태의 '亡' 자는 그 어디에도 없다. '亡' 자는 'ㅣ'→'一'→'ㄴ' 순의 3획이다.

위덕왕의 3 왕자가 죽은 것이다. 위덕왕에게 강박관념처럼 평생 따라붙었던 신라에 대한 보복·응징전에 희생된 것일 게다. 부소산 밑 선착장에서 배를 타고 연변에 기암괴석과 백화가 만발한 왕흥사에 행차할 때마다 위덕왕은, 가슴이 뭉클했을 것이다. 회한 많았던 위덕왕에 이어 70세 전후의 고령인 아우 혜왕이 즉위했지만 곧 사망했다.

혜왕을 이어 즉위한 왕자 법왕法王은, 생불生佛 같은 존재였다. 태자였을 때 그는 고구려와의 전쟁에서 희생된 쌍방 원혼들을 위령하기 위해 오합사烏合寺를 창건했었다. 법왕은 즉위 후 살생을 금했고, 사냥과 어렵 도구를 모두 불살라버렸다. 백제에서 화식火食을 하지 않았다는 기록은, 이때의 면면을 포착한 것일 게다. 전쟁이 없는 짧은 화평 기간이었다. 무왕이 왕자 시절에 신라 진평왕의 딸과 혼인한 것은, 전쟁과 살상이 없는 세상을 구현하고자 한 법왕 의지의 결실로 보인다. 짧게 재위했던 효순孝順 왕에게는, 석가모니 부처를 가리키는 법왕 시호가 부여되었다. 이름 그대로 효성스럽고 유순했고 자비로웠던 생불 임금의 열반이었다.

(6) 두 개의 도성과 쌍릉 피장자

평화와 공존을 바랐던 법왕의 염원은 받아들여지지 않았다. 정치는 현실이었던지 무왕은, 즉위 후 신라에 대한 공세를 강화했다. 소백산맥 동서 연결 통로인 남원과 함양을 중심으로 격렬한 전쟁이 펼쳐졌다. 전쟁의 배경에는, 장계 분지 제철 산지의 안정적 확보 문제가 깔려 있었다.

무왕의 정치적 배경이 된 곳은 출생과 성장 설화가 남아 있는 익산이었다. 무왕은 그러한 익산에 또 하나의 도성을 건설했다. 무왕은 새 왕도 익산 왕궁평성으로 거처를 옮겼고, 오랫 동안 거처하였다. 그랬기에 「관세음응험기」에 '천도'라는 기록이 남겨졌다. 중국 사서에서는 백제는 당시 왕이 동·서東西 양성兩城에 거처한다고 했다. 동성은 익산이고, 서성은 부여였다. 당의 낙양과 장안 2개 도성 사례와 동일하였다. 이는 사비도성이 처한 인구압 문제의 해소 방편이었지만, 기존 대성8족 귀족 세력의 압박에서 벗어나려는 무왕의 승부수였다. 무왕이 궁 남쪽에 조성한 방형 인공 못인 궁남지는, 20여 리에서 물을 끌어 왔다고 한다. 현재 소위 부여 궁남지는 궁과 인접하지도 않았을뿐더러 백마강에 근접하였다. 어느모로 보나 현재 부여 궁남지는 해당되지 않는다. 궁남지는 익산에 소재한 것이다. 백마강이 흘러 경관이 수려한 서성인 사비도성은, 무왕 만년의 휴식처이자 풍류처였다.

무왕은 미륵신앙의 메카로서 거대 가람 미륵사를 창건하였다. 무왕은 사역寺域에 들어온 사람들이 지상에 있는 동안 미륵의 세상을 체감하게 하려고 했다. 미륵사는 감미롭고 은은한 분위기에 웅장하지만 아름다운 미륵의 세계를 재현한 지상 모형이었다. 그리고 지상에서 미륵의 세상으로 가는 중간 경유지에 무왕의 역할을 설정했다. 무왕은 미륵을 영례迎禮했으니 전륜성왕인 것이다. 미륵사 창건은 무왕의 역할로 미륵의 세상이 구현된다는 확고한 메시지였다.

현재 익산에는 대왕묘와 소왕묘 즉 쌍릉이라는 이름의 왕릉급 분묘 2기가 남아있다. 양자는 떨어져 조성되었을 뿐 아니라 합장이 아니라 단장單葬이었다. 대왕묘 유골에서는 DNA가 추출되지 않아 성별을 확정할 수 없었다. 다만 신장은 161cm~170cm에 해당하므로 장신의 남자로 상정했다. 그러나 선화 왕후의 아버지 진평왕은 11척이요, 섬돌을 밟았을 때 부러졌던 일화와 천사옥대가 너무 거대했다고 한다. 선화 왕후의 사촌 여동생 진덕여왕은, 7척에 손이 무릎까지 내려오는 기형이었다. 선화 왕후 거레붙이들은 남녀 불문하고 신장이 장대하였다. 이렇듯 남성적인 골격에 장신의 여성도 존재했다. 따라서 대왕묘 유골의 정체성을 섣부르게 단정하기 어렵다.

무왕 사망 후 유택의 입지는 익산일 가능성이 높다. 그런데 왕릉으로 지목되는 쌍릉은 모두 합장묘가 아니었다. 무왕 유택의 입지와 합장 여부를 결정할 수 있는 이는, 의자왕 머리 꼭대기에 군림하고 있던 사탁씨 왕후였다. 사탁씨 왕후는 사후 무왕릉에의 합장을 원했을 것이다. 그녀는, 무왕에 앞서 서거했을 선화 왕후 유택의 입지에 간여했을 게 분명하다. 따라서 선화 왕후의 능은 단장으로 조성했을 가능성이 높다. 무왕 사후 즉위한 의자왕은, 3년상을 치른 후 무왕릉도 단장으로 조성하였다. 그렇다고 15년 후 사탁씨 왕후를 무왕과 합장하지도 않았다. 사탁씨 왕후 사망 이후는 의자왕의 세상이었다.

2) 중앙과 지방

(1) 관제의 정비

백제 중앙 관부의 최고위직은 좌평이었다. 그런데 백제의 중앙과 지방 관제와 관련해, 6세기대에 등장한 5좌평제가 6좌평으로 발전했다는 주장이 제기되었다. 그러나 이러한 주장이 성립하려면 6세기대 이전부터 『삼국사기』에 등장하는 좌평 기사를 일괄적으로 소급·부회한 배경이 전제되어야만 한다. 그리고 5좌평의 구체적인 이름을 명시할 수 있어야만 새롭게 증설된 1개 좌평직이 지닌 의미가 살아나게 된다. 게다가 6좌평은 소임과 직명이 모두 기재되어 있지만, 5좌평은 '좌평5인左平五人' 기록이 전부였다. 문제는 중국 사서에서 5방제가 6방제로 확대된 기록이 보이지만, 역시 구체적으로 기재된 5방 기사가 타당하였다. 이와 마찬 가지로 숫자만 적힌 5좌평 기록 역시 그 자체 중대한 취약점을 지녔기에 취신하기 어렵다. 그리고 좌평을 왕이 선임하지 않고 사후 승인했다는 근거로서 정사암 회의를 지목하고 있다. 그러나 설화적인 내용을 근거로 7세기대에 백제가 최고위직을 선임했다는 근거로 잡기에는 사료 비판이 전제되지 않았다고 본다.

사비성 도읍기의 중앙 관사인 22부部를,『주서周書』에는 다음과 같이 서술했다.

> 分掌衆務 內官有前內部·穀部·肉部·內椋部·外椋部·馬部·刀部·功德部·藥部·木部·法部·後宮部
>
> 外官有司軍部·司徒部·司空部·司寇部·點口部·客部·外舍部·綢部·日官部·都市部

위에 적시한 22부의 설치 시기에 대해서는 시차를 운위하기도 한다. 그렇지만 적어도『주례周禮』에서 전고典故를 찾을 수 있는 사군부司軍部·사도부司徒部·사공부司空部·사구부司寇部라는 4개 관사는 기획된 명칭인 만큼 일괄 설치된 부서로 지목된다. 그리고『주서』에서 처음 보이는 22부의 내관內官 12부 가운데 맨 앞의 '전내부前內部'와 맨 끝의 '후궁부後宮部'에 보이는 '전·후前後'는 내관 12부의 첫 번째와 마지막 부서를 표시하는 문자에 불과하다. 그러면 이들 부서는 '내부內部'와 '궁부宮部'인 것이다. 그리고 내관內官에 속한 곡부穀部·마부馬部·도부刀部·목부木部·육부肉部·약부藥部 등의 부서는 왕실에 소용되는 관련 물품을 조달하는 기관인데 반해, 내경부內椋部·외경부外椋部·공덕부功德部·궁부宮部는 관리 부서였다. 그리고 법부法部가 내관에 포함된 것을 볼 때 왕족 관련 범법에 대한 형벌 집행

부서로 보인다. 위의『주서』관련 구절은 다음과 같이 해석된다.

각각 部司가 있어서 여러 업무를 나누어 맡았다. 內官은 앞에서부
터 內部·穀部·肉部·內椋部·外椋部·馬部·刀部·功德部·藥部·木
部·法部가 있고, 宮部가 끝이었다. 外官에는 司軍部·司徒部·司
空部·司寇部·點口部·客部·外舍部·綢部·日官部·都市部가 있다.

〈새로 밝힌 22부사의 직능〉

구분	관사명	직능
內官	內部	왕실 내무 담당
	穀部	왕실 소용 곡식 관리
	肉部	왕실 소용 육류 관리
	內椋部	왕실 傳世 보물창고
	外椋部	도성 소재 왕실 창고
	馬部	왕실 소용 馬匹 관리
	刀部	왕실 및 국가 소용 도검 관리
	功德部	불교와 사찰 및 승려 관리
	藥部	제약 조제, 채약사 관리
	木部	왕실 소용 땔감 관리
	法部	왕족 관련 범법 집행
	宮部	궁성 관리
外官	司軍部	도성 5部 군사 운영·관리
	司徒部	교육·의례, 國葬·능묘 조영
	司空部	토목공사
	司寇部	형벌·사법
	點口部	호구 파악·징발
	客部	사신 접대
	外舍部	外官 10舍 청사 관리
	綢部	직물 출납
	日官部	천문·역법·점술 담당
	都市部	시장·국제교역 관리

외관外官 10부사 가운데 외사부外舍部와 관련해 내관 궁부宮部가 시사하는 바 있다. 궁부가 왕궁 전반에 관한 관리, 가령 수리·건축·보수 등을 맡아 보았다면, 외사부는 외관 10부의 청사廳舍 관리를 맡아 본 부서로 추측된다.

지금까지 연구로는 22부와 좌평직에 관해서는 역할이 겹치는 부분이 많다고 보았다. 즉 좌평이 22부를 관장했던 것으로 간주하였다. 그러나 국왕 호위 책임자인 위사좌평이 예하에 둘 수 있는 부서는 존재하지 않았다. 6좌평의 직무가 22부를 모두 포괄하지는 못한 것이다. 게다가 좌평직과 22부 간에는 호칭상 연결도 되지 않는다. 이와 관련해 국왕의 친위 병직兵職인 좌장은 외관 10부의 하나인 사군부司軍部의 장長으로 추정된다. 그리고 병관좌평은 내외병마를 장악한 공식적인 전국 병권의 최고위직이었다. 22부와 좌평직 간의 관계와 역할이 드러나게 되는 것이다. 요컨대 백제 왕은 직속 행정 부서로서 내관과 외관을 두고 있었다. 내관은 왕궁 안에, 외관은 왕궁 바깥 도성 안에 소재하였다. 반면 좌평직은 직무 범위가 전국적이었다. 그럼에도 좌평의 청사가 궁중에 있었다는 자체가 국왕에 예속된 신료로서의 면모를 보여준다.

지방 통치와 관련해 한성 도읍기 후반부터 등장하는 왕·후의 분봉은 담로제檐魯制와 무관하다고 볼 수는 없다. 그런데 분봉 왕王·후侯의 전봉轉封은, 영지領地를 가진 제후 같은 권력 착근을 차단하기 위한 조치로 파악된다. 진법자陳法子 4대의 경우도 중앙과 지방 간의 전봉을 읽을 수 있다. 이 같은 왕·후제는, 서하태수西河太守 풍야부馮野夫의 존재를 통해, 적어도 450년까지 소급된다. 태수는 왕·후 밑의 신분이었다. 5세기 중엽 백제 왕은, 왕권을 강화시킬 수 있는 제도적 조치를 구축한 것이다.

백제는 538년 사비성 천도 이후 전면적인 지방 지배 방식인 방-군-

성제로 전환했다. 이와 더불어 소국이나 지역 세력의 비중에 따라서 대군大郡과 소군小郡 등으로 차별 편제된 것으로 밝혀졌다. 이는 제4관등인 덕솔이 임명되는 군장郡將과는 달리 진법자의 조祖가 마련대군장麻連大郡將을 역임했을 때 관등이 달솔(제2관등)인데서 짐작할 수 있었다. 그리고 『한원』에서 "郡縣置道使 亦名城主"라고 한 구절의 "郡縣置道使"를, "군郡의 현縣" 즉, 군 밑의 현 단위를 가리키는 등등의 해석이 있어 왔다. 그러나 허심하게 '군과 현에는 도사를 둔다'로 해석할 수 있다. 그리고 기록에 보이듯이 1개 방方에는 3명의 군장이 파견되므로, 군장이 파견된 군郡은 백제 5방方 영역 내에서 15개 지역이 된다. 이러한 15개 지역은 각별히 의미 있고 비중 큰 지역임을 생각할 수 있다. 그랬기에 자제종족子弟宗族을 파견했던 옛 담로 구역으로 지목해 본다. 요컨대 15명의 군장이 파견된 곳과, 그 상급행정 구역인 5 방성方城 지역을 합하면 모두 20개가 된다. 이러한 20개의 구역은, 비록 고정된 숫자는 아니겠지만 기록에 나타나는 22개 담로 숫자와 대략 맞아 떨어진다.

문제는 이와는 달리 3인의 군장 선임 배경을 북위나 청조淸朝의 사례와 결부 짓는 경우이다. 이 경우 백제의 군장 3인은 왕족 1명, 귀족 1명과 토착 호족 1명으로 구성되었을 가능성이다. 상호 견제 측면 보다는 토착 세력에 대한 일정한 배려 차원에서 군장으로 기용했을 수 있다.

(2) 지방에 대한 통치 정비

한성 도읍기 백제의 지방 통치체제는 부部·성城·촌체제村體制였다. 전국을 5개의 부로 구획하고 그 안에 성과 그 하위 단위인 촌이 존재했다. 근초고왕이 남정을 단행하기 이전 백제의 북계는 예성강(패수)이었고, 남계는 금강(웅천)이었다. 369년 백제는 금강 이남 노령산맥 이북 지역을 새로운 영역으로 편제했다. 일종의 거점 지배인 담로제가 시행되었다. 담로가 설치된 곳은 경제와 군사적 비중이 큰 지역이었다. 백제는 노령산맥 이남 지역 가운데서도 욕나철산谷那鐵山이 소재한 곡성이나 고흥반도와 같은 남해항로의 요지要地, 강진(고해진)과 같은 항구는 직접 장악했다. 담로를 설치한 것이다. 백제는 사비성 천도 이후에 전면적인 지방 지배 방식인 방·군·성제를 시행했다. 이때 5방의 한 곳인 중방성이 정읍의 고부古阜에 설치되었다. 고부는 『삼국사기』에서 "고사부리성古沙夫里城을 쌓았다(시조왕 36년 조)"고 했을 정도로 비중이 지대하였다.

백제는 소금 산지의 확보와 독점적 분급으로써 남·북한강 수계 지역의 세력들을 통제하거나 영향권 내에 묶어 둘 수 있었다. 이와 더불어 백제는 여타의 것에 대한 통제보다 더 큰 힘을 제공하는 기본적 생존자원의 '생산수단'을 확보·장악하고자 하였다. 이는 막대한 농업생산력을 수중에 집중시켜 국가유지의 물질적 토대를 마련할 수 있는 관개시설의 축조로 발현되었다. 관개시설의 축조는 토목공사에 따른 대규모 노동력의 징발을 가져왔다. 그러므로 이는 집권화의 수단으로 알려졌고, 또 그러한 맥락에서 백제는 김제 벽골제를 장악한 것이다.

문제는 벽골제의 축조 주체가 되겠다. 기록에 적힌대로 330년 당시 마한에서 벽골제를 초축했다고 하자. 그러면 어떻게 그러한 사실이 『삼국사기』에 수록될 수 있었는지에 대한 해명이 필요하다. 마한의 운동력은 『삼국사기』 시조왕본기 외에는 그 어디에도 수록된 바 없다. 설령 330년이라는 연대를 존중한다고 하더라도, 엄청난 노동력이 투입될 뿐 아니라 확장 개축이 가능한 벽골제의 속성을 열어두어야 한다. 백제가 이 지역을 장악한 후 국가 규모로 벽골제를 증축했을 가능성이다.

백제는 사비성 도읍기에 5방제方制를 시행했다. 여기서 북방성과 동방성은 이견 없이 공주와 논산으로 각각 지목되고 있다. 그러나 서방성의 경우는 임존성이 되기는 어렵다. 문제는 남방성의 소재지가 되겠다. 웅진도독부 관하 동명주東明州 4현縣 가운데 구지현久遲縣 즉 백제 당시의 구지현仇知縣이 포착된다. 여기서 '구지'는 남방성인 '구지하성久知下城'의 바로 그 '구지'와 연결된다. 그리고 동명주 4현 가운데 웅진현은 지금의 공주를 가리키는데 이견이 없다. 그렇다면 남방성인 구지하성은 북방성인 지금의 공주와 동방성인 논산 사이에 소재한 게 된다. 백제 도성인 사비도성 인근에 북방성과 동방성 그리고 남방성이 포진한 게 된다. 이렇게 본다면 종래 인식했던 5방성의 성격과 기능은 재검토가 불가피해진다.

　　5방성의 한 곳일 뿐 아니라 국토의 중앙을 상징하는 중방성의 경우 정읍의 고부로 비정하는데는 이견이 없다. 문제는 구체적으로 어느 성이냐는 문제이다. 이 사안을 생활 근거지인 산성과 유택인 고분군의 관계속에서 접근해 본 결과, 근초고왕대에 진출하여 축조한 고사부리성은 은선리토성으로 지목된다. 백제의 남방 진출 거점으로서 고사부리성이 지닌 상징성이 담겼다. 반면 5방성의 입지 조건인 '산험山險과 석축石築을 겸비한 금사동산성은, 규모가 훨씬 크다는 문제는 있지만 중방성이었을 수 있다. 백제는 중방성의 비중 증대와 기능 확대로 인해, 고부구읍성을 사비성 도읍기 후반에 축조한 것 같다. 『한원』에 보이는 중방성은 고부구읍성을 가리키는 것으로 보인다.

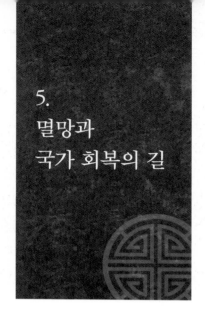

5.
멸망과
국가 회복의 길

1) 의자왕대의 통치와 분기점

의자왕은 무왕 재위 33년에야 2인자이자 후계자인 태자에 책봉되었다. 그는 무왕의 원자이자 성정이 반듯하였고 효의 표상이었기에, '해동의 증민曾閔' 즉 공자의 두 제자 증자曾子와 민자閔子를 합쳐놓은 성인으로 추앙받았다. 그러한 의자 왕자는 오랜 시일에 걸쳐 저울대 위에 올려져 검증을 받았던 게 드러났다. 일반적으로 재위 3~5년 안에 태자를 책봉한 사례에 비추어 볼 때 너무나 이례적인 현상이었다. 그 이유는 의자 왕자의 모계가 신라 공주 선화 왕후였던 데서 찾을 수밖에 없다.

미륵사지 서탑 사리봉안기에 따르면 사탁씨 왕후는 대왕인 무왕의 천수만 기원했다. 국정의 제2인자이자 즉위가 임박한 의자 태자에 대한 기원은 없었다. 이 사실은 사탁씨 왕후와 의자 태자는 혈연적으로 무관했음을 반증한다. 어쨌든 천신만고 끝에 즉위한 의자왕은, 신라의 40여 개성을 일거에 점령했다. 자신의 공격 목표가 신라임을 분명히 보여주었다.

동시에 자신에게 쏠린 의구심을 한번에 해소하였다.

의자왕의 신라 공격은 볼만하였다. 그가 당대 신라에서 빼앗은 성의 숫자는 무려 100여 개였다. 의자왕은, 즉위 초 대야성에서 신라 실권자 김춘추의 사위와 딸을 살해하고 동진을 거듭했다. 무예가 출중한 의자왕의 딸이자 미녀인 계산桂山 공주 이야기는, 이러한 시대 분위기에서 탄생했을 것이다.

의자왕은 '특출나게 용맹했고 담대해서 결단력 있었다 雄勇有膽決'고 했지만, 어디까지나 사탁씨 태후 예하에 아들로 있었다. 그를 계모에도 효성이 깊었던 민자에 견준 것은, 사탁씨 태후 때문이었을 것이다. 의자왕 재위 15년째 정월 국주모國主母로 알려진 사탁씨 태후가 사망했다. 의자왕은 전광석화 같은 정변을 단행해 국주모의 겨레붙이와 정파들을 유배보냈다. 의자왕의 친위정변에 힘을 보태준 세력이 은고 일파였다. 그덕에 은고의 아들 부여효가 태자로 책봉되었다. 의자왕은 신임 태자의 권위를 세워주기 위해 태자궁을 화려하게 만들어 주었다. 반면 의자왕의 원자였던 부여융은 태자에서 왕자로 신분이 급락했다.

의자왕은 절대권력을 확보한 재위 15년(655)부터 권력에서 실질적으로 손을 떼었다. 이와 더불어 권력의 빈 공간을 은고가 빠르게 채웠다. 의자왕의 가없는 승리에 대한 낙관·향락·궁중 부패는 백제를 멍들게 했다. 좌평 성충과 흥수가 경고의 비상나팔을 불렀지만, 의자왕은 미동도 하지 않았다. 육속된 고구려도 꺾지 못한 수와 당이, 감히 그것도 바다가 가로 막은 자국 백제를 공격하기 어렵다는 판단을 하였다. 게다가 의자왕은 백제 국력이 고구려를 앞지르고 있다고 보았기에 자만한 데는 이유가 있었다. "고구려도 꺾지 못한 당이, 감히 우리 백제를!"라는 정서였다. 게다가 백제는 당과 대척해야할 특별한 사유도 없었기 때문이다.

2) 부흥운동이 아닌 회복운동

660년 7월 신라와 당의 협공을 받아 웅진성으로 피신했던 의자왕은 항복했다. 의자왕은 국체를 보전하기 위한 목적에서 당과의 묵계로 항복을 선택하였다. 멸망 대신 택한 친당 정권이 수립될 찰나였다. 그러나 신라가 용인하지 않았을뿐더러, 당군의 만행이 결정적 계기가 되어 거센 저항이 일어났다. 그 와중에 의자왕과 백제 요직의 고관들은 당으로 압송되었다. 백제인들의 항전 역시 전국적으로 들불처럼 도도하게 번졌다. 항쟁의 거점은 흑치상지 주도의 임존성과 복신 주도의 주류성이었다.

이러한 백제인들의 구국 항전을 '백제부흥운동'으로 일컫고 있다. 그러나 '부흥復興'은 쇠잔해진 것을 다시 일으켜 세우는 의미이다. 망한 나라를 회복하는 독립운동과는 성격이 다르다. 이 경우는 '복국復國'·'흥복興復'·'복방復邦' 등으로 사용했다. 남창 손진태는 '조국회복운동'으로 일컬었다. 망한 나라를 다시 일으켜 세운 일을 '부흥'이라고 한 경우는, 『일본서기』의 '임나부흥'에서였다. 『일본서기』 논법대로라면 백제와 신라 그리고 임나는 왜의 신민臣民이었다. 그러한 임나를 신라가 감히 멸할 수는 없었다. 임나의 멸망을 부정해야만 했다. 그랬기에 잠시 쇠잔해진 임나를 다시 일으켜 세운다는 의미의 '부흥'을 사용한 것이다. 눈가리고 아웅하는 논법이었다. 이러한 저의를 간과한 채, 백제인들의 국가 회복을 위한 항쟁을 '부흥운동'으로 따라했다. 개탄스러운 일이 아닐 수 없다.

왜에서 건너 온 풍왕 중심의 친왜 정권에 의한 회복운동이 가열차게 펼쳐졌다. 풍왕은 의자왕에 이은 백제국 대왕이었고, 또 백제를 회복했다. 그런데 백제 영토를 거의 회복하는 상황에서 항쟁의 영웅 복신이 내분으로 피살되었다. 663년에는 왜군들이 상륙해 백제를 지원하였다.

그러나 663년 8월~9월 사이 백강 패전으로, 무력으로 국가를 회복하고자 했던 운동은 종언을 고했다.

　참고로 중·고등학교 국사 교과서를 비롯하여 한국사 개설서에 이르기까지 한반도의 서쪽 바다 이름을 '황해'로 표기한 사실을 상기한다. 『삼국사기』에는 동해·서해·남해가 보이고, 조선시대 고지도에도 '서해'로 적혀 있다. 그럼에도 대한민국의 해양주권이 미치는 서쪽 바다를 '황해'로 표기했다. 이와 관련한 일례로 조선총독부 조선사학회에서 간행한 『조선사강좌——일반사朝鮮史講座——一般史』(1924)에서 동해 대신 일본해, 서해 대신 황해, 그리고 남해는 표기하지 않았다. 해방 이후 애국가의 첫 소절에 나오는 '동해'가 '일본해' 자리에 바르게 표기되었지만, '황해' 표기와 삭제된 남해 표기는 그대로였다. 청산되지 않은 유산이다.

3) 웅진도독부와 '내번內藩' 백제

　백제 옛땅에 대한 지배권은 백강 전투의 주역인 당이 장악했다. 무력으로는 백제인들의 항쟁을 제압할 수 없다는 것을 절감한 당은, 백제인에 의한 백제 영역에 대한 통치책을 발표했다. 의자왕의 원자인 부여융을 수반으로 한 웅진도독부의 설치였다. 문제는 웅진도독부의 성격이다. 비록 웅진도독부는 당의 괴뢰 정권이기는 하지만, 친당 정권에 의한 국가 회복운동의 일환이었다. 그럼에도 부여융과 웅진도독부를 당인唐人과 당의 조직으로 각각 간주하는 경향이 적지 않다. 실제 현재 중국에서 간행한 역사지도책(潭其驤)에 따르면 이 무렵 한반도 서남부 지역은 당의 영역으로 표시되었다. 웅진도독부를 중국 역사에 포함시킨 것이다. 그러나 웅진도독부는 한반도 백제사의 대미大尾로 규정해야 마땅하다.

웅진도독부는 672년 신라에 의해 축출되었다. 한반도에서 백제는 사라졌다. 지금까지의 백제는 중국의 시각에서 보았을 때 '외번外藩 백제' 였다. 그런데 당에서 재건된 백제가 보인다. 즉 "그(부여융)의 손자 경敬이 측천무후 때에 대방군왕에 습봉襲封되어 위위경衛尉卿을 제수받았다. 이로부터 그 땅은 신라 및 발해말갈이 나누어 차지하게 되었으며, 백제의 종족이 마침내 끊기고 말았다(『구당서』)"라는 기사이다. 백제 영역이 신라 뿐 아니라 발해말갈에도 분할되었다고 했다. 백제가 발해말갈에 분할된 기사는 뜻밖인 것이다. 발해말갈에 점령된 백제는, 당에서 재건한 요동의 '내번 백제'였다. 중국 사서에서는 내번 백제의 장수들을 '번장蕃將'이라고 했다. 백제가 멸망한 지 무려 1백년이 경과했음에도 사타리沙吒利를 번장 이라고 하였다. 이 사실은 그가 한족漢族 사회에 완전히 편제된 인물이 아니었음을 뜻한다. 따라서 당역唐域의 번蕃(藩)으로서 존재한 백제를 상정할 수 있다. 내번 백제는 발해의 요동 진출로 인해 9세기 초에는 소멸되었다. 사서에서 '백제의 종족이 마침내 끊기고 말았다'는, 이 사실을 가리킨다. 요동에 소재한 내번 백제의 소멸은 백제사의 궁극적인 마침표였다.

VI

임나 제국과 가라

변한 → 임나 제국(가라연맹·포상팔국 등 제국 연합체) → 가라 주도 → 안라 주도

1.
임나와
가라

1) 국호와 세력 범위

임나任那의 어원은 명확하지 않다. 일본에서 임나를 '미마나'로 읽고 있다. 이에 따르면 '밑'과 '맏'은 '아래'와 '위'의 뜻이요, '나'는 '땅'의 뜻으로 풀이 된다. 임나는 '아래와 윗 땅' 즉 '모든 땅'의 뜻이다.

가라加羅 국호는 '임나가라任那加羅'의 예에서 보듯이 삼국시대 당시의 표기였다. 가라 왕이 479년에 남제에 보낸 국서에서도 자국을 '가라'라고 했다. 이렇듯 '가라'는 자칭이었다. 가라에는 신라 국호처럼 긍정적인 내용이 포함되었다. 이러한 가라 국호는 구야국狗邪國의 '구야'에 어원을 두었다. 그 후 김해와 고령 세력이 연맹을 결성하자 '보태어 망라한다'는 '가라'로, 국호 의미를 격상한 것으로 보인다. 혹은 가라 국호는, 하가라(남가라)·상가라 즉 '아래와 윗 땅을 보태 망라한'의 뜻으로도 해석된다. 미마나가 '아래(下)'와 '윗(上) 땅'의 뜻이라면, 상·하 2개 가라와 무관하지 않다.

그러면 '가야加耶'는 무엇인가? 삼국시대 당시에 '가야' 국호는 확인되지 않았다. 여기서 '야耶'는 의문을 나타내는 조사助辭였다. 그런 만큼 자칭인 '가라'와는 달리 타칭인 '가야'는 '더했다고?'하며 비꼬는 의미이다. 신라인들이 가라를 일컫은 타칭으로 보인다. 그러므로 타칭이 아니라 자칭 '가라'로 일컫는 게 온당하다.

2) 임나의 범위와 가라

임나는 『일본서기』에 등장하는 임나일본부를 연상시킨다. 그러나 임나는 우리나라 사료에서도 확인된다. 가령 「광개토왕릉비문」에서 고구려군이 추격했던 지역 '임나가라', 강수의 출신 지역 '임나가량任那加良', 「진경대사비문」에서의 '임나왕족任那王族'이 대표적이다. 중국 문헌에서는 '임나 제국任那諸國', 『일본서기』에서는 제국諸國들을 아우르는 총칭으로 임나가 언급되었다(『일본서기』 권19, 欽明 23년 정월 조). 백제 성왕도 '임나 제국'이라고 일컬었다. 임나 안에 제국들이 소재한 것이다. 그러므로 우리나라 사료에서의 '임나가라'와 '임나가량'은, '임나 안의 가라(가량)'를 가리킨다. 임나 공간 안에 가라가 소재한 것이다.

임나의 공간적 범위는 현재 교과서 등에서 보이는 가야의 범주와 크게 다르지 않다. 변한으로 일컬었던 연맹체와도 겹치고 있다. 그러나 성호 이익은 6가야와 변한을 구분했고, 6가야 서남쪽에 소재한 변한은 경상도와 전라도에 걸쳐 있었고, 그러한 변한은 전라도 동남쪽에도 걸쳤다고 했다. 변한의 소재지가 전라도까지 미쳤다는 견해를 처음으로 피력하였다. 성호가 언급한 변한은 그 후신인 임나 제국에 해당한다. 이렇듯 성호가 상정한 임나 제국의 공간적 범위는 현재 전북 동부와 전남 동남부의 고고학적 발굴 성과와도 부합한다.

분명한 사실은 임나 안에 가라가 소재했다는 것이다. 그러면 가라의 범주는 어떠하였을까? 『삼국사기』와 『일본서기』에서는 가라로 일컫는 대상은 김해와 고령에 국한되었다. 『일본서기』 신공기에도 369년 당시 가라와 남가라, 2개 국에 한정되었다. 가라를 공통분모로 하는 양자를 구분하기 위해 후자를 '남가라'로 일컬었다.

신라 말 최치원이 지은 「석이정전」에는, 김해와 고령 지역 가라의 건국 설화가 적혀 있다. 2국의 시조는 가야산신 정견모주와 천신이 감응해 태어났다고 한다. 이러한 형제 관계 설화는 연맹 결성을 뜻하였다. 여기서도 가야는 김해와 고령, 2국에만 한정되었다. 통상적으로 가야하면 연상하는 6가야는 보이지 않았다. 가야 즉 가라 연맹은 2국에만 적용할 수 있다.

김해를 가리키는 구야한국의 '구야'에서 '가라'로 발전했다. 김해를 축으로 고령과 연맹을 결성하였다. 연맹의 주도권은 김해가 먼저 장악했다. 물론 김해와 고령 2국은 공간적으로 떨어져 있지만 낙동강 수로를 공유하였다. 그럼에도 양국이 연맹을 결성할 때는 공유하는 이익의 침해를 상정할 수 있다. 먼저 구야국은 중국 상선과의 교역을 통해 중계지로서 번성하였다. 그러나 중국 대륙의 혼란에 따른 교역망의 붕괴와 더불어 백제의 교역권 위협이었다. 366년에 백제 근초고왕은 창원의 탁순국에 사신을 보내 왜 사신을 한성까지 데려왔다. 근초고왕은 몸소 백제 물산의 우수함을 과시하고 선물을 잔뜩 딸려 보냈다.

왜의 교역망이 남해안 방면 임나 제국이나 가라에서 벗어나 백제로 들어가게 되었다. 가라로서는 심각한 현안이요 위협이었다. 결국 남해안을 끼고 있는 가라는, 낙동강 수로로 자국과 연결될 뿐 아니라 소백산맥 동서로 이어지는 육로상의 요지에 소재한 고령 세력의 도움이 필요했다. 가라는 고령 세력과 손을 잡아 교역상의 한계를 타개하고자 하였다. 그러나 가라(김해)의 입지적 효용성 급감에 따라 내륙의 고령 세력이 주도권을 장악했다. 가라와 남가라, 그리고 우륵 12곡명에 등장하는 '상가라도'와 '하가라도'에서 '남'과 '하'는, 김해를 가리킨다. 이때는 '가라' 혹은 '상가라'로 알려진 고령 세력이 맹주였다.

3) 목지국 진왕과 임나 제국

(1) 진왕의 권력 범위

삼한 3개의 연맹 가운데 3세기 단계에서 마한은 대략 54개 국, 진한과 변한은 각각 12개 국으로 구성되어 있었다. 『삼국지』한 조 마한 항에 따르면 "진왕은 목지국을 다스린다 辰王治目支國"고 하였다. 그리고 변한 항에는 "변·진한 합하여 24국이다. 대국은 4~5천 가家, 소국은 6~7백 가인데, 총 4~5만 호戶이다. 그 12국은 진왕辰王에 속하였다. 진왕은 항상 마한인을 써서 그렇게 만들어 대대로 서로 이었다. 진왕은 스스로의 힘으로는 왕이 되지 못하였다 弁·辰韓合二十四國 大國四五千家 小國六七百家 總四五萬戶 其十二國屬辰王 辰王常用馬韓人作之 世世相繼 辰王不得自立爲王"고 했다. 즉 변한과 진한의 24국 가운데 12국이 진왕에 속한다는 것이다. 진왕은 마한인이라고 했다. 마치 마한 출신의 진왕이 이곳에 파견되어 통치하는 듯한 인상을 준다. 그랬기에 진왕에 대한 여러 해석이 제기되었다. 이 문제에 대해서는 사료 자체에 대한 분석이 전제되어야 한다. 한 사람이 편찬한 『삼국지』동이전, 그것도 한 조의 마한 항과 변진 항의 진왕이 서로 다른 인물일 가능성은 희박하다. 게다가 동명이인이라면 반드시 필자인 진수가 단서를 달아놓게 마련이지만, 그렇지도 않았다.

그러면 이 사안을 검증해 본다. 『삼국지』에 덧붙여진 「위략魏略」에 따르면 "분명히 그들(진한)은 흘러서 이주해온 사람들인 까닭에, 마한의 다스림을 받았다 魏略曰 明其爲流移之人 故爲馬韓所制"고 했다. 마한이 진한을 통제하고 있음과 더불어, 마한에는 "진왕은 목지국을 다스린다"고 하였다. 진한까지 통제하고 있는 마한 맹주 진왕에 대해, 동일한 『삼국지』한 조 마한 항에서 "진왕은 목지국을 다스린다. (진왕에게는) 신지臣智 혹은 신운견지보안사축지분신리아부례구사진지염이라는 특출나게 부르는 호칭을 더했다 辰王治目支國 臣智或加優呼臣雲遣支報安邪踧支濆臣離兒不例拘邪秦支廉之號"고 했다. 진왕의 우호優呼에 보이는 안야安邪와 구야狗邪는 변한의 국명이다. 그리고 진한의 성립 배경을 "마한이 그 동쪽 경계의 땅을 떼어 그들에게 주었다 馬韓割其東界地與之"고 했다. 변·진한 가운데 '그 12국은 진왕에 속하였다'고 한데다가 진왕의 우호에 변한의 안야국과 구야국이 보인다. 따라서 진왕의 영향력은 진한은 물론이고 변한까지 미쳤음을 알 수 있다. 그렇기 때문에 『삼국지』 기사를 계승한 『후한서』에서는 "마한이 가장 컸다. 그 종족을 함께 세워 진왕으로 삼았다. 목지국에 도읍하였으며, 죄다 삼한의 땅에서 왕을 했다. 그 제국 왕들의 선조는 모두 마한 종족이었다 馬韓最大 共立其種爲辰王 都目支國 盡王三韓之地 其諸國王先皆是馬韓種人焉"고 했다. 그리고 『삼국사기』에서도 "호공瓠公을 보내 마한에 조빙하자, 마한 왕이 호공을 꾸짖어 말하기를, '진한과 변한 두 한韓은 우리의 속국인데, 근년에 와서 직공을 보내지 않으니, 큰 나라를 섬기는 예가 이와 같아서야 되겠는가!(혁거세 38년 조)'고 했다. 한진서도 "마한이 당시 삼한의 패권을 쥐고 있었음을 이것으로 징험할 수 있다"고 하였다.

마한의 진왕은 진한은 물론이고 변한까지도 영향력을 행사했다. 이는 『후한서』에서 진왕을 삼한의 총왕總王으로 기재한 기록과도 자연스럽게 연결된다. 따라서 동이전의 진왕은 한 명을 가리키는 게 분명하다. 삼한 전체에 영향력을 행사했던 거대한 위상의 진왕은 그에 걸맞는 관부官府를 갖추었던 것 같다. 진왕은 예하에 위솔선魏率善·읍군邑君·귀의후歸義侯·중랑장中郞將·도위都尉·백장伯長과 같은 중국식 관호를 지녔고, 외형상 대방군과 연계된 군소 세력들을 거느리고 있었다.

(2) 수로 공동체

마한·진한·변한이라는 3개의 연맹 안에는 지리적 요인으로 경제적 이익을 공유하는 연합체가 결성되었다. 남강 하류와 남해안에 소재하면서 수로와 해로를 장악한 포상팔국을 꼽을 수 있다. 그리고 수리권을 둘러싸고 최초의 정치적 단결이 이루어졌다고 한다. 가령 여러 곳에서 노동력을 징발해 구축한 관개시설로 인해 몽리를 공유하는 공동체가 상정된다. 『삼국지』한 조에 보이는 변진미리미동국弁辰彌離彌凍國·난미리미동국難彌離彌凍國·변진고자미동국弁辰古資彌凍國을 꼽을 수 있다. 여기서 '미동국'의 '미동'은 '물뚝'을 가리킨다고 한다. 물뚝은 '수제水堤'인 것이다. 의림지로 유명한 제천의 삼국시대 지명은 '내토柰吐'였다. 이는 '내뚝'의 음을 표기한 것이다. '내뚝'을 한역漢譯하면 '천제川堤'가 된다. 도치된 현재의 제천堤川 지명은 이렇게 유래하였다. 지금의 김제金堤 지명도 벽골제碧骨堤에서 유래했다.

박제상朴堤上의 이름을 『일본서기』에서는 모마리질지毛麻利叱智라고 했다. 여기서 '질지'는 존칭어미에 불과하다. 그리고 모마리는『삼국사기』에서의 박제상 이름 '모말毛末'과 동일하다. 그 의미는 '마리' 즉 '물'은, 우두머리 '상上'의 뜻이다. '모'는 '못' 즉 물을 채운 둑인 '제堤'로 번역된다. 모마리 즉 못물인 제상堤上은, 못뚝의 수리권을 장악한 지방 수장의 별호로 보였다. 공주 수촌리·천안 용원리·금산 수당리 고분 등에서 확인되듯이 지방 수장의 분묘에 살포가 부장된 사실도 이와 무관하지 않다. 살포는 논의 물꼬를 트거나 막을 때에 쓰는 네모진 삽이다. 살포는 수리권의 장악과 관련한 지방 수장을 상징한 것 같다.

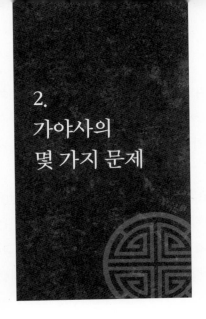

2.
가야사의
몇 가지 문제

1) 6가야는 무엇인가?

가야를 접미어로 하는 6가야로 인해 가야 연맹체설이 제기되었다. 6가야설의 근거는 『삼국유사』에 인용된 「가락국기」였다. 그런데 「가락국기」가 그리고 있는 가야상加耶像은 소중한 기록유산임은 분명하지만 왜곡과 윤색이 따라붙었다. 그 중 6난탄강설화卵誕降說話와 연계된 '△△가야伽耶'는 삼국시대 당시에는 존재하지도 않았다. 그렇다고 신라 말~고려 초에 호족들의 자립 근거로서 생겨난 것도 아니었다. 이 무렵 호족들 간에 공유한 6가야의 동질성이나 공통 분모는 확인되지 않았기 때문이다.

6가야설은 반신라적인 명분에서 나왔다고 했지만, 아라가야 지역 호족은 오히려 신라에 대한 절의를 지켰다. 6가야의 축軸인 금관가야 지역 호족도 시종 친신라 입장을 고수했다고 한다. 그리고 대가야 고지故地와 더불어, 인접한 합천 지역 호족들은 후백제계였다. 그런 반면 고령가야와 성산가야 및 소가야 지역은, 친고려 세력권이었다. 이렇듯 6가야 지역 호족들 간에는 동질성은 공유되지도 않았다. 더욱이 고녕가야(함창)와 성산가야(성주)는 당초부터 가야 판도에 넣을 수도 없다. 이들 제국諸國은 진한-신라에 속해야 마땅했다. 비화가야(창녕)까지 포함한다면 이들은 가야와 모두 무관한 지역이었다.

그리고 '△△가야' 가운데 금관가야와 대가야만 가라加羅로 일컬어졌다. 이 2개국만 남가라와 가라로 각각 일컫는 가야 연맹체였다. 이는 신라 말 최치원이 지은 대가야와 금관국 2개국 시조 설화와 부합하고 있다. 그리고 난생으로서의 수로왕 탄강설화는「가락국기」이전에 존재했지만 독란獨卵 설화였다. 1076년「가락국기」에 이르러 6난탄강설화가 최초로 나타났다. 이와 더불어 금관가야의 말기 강역도, "남가라는 땅이 협소하여 불의의 습격에 방비할 수 없었고 의지할 바도 알지 못하여"라고 한 빈약한 상황과는 달리, "동은 황산강, 서남은 창해, 서북은 지리산, 동북은 가야산, 남은 나라의 끝이었다"며 거대하게 그렸다. 고단한 금관가야가 광활한 영역 국가로 재탄생한 것이다. 이러한 현상은 고려 전반기에 편찬한「구삼국사」에 수록된 옥저를 비롯한 열국 명단에도 '가라'가 포함되지 않았던 사실과 대비된다. 고려 전반기만 해도 가라(가야)는 존재감이 거의 없었다.

이러한 금관가야 역사 만들기는 고려 문종대 인주 이씨 세력의 득세와 더불어, 자신들의 연원이 되는 수로왕 현양으로 발현되었다. 이와 연동해 봉작제封爵制에 금관후金官侯가 등장하였다. 최초의 금관후는 문종과 인주 이씨 왕비 소생이었다.

신라 하대에 신김씨로 일컬어졌던 금관가야계 왕족들은「개황록」이나「김유신행록」등을 통해 가문의 위상을 제고하고자 했다. 11세기에 이르러서는 허황후와 엮어진 인주 이씨 세력이 수로왕을 정점으로 한 결집을 기도하였다. 인주 이씨 가문의 외연 확장이라는 차원에서 비롯했다는 해석이 가능해진다.

「가락국기」에는 전승을 토대로 한 소중한 기록이 많았지만, 문종대의 외척인 인주 이씨 세력의 정치적 목적이 틈입했다. 사료에 대한 비판적 수용이 필요한 결과, 6가야와 금관가야 영역은 '만들어진 역사'였다. 이에 기반한 6가야연맹설 역시 실체가 없었다. 가야연맹은 가라를 공유했던 김해(남가라)와 고령(가라)에만 국한되었을 뿐이다. 그러한 2개국 가야연맹은 11세기 후반에 이르러 '△△가야'라는 이름의 6가야로 확장되었다. 명백히 만들어진 역사였다. 그럼에도 479년 남제에 책봉된 가라국 왕을 안라 왕으로 비정한 견해도 있다. 그러나 국호가 전혀 맞지 않다. 가라국으로 등장하는데 어떻게 안라가 될 수 있을까? 이 경우 역시 '안라가야'를 연상하니까, 동일한 가야로 생각한 것이다. 기본에 관한 문제가 아닐까 싶다.

2) 가야 단일 연맹체론은 사실인가?

낙동강 서편과 남강을 끼고 있는 가야는 단일 연맹체였다는 주장이 정설이다. 전기 가야연맹은 김해였지만, 400년 고구려군의 남정으로 타격을 받아 내륙의 고령 세력이 후기 가야연맹 맹주였다고 한다. 그러나 369년 시점에서 남가라와 가라가 등장하는데, 호칭을 통해 연맹의 주도권을 가라(고령)가 장악했음을 알 수 있다. 400년 고구려군 남정 이전의 사실이었다. 게다가 가라 명의의 정치적 결속은, 낙동강 수로로 연결된 김해와 고령 양대 세력에 국한되었을 뿐이었다. 교과서에 그려진 것과 같은 거대 연맹체는 상정하기 어렵다. 일례로 포상팔국이 가라를 침공하자, 가라 왕자는 신라에 구원을 요청했다(『삼국사기』 권2, 나해 니사금 14년 조). 가라와 포상팔국은 서로 별개의 세력임을 알 수 있다. 포상팔국은 경상남도 고성과 마산·칠원·사천을 포함해 해안 포구에 소재한 교역 연합체였다. 포상팔국은 가라에 포함되지 않은 독립 세력이었다. 이로써도 가라는 연맹 전체의 이름이 될 수 없음을 알 수 있다. 게다가 가라가 연맹의 맹주였다면, 신라에 구원 요청할 것도 없이 예하의 소국들을 동원하면 된다. 그러나 당시 가라는 '예하'가 없었음을 반증하는 것이다.

　　여기서 연맹과 동맹을 혼동하는 경우가 있다. 이 점 분명히 정리할 필요가 있을 것 같다. 동맹alliance의 사전적 의미는 "두 나라 이상이 일정한 조건으로 서로 원조를 약속하는 일시적 결합" 혹은 "둘 이상의 개인이나 단체 또는 국가가 공동의 목적을 위하여 동일한 행동을 취하기로 한 약속. 또는 그런 관계를 맺는 일"이다. 포상팔국은 공동의 경제적 목적을 위해 행동을 공유하는 전형적인 8개 소국 동맹체였다. 반면 연맹체의 사전적 의미는 "둘 이상의 개인이나 단체, 국가 따위가 공동의 목적을 위해 서로 돕고 같은 행동을 취할 것을 약속하여 맺음. 또는 그 조직체"이다. 얼핏 보면 동맹이나 연맹은 별반 차이가 없는 것처럼 비친다. 그러나 연맹은 분명한 예시가 있다. 춘추시대 열국의 경우 "국가의 대사大事는 사祀와 융戎에 있다(『춘추좌전』 권11, 成公 13년 조)"고 하여 군사와 제사를 집단적 과제로 공유하는 이른바 융사공동체였다. 삼한의 경우 그 풍속은 상호 유사했음에도 불구하고 제의의 경우에는 "귀신을 제사지내는데 차이가 있다(『삼국지』 권30, 동이전 한 조)"고 했다. 이렇듯 삼한의 마한과 진한 및 변한은 군사적 의무와 제사를 공유하는 융사 공동체였다. 그리스의 폴리스들도 종교로 결속된 공동체이기도 했다. 그리스 폴리스들은 페르시아의 침략에 공동 대응하는 군사 동맹체였다. 그리고 그리스 폴리스들은 군사와 제사를 공유한 융사공동체였으니 연맹이 맞다.

그러면 가야 단일 연맹체론을 검증해 본다. 소위 가야연맹이 성립하려면 일단 신분의 지표이자 공동체의 상징인 관모의 제일성齊一性이 확인되어야 한다. 진한 연맹의 경우 신라를 중심으로 '出' 자 형 관모가 등장한다. 재질의 차이는 신분의 높낮이를 가리킬 뿐이다. 반면 동일한 관모는 공동체 관계를 웅변한다. 그런데 반해 임나 제국의 경우는 관모상의 동질성이 확인되지 않았다. 묘제의 경우도 이와 비슷하다. 게다가 토기의 경우도 다양한 형태로 나타난다. 가령 화염문 투창의 아라가야 고배를 비롯해 지역적으로 다양한 모습이었다. 아라가야 토기는 함안·김해·부산·경주·창원·거창·마산·김천과 일본열도 긴키近畿 지역에서도 나타난다. 그렇다고 이곳이 아라가야 즉 안라의 영역일 수는 없다. 따라서 대가야 토기 분포를 통한 영역관은 재고되어야 한다. 아울러 가라 즉 가야 중심의 단일 연맹체설 또한 성립이 어렵다.

다만 가라 연맹(김해·고령)의 국가적 발전도는 영역 규모와 집권화 정도와 맞물려 있는 사안인데, 여전히 과제로 남아 있다. 그런데 가라의 국가 발전도를 가리키는 지표로 이용하는 대가야 토기에 새겨진 '대왕大王' 명은, 재고되어야 한다. '大' 자의 경우 필획이 'ー' → 'ノ' → 'ヽ'의 순이다. 그럼에도 '大王' 명은, 'ノ' → 'ヽ' → 'ー' 순이었다. 그리고 '王' 자는 '三' → 'ㅣ'의 순이라야 맞다. 그런데 '王' 자는 '干'에서 끊겼다가 밑에 '土' 획이 붙어 있는 모양이다. 이 경우는 '王' 자로 받아들일 수 없다. 따라서 부호에 불과한 자료에 과도한 의미 부여를 한 것이다. 설령 '大王' 명이 타당하

'大王' 명 대가야 토기

더라도, 출토지도 모르는 평범한 대가야 장경호 부호에 과도한 해석을 부여한 게 된다. 이 점은 부인할 수 없다.

이와 유사한 사례로서 평안남도 평원군 석암리 212호 목곽묘에 부장된 칠漆로 쓴 한대漢代 토기에도 '大王'이 보인다. 부여 구아리 출토 백제 연화문 와당 한 면에 '大王王'·'夫' 명문이 양각되어 있다. 언양읍성 해자에서 출토된 조선시대 '王' 명문 평와平瓦(울산문화재연구원)에도 보인다. 이러한 '大王'·'夫'·'王' 명문은 국가 최고통수권자 호칭과는 아무런 관련이 없다.

3) 가야는 철의 왕국인가?

일반적으로『삼국지』위서魏書 동이전 한 조의 "나라에서 철이 나오는데, 한·예·왜가 모두 이곳에서 취하였다. 저자에서 살 때는 모두 철을 사용했는데, 중국에서 돈을 사용하는 것과 같았다. 또 2군에 공급했다 國出鐵 韓·濊·倭 皆從取之 諸市買皆用鐵 如中國用錢 又以供給二郡"는 기사를, 변진 즉 변한과 결부 지었다. 국사편찬위원회 간행『중국정사 조선전』에서도 이와 같이 간주했다. 때문에 모든 교과서에서는 철의 왕국=변한=가야라는 등식을 설정하였다. 삼국에 치여 가뜩이나 존재감이 약하던 가야를 띄울 수 있는 소재로서는 이 만한 사료가 없었다. 이 기사를 적극적으로 홍보한 관계로 하나의 고정된 이미지로 굳어졌다.

그러나 이것은 사실이 아니었다.『삼국지』위서 동이전 한 조의 제철 관련 기사는, 내용을 분석해 볼 때 진한에 해당되었다. 실제 중국의 후속 문헌들인『후한서』나『통전』등에 따르면 모두 진한과 관련 지었다. 조선 후기 실학자들 역시 진한과 결부 지어 해석했다. 이 점은 20세기 연구자들의 인식에 앞서 존중했어야할 사안이었다. 그러나 대부분 간과하고

말았다. 이와 엮어진 중요한 사실은 3세기 중반 이전 시기의 대규모 철장
鐵場이 김해 일대에서는 확인된 바 없었다. 반면 울산의 달천 철장 사용
시기는 '기원전 1세기 중엽 이전~기원후 3세기까지'였다. 이는 『삼국지』
의 서술 하한과도 부합한다. 게다가 이곳은 유통에 유리한 양항良港을 끼
고 있다. 그리고 중국 군현이나 왜와 관계된 유물도 출토되었다. 이 사실
은 달천철광의 철을 마한·예·왜 뿐 아니라 낙랑군이나 대방군에 수출한
사실과도 정확히 부합한다. 따라서 거의 고정관념화한 '철의 왕국 가야'론
은 재검토해야 마땅하다.

다만 금관가야 즉 구야국은 철의 활발한 소비처였기에 수나라須奈
羅·소나라素奈羅·금관金官·김해金海 등과 같은 이름이 부여되었을 것이다.
김해 지역에서 외래 유물의 밀집도가 높은 현상을 이렇게 설명할 수 있
다. 『삼국지』에 적혀 있듯이 김해 구야국은 유수한 기항지寄港地였다. 대
외 교역의 중심지가 김해라는 지금까지의 연구 성과와도 배치되지 않았
다. 따라서 김해 지역은 철 유통처일 수는 있다. 그러나 울산 철장에서는
중국과 일본 유물이 출토되었다. 양항을 끼고 있는 울산에서는 철 교역이
직접 이루어졌다. 반면 김해 철장에서는 3세기대나 그 이전 대외 교류 관
련 유물이 보이지 않았다. 철산지에서 외래 유물이 출토된 울산과는 이
점에서 명백히 구분되었다. 요컨대 '나라에서 철이 나오는데, 한·예·왜가
모두 이곳에서 취하였다'는, 외래인들의 산지 접근과 직수입 사실을 가리
키는 증좌였다. 김해를 통한 철 교역 가능성은 있지만, 이는 어디까지나
추측에 불과하다. 이와는 달리 직교역의 명백한 증거가 울산에서 확인되
었다. 그렇다고 할 때 '국출철'은 김해 보다는 울산을 가리키는 지표로서
훨씬 유효하다. 더욱이 김해 지역에서는 3세기 중엽 이전의 물증이 없다.
3세기 중엽 이후 철장은 『삼국지』의 대상이 아니었다.

임나일본부가 상관商館에서 비롯되었다는 설은, 변진='국출철'에 기반하였다. 이러한 주장은 일본 연구자들에게 영향을 미쳤다. 그랬기에 일본 고등학교 교과서에서는 왜의 야마토 조정大和朝廷이 철과 선진기술 그리고 기술노예의 확보를 위해 임나 지역에 진출했다는 서술이 등장한다. 여기서 왜가 확보하고자 했던 제철산지는 구야국을 가리킨다. 나아가 왜의 제철산지 확보 욕구가 임나일본부설로 발현된 양 포장되었다.

『삼국지』 위서 동이전 한 조의 제철 관련 기사의 주체를 변한으로 지목한 오류는, 엉뚱한 근거로 확대·재생산되었다. 사료의 세밀한 분석이라는 실증의 중요성을 재삼 깨닫게 한다. 아울러 일본에서 지금까지 구축한 한일 고대사상의 일각은 새로 짜야 마땅하다.

4) '전북가야'와 반파국

(1) 반파국은 대가야인가?

실학의 비조인 성호 이익은 가야의 범위를 전라도 동부까지 확장했다. '전북가야'의 탄생이었다. 이와 관련해 일본 역사서 『일본서기』와 중국 양梁의 「양직공도」, 이 2곳에서만 등장하는 반파국伴跛國이 주목된다. 전자에서는 513년~515년까지 3년간, 521년인 후자에서는 '반파叛波'로 적혀 있다. 6세기 초 돌연히 등장한 반파국은 521년경 '백제 곁의 소국'으로 전락한 후 곧 사라졌다.

그렇다고 반파국이 6세기 초에 생겨나지는 않았다. 지금의 섬진강 하구 하동항을 가리키는 다사진에 대한 지배권 문제와 더불어, 반파국이 기문국을 병합한 데 따른 이해 충돌로 기록되었을 뿐이다. 반파국은 쳐들어 온 백제와 왜倭의 군대를 처참하게 격파했고, 신라의 촌락을 습격해 초토화시켰다. 반파국은 1 : 3의 싸움에서 대승을 거두었다.

그러면 백제와 왜 그리고 신라가 반파국과 충돌한 요인은 무엇이었을까? 그것도 3년을 끌 정도로 힘겨운 승부였다. 물론 반파국이 이들 삼국의 이익을 침해했기에 '삼국간섭'이 발생한 것은 자명하다.

반파국의 영향력과 소재를 가늠할 수 있는 요체는 섬진강 하구 다사진이었다. 섬진강 물길은 수송로 역할을 했다. 이 무렵 반파국은 봉화망을 운용하였다. 통신 수단인 봉화는 경보 체계의 작동을 뜻한다. 그리고 봉화대는 일정한 영역을 전제로 한 단일한 정치체에서나 구축 가능한 시설이었다. 현재까지 드러난 120여 곳 봉화망의 종착지는, 정치적 중심지인 동시에 봉화를 운영하는 주체였다. 이 같은 광대한 봉화망은『일본서기』는 물론이고『신찬성씨록』에 적힌 3기문 영역 300리와 부합한다. 이곳은 중국 사서에 기록된 모한慕韓이라는 정치 세력으로 비정된다.

섬진강 하구는 반파국이 남해로 나가는 수송 관문이었다. 이와 연계된 운봉고원과 장계분지에서는 막대한 제철 유적이 확인되었다. 왜까지도 비상하게 신경을 쏟은 전략 물자가 철鐵이었다. 당시 반파국은 운봉고원의 기문국을 병합할 정도로 기세를 올렸다. 그러한 반파국의 소재지로는 고총고분과 제철산지가 밀집한데다 봉화망의 종점인 장수로 지목하는 게 자연스럽다.

반파국은 지금까지 경상북도 성주나 고령의 가라로 지목하여 왔었다. 이 설은 숱한 문제점을 지녔지만 몇 가지만 적시한다. 첫째,『삼국지』동이전의 변진 반로국半路國이 '반파국伴跛國'을 잘못 새긴 것이라면, 단 한 건의 이본異本도 없이 모두 '반로국半路國'으로만 나온다는 것은 납득이 어렵다. 따라서 반파국의 반로국 오각誤刻 가능성은 희박하다. 둘째, 479년에 가라는 남제의 책봉국이었기에 '백제 곁의 소국'인 반파국과는 관련 지을 수 없다. 남제로부터 책봉받은 백제가 역시 남제의 책봉국인 가라를 위성국처럼 거느릴 수는 없었다. 셋째, 반파국은 '임나국의 별종別種(『釋日本紀』)'이었기에 본종本種인 가라와는 관련이 없다.

　　넷째, 『일본서기』에서는 고유명사 표기가 상이하더라도 대상이 일치할 때는 훈독訓讀 역시 동일하다. 『일본서기』에서 백제 국호의 훈독은 '구다라クタラ'이다. 『일본서기』 계체 23년 조에 등장하는 '부여扶余'는 주지하듯이 백제의 이칭異稱이다. 그러한 '부여'를 역시 '구다라'로 훈독했다. 표기는 상이하지만 '백제'와 '부여'는 동일한 국가를 가리킨다는 사실을 알려준다. 그리고 『일본서기』 웅략 20년 조에서 '고려高麗'와 '박狛'을 공히 '고마コマ'로 훈독했다. 표기는 다르지만 역시 양자가 서로 동일한 세력임을 알려준다. 이와 마찬 가지로 가라와 반파국이 동일한 국가라면 훈독이 동일해야 한다. 그런데 가라는 훈독이 '가라カラ'이지만, 반파는 '하혜ハヘ'였다. 가라와 반파국은 상이한 별개의 정치체로 드러난 것이다. 다섯째, 장수군 일원의 백제 때 행정지명인 백해伯海의 『전운옥편』 음인 '파해'는, 반파 음가인 '하혜'와 연결되고, '하혜'에 탁음을 붙이면 '파헤パヘ'가 된다. 따라서 반파국은 장수군 장계면의 백제 때 행정지명 '백해'와 닿는다.

　　여섯째, 백제와 충돌했던 반파국은 515년 이후에는 보이지 않는 반면, 백제와의 충돌 현장인 다사진의 소유국으로 가라가 등장했다. 이를 근거로 반파국과 가라를 동일시하였다. 왜에 사신으로 온 '반파伴跛 기전해旣展奚'(계체 7년 11월 조)와 '가라加羅 고전해古殿奚'(흠명 2년 4월 조)가 동일 인물이라는 데서 근거를 찾았다. 그러나 양자 간의 시점은 513년과 541년으로 무려 28년의 시차가 난다. 그럼에도 기전해와 고전해 모두 '고덴게이こでんけい'로 읽혀지므로 동일한 인물이다. 또 그렇기 때문에 이들의 소속국인 반파와 가라는 동일 국가로 단정했다. 그러나 이러한 견해는 순전히 불확실한 추측에 근거하였다.

　　동일한『일본서기』계체 7년 11월 조에 등장하는 인명 분파위좌貴巴委佐의 훈독은 '혼하와사ほんはわさ'이다. 이에 대해 "분貴은 고사본古寫本의 방주傍注에 따라 '혼ホン'으로 훈訓했다. 그러나 … 따라서 이 인명을 훈독하는 방법은 다시 생각해야 한다"고 했다. 분파위좌貴巴委佐의 훈독 '혼하와사'는 현대 연구의 결과물일 뿐 전승된 표기는 아니었다. 더구나 이론이 많아서 옳은 훈독 여부도 확정짓지 못하였다. 이러한 분파위좌에 잇대어 적혀 있는 '기전해旣展奚'에 대해서는 "기旣를 '고ㄱ'로 읽은 것은, 거세巨勢를 기주旣酒로 쓴 예들이 있기 때문이다(井上光貞 外 校注,『日本書紀(三)』(岩波書店, 1994), 183쪽 註4)"고만 적어놓았다. 기전해旣展奚를 '고덴게이'로 읽은 것은 '고사본古寫本의 방주傍注'에 따른 것도 아니었다. 어디까지나 용례에 따른 추독推讀이었다. 기전해旣展奚=고덴게이 훈독의 한계를 말해주고 있다. 결국 기전해와 고전해에 함께 붙은 훈독 '고덴게이こでんけい'는 가변성을 지녔다.

　　이와는 달리 전통적인 훈독을 보전하고 있는『석일본기釋日本紀』에 따르면, '반파 기전해伴跛旣展奚'는 '기덴게이キテンケイ', '가라 고전해加羅古殿奚'는 '고덴게이コテンケイ'로 각각 읽었다. 조선사편수회에서 간행한『조선사朝鮮史(日本史料)』에서도 기전해旣展奚는 '기덴게이キテンケイ'로 훈독했다. 그리고 고전해古殿奚'는 '고데무게이コテムケイ'로 훈독했다. 어떻게 보든지 양자의 한자漢字 표기는 물론이고 훈독마저 상이했다. 두 사람은 서로 다른 인물이었다. 이처럼 기전해旣展奚나 고전해古殿奚와 유사한 이름은 '가라국 왕매加羅國王妹 기전지旣展至(『日本書紀』 권9, 神功 62년 조)'였다. 그러나 이들은 서로 아무런 연관성이 없다.

　　이와 더불어 변한 수장층 가운데 중하급 호칭인 살해殺奚가 있다.

살해처럼 기전해(고전해)의 '해' 역시 직명職名일 가능성도 고려해야 한다. 그리고 가라가 반파를 병합했다면 설령 양자가 동일인이더라도 국적은 달라진다. 가깝게는 일본에 병합된 조선인들의 상황을 연상할 수 있다. 실제 이와 유사한 상황을 제시해 본다. 발해인 배구裵璆는 907년과 919년 총2회 일본에 사신으로 왔었다. 발해 멸망 직후인 929년에 그는 동단국東丹國 사신으로 다시 일본에 왔다. 이때 그는 "발해가 이미 멸망하여 동단국의 신하가 되었다"고 했다. 이 같은 국적 변동이라는 변수도 있다. 따라서 반파와 가라를 동일 국가로 단정하는 일은 결코 용이하지 않다. 실제 고고학적 발굴과 분석을 통해 반파국이 가라에 병합되었다는 견해가 제기되었다.

지금까지 여러 관련 사안에 대한 검토를 통해 반파국과 가라는 서로 별개의 정치 세력이라는 사실이 분명하게 드러났다.

(2) 伴跛와 叛波

반파국에 대한 표기는 『일본서기』의 '伴跛'와 「양직공도」의 '叛波', 2종류이다. 그런데 일반적으로 운위하듯이 '伴跛'가 대가야 즉 가라에 대한 폄칭이라면, 반파=가라 간의 연관성이 보여야 한다. 가령 고구려하면 '박박狛'이나 '구려句驪' 등이 비칭이듯이, 누구나 수긍할 수 있는 양자 이름 간의 연관성을 제시해야 한다. 먼저 '伴跛'의 '伴'은 '1. 짝 2. 따르다 3. 한가하거나 느긋한 모양 4. 뚱뚱한 사람 5. 동반자' 등 죄다 좋은 의미를 지녔다. 그리고 '跛'는 '1. 절뚝발이 2. 기대서다 3. 기우듬히 섬 4. 절뚝거리다 5. 절며 걸음'의 뜻이다. 이 글자는 부정적인 의미가 담긴 것으로 간주할 수 있겠지만, '짝'의 뜻을 지닌 '伴' 자와 어우러질 때 '짝이요 동반자가 기대선' 긍정적인 뜻이 된다. 반면 '叛波'는 아예 좋은 의미 자체가 없다. 반파의 '叛'은 '배반할' 등의 부정적인 의미를 담고 있다. 그리고 '波'는 '평온하지 못함, 분규·갈등'의 뜻을 지녔다. 예를 들어 『장자莊子』에 적힌 유명한, '말은 바람이 일으킨 물결이다 言者風波也' 문구를 비롯해 파동波動·파문波紋·파장波長 등 모두 부정적인 의미를 담고 있다. 따라서 대가야(가라)에 대한 '伴跛' 비칭설은 근거가 없다. 반면 '伴跛'의 비칭을 '叛波'로 지목하는 게 사리에 맞다.

　　반파국은 장수로 비정하는 일이 가장 합리적이다. 문헌과 고고학적 물증이 부합하기 때문이 아니겠는가? 이 논리를 부수기 위해 논자들은, 『일본서기』의 관련 기사가 『삼국지』 장기전張旣傳의 "置烽候邸閣 以備" 7자와 동일하다는 점을 제기했다. 이른바 윤색설이 태동한 것이다. 그런데 양자는 내용이 다르고 대상과 시점도 전혀 관련이 없다. 『일본서기』 관련 기사 가운데 7자가 동일하다고 해 그 내용 자체까지 지어낸 허구는 전혀 아니었다. 실제 윤색설의 윤색은 과장이나 미화를 가리키는 말이다. 날조나 조작이라는 의미가 아니다. 그러므로 '봉후저각烽候邸閣'의 실체는 인정할 수밖에 없다. 더욱이 일본인들이 지은 『일본서기』에서 반파국을 미화하거나 과장해야할 이유가 없다. 왜는 반파국과의 전쟁에서 참패했기 때문이다. 따라서 윤색설은 사리에 맞지 않다. 다만 『일본서기』 전편에 나타나는 윤색의 하나일 수는 있지만, 그렇다고 내용이 달라지는 것은 없다. 여기서 중요한 사실은 봉후烽候 즉 봉화대의 존재가 현재까지 무려 120여 곳이나 발견되었다는 것이다. 봉화망과 방어 방향 등에 대한 논의는 지엽적인 사안에 불과하다. 가장 중요한 사실은 사서 기록과 물증의 부합이다. 봉화망의 운용 주체는 『일본서기』에 적힌 반파국이었다. 또 이곳을 장수 지역으로 비정할 수 있는 근거는 넘쳤다.

　　거대한 봉화망의 확인은 사서에서 누락된 정치체의 발견이라는 점에서 의미가 크다. 우리나라 사서에 보이지 않으므로 믿을 수 없는 게 아니다. 이해 당사자들의 관심 속에서 기재되었다는 데 초점을 맞춰야 한다. 백제와 왜 그리고 신라까지 가세한 상황에서 반파국은 3년 간에 걸친 전쟁을 수행하였다. 총 4개 국의 이해가 걸린 사안은, 국가 운영과 깊이 관련한 비상한 요소임이 분명하다. 즉 지표 조사만으로도 막대하게 확인된 제철 산지 확보라고 할 때 공감할 수 있다. 실제 운봉고원과 진안고원의 장계분지 일원에는 놀랄 정도의 제철 산지가 확인되었다. 이러한 제철 산지의 확보를 국가 초유의, 사활을 건 3년 전쟁의 실체로 파악할 때 납득이 되는 것이다. 차후 제철 유적을 체계적으로 발굴하면 이 같은 상정을 뒷받침해 줄 게 분명하다. 전북가야는 중국 사서에서 실체가 드러난 모한慕韓으로 비정할 수 있다.

문헌과 물증을 통해 장수가야는 세칭 가야의 빅Big4인 반파국으로 밝혀졌다. 반파국이 백제와 경쟁하면서 왜에 보낸 '진물珍物'은 경제력과 독자 교역망 구축을 헤아리게 한다. 천 오백년 간이나 묻혀졌던 제3의 가야, 반파국에 대한 집중 조명이 필요하다.

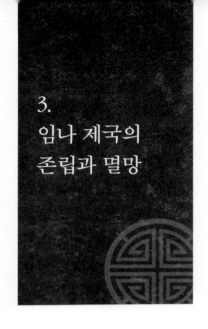

3.
임나 제국의
존립과 멸망

　　가라는 522년에 신라와의 국혼國婚을 매개로 국체 유지에 부심했
다. 신라의 서진을 막는 현실적이고 가장 효과적인 방안이 국혼이었다.
그렇지만 임나 제국은 6세기에 접어들어 동요하였다. 532년에는 고단한
상황의 남가라(김해)가 신라에 병합되었다.

　　백제는 551년 한강 하류 고토 회복에 신라와 임나 군대를 참전시
켰다. 고구려가 점유했던 한성과 남평양성을 비롯한 6군의 땅을 수복했
다. 그렇지만 이곳은 2년 후에 신라에게 빼앗겼다. 554년에 성왕은 몸소
군병을 이끌고 관산성을 공격했다. 이때 가량加良 즉 가라 군대가 참전하
였다. 그런데 관산성 전투에서 성왕과 사졸 2만 9600명이 몰살했다. 이
패전에서 가라 군병의 손실은 알 수 없지만 다대했던 것은 분명하다. 551
년과 554년의 전쟁에서 가라는 국력을 기울여 참전한 것으로 보인다. 패
전으로 인해 제국의 실질적인 주도권은 안라安羅(함안)로 넘어 간 것으로
해석된다.

　　561년에 신라 진흥왕은 전군 주요지휘관들과 더불어 창녕에 병력

을 집결시켰다. 창녕진흥왕 순수비가 세워진 곳에서 고령과 함안은 각각 50km 지점이었다. 창녕은 두 지역의 중심지에 소재한 전략적 요지였다. 신라는 가라와 안라를 동시에 공격해 멸망시켰던 것 같다. 그럼에 따라 나머지 임나 제국들도 항복한 것으로 보인다. 이때 가라 정벌은 '가야반加 耶叛'이라고 했듯이 가라에 대한 응징전이었다. 강원도 동해 일대에 분포 한 6세기 중후반 대가야 고분의 존재는 가라 주민들의 벽지로의 사민 결 과로 해석된다. 나라를 신라에 바친 남가라와는 비교되었기에 사후 처리 도 상이했던 것이다. 안라의 경우는 아라가야 토기의 소재를 놓고 볼 때 왜로의 대거 망명을 상정할 수 있다.

VII

신라

국國 → 연맹국가 → 맹주국가 → 준집권국가 → 집권국가 → 집권국가 확장기 → 국가 해체기

1.
국호의 유래와
힘의 원천

　고구려·백제·신라 삼국 가운데 가장 열세에 놓여 있던 나라는 신라였다. 그렇지만 신라는 역설적으로 이 두 나라를 정복하는데 성공했다. 손진태는 이러한 사실을 가리켜 "신라의 약소弱小는 실로 신라를 강대하게 한 요소가 되었던 것이다"고 설파했다. 물론 신라는 삼국의 영토를 온전히 장악하지는 못했다. 그러나 통일을 이루어 한국 역사의 한 획을 긋는 실로 장엄한 역할을 수행한 것은 분명하다. 삼국통일의 위업을 달성하는 과정에서 신라는 세계 최강의 당을 한반도에서 말끔히 축출했을 정도로 가위 폭발적인 에너지를 유감없이 발산했다.

　물론 신라가 한반도의 주인공이 되기까지의 과정은 순탄하지만은 않았다. 경주분지에서 국가를 형성한 신라는 진한 연맹의 동료 제국들을 병합한 후 낙동강유역에 포진하고 있던 임나 제국들은 물론이고, 한강유역까지 송두리째 정복해 한반도 중심부를 장악하였다. 그와 동시에 신라는 꼬박 100년 이상에 걸쳐 백제·고구려와 사투를 벌였다. 그 결과 신라는 두 나라에는 커다란 압박 변수로 작용했다.

그러면 이처럼 급성장해 간 신라의 힘은 어디서 나온 것일까? 몇 가지 요인을 꼽아 보면 다음과 같다.

첫째, 고대국가에서 잠재적 국력의 척도인 양질의 철광을 확보하고 있었다. 신라 국호였던 '사로'·'서라벌'의 뜻을, '시나라鐵國'와 연결짓기도 한다. 그리고 왕실의 성씨가 김씨金氏요, 왕성王城 이름이 금성金城이었을 정도로 국가 자체가 '시金'와 너무나 친숙하였다. 『금사金史』에서 "금金만은 변하거나 손상되지 않는다. 금색은 흰색이고, 완안부完顔部는 색色으로는 흰색을 숭상한다"고 했다. 금국金國 국호 기원설이다. 금성金城을 왕성으로 한 신라에서도 흰색을 숭상하였다. 『수서隋書』에서 "복색은 흰색을 숭상한다"고 했다. 양자 간의 연관성이 보인다.

신라는 철광인 경주 감은포[八助浦]의 사철沙鐵과 울산 달천의 수철水鐵을 확보했다. 경주 황성동 유적의 비소가 포함된 제련철은 달천에서 조달받은 것으로 밝혀졌다.

둘째, 국가를 위해 생명을 새털처럼 가볍게 던진 무사정신을 꼽을 수 있다. 민족주의 사학자인 단재 신채호의 『조선상고사』에 인용된 「소재만필」에 보면, 화랑의 설에 전사하게 되면 죽을 당시의 모습으로 환생해 천당의 윗자리를 차지하며 영생을 누린다고 하였기에 소년들이 다투어 전장에서 초개와 같이 목숨을 던졌다고 한다.

셋째, 신라 국왕은 정치 군장과 종교 수장으로서의 권능과 권위를 함께 지녔다. 힘의 일원적인 집중을 가져오게 한 요체였다. 예를 들면 신라 왕실은 석가와 마찬 가지로 찰제리종刹帝利種(인도의 王種)이라고 하여 불법과 왕법을 일치시켰다. 그랬기에 '왕이 곧 부처이다'라는 사상을 홍포하면서 신라 국왕을 석가에 비겼다. 석가의 권위를 빌어 왕권을 강화시켰던 것이다. 나아가 호국을 위한 전쟁이 호법護法을 위한 전쟁이라고 해 정복

전쟁을 정당화시켰다. 정치 권력과 종교 이념이 결합함에 따라 신라 국왕은 강력한 권위와 힘을 함께 지녔다. 많은 노동력을 일사불란하게 투입시킨 대규모 토목공사를 가능하게 한 힘의 원천이었다. 그 대표적 상징물이 무려 80m 높이의 황룡사 목조구층탑이었다.

넷째, 신라는 지배 세력의 거듭된 교체와 다양한 세력의 포용으로써 활력을 얻었다. 종족 구성의 다양함을 거론하지 않을 수 없다. 우선 『삼국지』에 적혀 있듯이 중국계 유이민의 유입을 상정할 수 있다. 이와 관련해 진시황릉 동쪽에 위치한 병마용갱兵馬俑坑에서 출토된 "상방인 여불위가 만들었다 相邦呂不韋造"는 명문이 새겨진 과戈를 주목해 본다. 여불위의 직함인 '상방相邦'을 『사기』에서는 '상국相國'으로 기재했다. 그러나 '相邦呂不韋'가 맞다. 『사기』가 집필된 한대에는 고조 유방劉邦의 피휘 때문에 '상방'을 '상국'으로 고친 것이다. 그리고 진한인들이 진秦에서 망명해 온 근거로서, '국國을 방邦이라'고 한 사실(『삼국지』권30, 동이전 한 조 진한 항)을 입증해 주었다. 즉 진 제국秦帝國의 용어였던 '방邦'은, 그 유민들의 진한 유입을 입증해주는 구체적인 징표였다. 그리고 영천 용전리 목관묘에서 기원전 1세기 경 노기弩機가 출토되었다. 중국계 유이민의 정착과 관련 지을 수 있다. 청도군 청도읍 송읍리 고분군에서 출토된 중국제로 추정되는 조형대구鳥形帶鉤도 중국계 유이민의 유입과 정착을 반영하는 듯하다. 물적 자료는 그 밖에도 많다. 이러한 물증은 "이에 앞서 조선의 유민들이 산곡간에 나눠 거주해 6촌六村이 되었다"는 『삼국사기』의 신라 기원설과도 연결된다.

주거와 관련해 마한에서는 움집이었던데 반해 진한에서는 귀틀집이었다. 귀틀집은 본래 바이칼 호湖의 서부와 알타이 지방 및 애니세이 강유역에 분포하였다. 북아시아 주민의 유입과 밀접히 관련되어 출현한 주거 문화로 해석할 수 있다. 이러한 사실들은 신라의 전신인 진한 주민 구성의 복합성을 뜻한다.

그리고 신라는 유례없이 왕실교체가 많았다. 박씨朴氏→석씨昔氏→김씨金氏로의 왕실교체와 유이민의 경주분지 정착이라는 외적 수혈은, 끊임없는 경쟁원리의 작동과 더불어 그것이 예비되었음을 웅변한다. 즉 고조선 유민들이 경주분지에 정착해 6촌을 형성한데다가 3개 왕실의 등장 설화가 유이민 설화인데서 짐작되듯이, 지속적으로 이주해 온 세력으로부터 수혈을 받았다. 그랬기에 참신한 기풍을 유지할 수 있었다. 조선왕조가 5백년이나 지속됨에 따라 활력을 잃었던데 반해, 신라는 신흥 왕실이 뿜어내는 뜨거운 에너지에 힘입어 시대의 난관을 용약 뚫고자 했다.

신라는 흡수한 이방인이나 피정복민을 배타적으로 대하지 않고 포용하였다. 잡종강세를 연상시키듯 신라는 단일 종족에 의해 구성되고 발전된 국가는 아니었다. 왜에서 건너온 호공瓠公을 비롯한 다양한 세력을 포용하고 스스럼없이 수혈했다. 그랬기에 보다 강력한 내구력과 생명력을 지닐 수 있었다.

다섯째, 끝없는 위기 상황과 긴장감이 신라를 강하게 만든 요인이었다. 신라는 건국 이래로 왜구의 침공에 시달렸다. 삼국을 통일한 문무왕이 호국용이 되어 왜구의 침략을 막겠다는 유언에도 잘 응결되어 있다. 신라는 이처럼 간단없는 외환外患에 저항하면서 강인한 면역력을 길렀다. 자고로 "적국과 우환이 없으면 나라가 망한다"는 말이 있듯이, 신라는 건국 이래 시달려온 왜구의 침공을 통해 면역력을 배양하였다. 그렇지만 신라는 이후 백제와 고구려의 강대한 군사력 앞에 몰리는 상황이 거듭되었다. 그러나 이러한 위기 상황은 내부적으로는 지배층 간의 강한 응집력을 조성시켜 단결력 배양과 세력 통합 요인으로 작용했다. 아울러 신라인들은 지배층이나 일반 주민 모두, 외침에 따른 간단없는 긴장으로 인해 현실에 안주하는 삶은 생각하기 어려웠다.

　　삼국 가운데 후발주자였던 신라의 힘은 철광의 확보라는 경제·군사적 배경과 더불어, 정치권력과 종교의 결합, 그리고 끝없는 위기 상황이 조성해 준 정신력의 산물이었다. 게다가 다양한 세력의 포용과 잦은 왕실 교체가 사회 기풍에 활력을 불어 넣어 주었다. 이와 더불어 간과할 수 없는 요인이 신라가 바다를 잘 활용했다는 점이다. 신라는 백제나 고구려에 막혀 육로를 통한 대외교섭이 어려운 상황이었다. 이러한 지리적 난관을 극복할 수 있는 방안은 해상 활동에서 찾을 수밖에 없었다. 신라의 선부船府 설치, 파진찬 곧 '바다 간干[海干]' 관등에서 보듯이 바다 이용에 비중을 실었다. 환경의 난점을 뚫고 해상을 개척하려 한 적극적인 의지의 표출이었다.

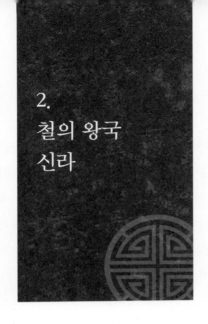

2.
철의 왕국 신라

　일반적으로『삼국지』위서魏書 동이전 한 조에 기록된 "나라에서 철이 나오는데, 한·예·왜가 모두 이곳에서 취하였다. 저자에서 살 때는 모두 철을 사용했는데, 중국에서 돈을 사용하는 것과 같았다. 또 2 군에 공급했다"는 기사를 변진 즉 변한과 결부 지었다.

　그러나 이것은 사실이 아니었다.『삼국지』위서 동이전 한 조의 제철 관련 기사는 내용을 분석해 볼 때 진한에 해당되었다. 이와 연동한 중요한 사실은 3세기 중반 이전 시기의 대규모 철장鐵場이 김해 일대에서는 확인된 바 없었다. 반면 울산의 달천 철장 사용 시기는 '기원전 1세기 중엽 이전~기원후 3세기까지'이므로『삼국지』의 서술 하한과도 부합한다. 게다가 이곳은 유통에 유리한 양항良港을 끼고 있다. 그리고 중국 군현郡縣이나 왜와 관계된 유물도 출토되었다. 이 사실은 달천철광의 철을 마한·예·왜 뿐 아니라 낙랑군이나 대방군에 수출한 사실과도 정확히 부합한다. 따라서 거의 고정관념화한 '철의 왕국 가야'론은 차분하게 재검토되어야 마땅하다. 오히려 탈해脫解의 야장설화冶匠說話를 지닌 신라를 가리켜, 철을 수입했던 왜는 "눈부신 금은金銀이 나라에 많다(『일본서기』권8, 仲哀 8년 9월 조)"고 했다.

　　　울산 달천광산에서는 기원전부터 철광석을 채굴했던 흔적이 확인 되었다. 경주 황성동 유적의 시료를 분석한 결과 자철광이 원료로 사용되 었고 철에 비소가 다량 함유된 사실이 밝혀졌다. 우리나라 철광산 중 비 소의 함량이 높은 곳은 울산 달천광산이었다. 결국 황성동 제철 단지에서 사용한 철광석 산지가 울산에 소재했음을 알게 되었다. 아울러 울산 창평 동 목곽묘에서 출토된 한경漢鏡 2매와 3세기대의 울주군 다대리 하대 목 곽묘에서 출토된 동정銅鼎도 대외교류의 편린을 보여준다. 모두 달천철장 을 기반으로 했을 가능성이 높다. 실제 철을 매개로 한 한반도와 일본열 도 출토 철정鐵鋌의 분포를 비교하면 김해보다는 울산 쪽이 많다. 이는 4 세기 후반~5세기에 걸친 철정의 분포를 볼 때 일본열도에서는 오사카大阪 일대가, 한반도에서는 울산 쪽이 김해보다 압도적으로 많다. 이로써도 왜 인들이 구매했던 '국출철國出鐵'의 '국'은, 변진이 아니고 진한일 가능성을 높여준다. 더구나 『삼국지』의 '국출철' 기사는 3세기대를 하한으로 하고 있다. 이 시기를 하한으로 한다면 철정은 울산쪽이 압도적으로 우위에 있 었다.

　　　건국 초부터 왜가 신라를 끈질기게 침공해 왔던 요인을, 손진태는 "후세 신라와 일본 사이에 일어난 부단한 투쟁의 중대한 원인의 하나도 이 철의 쟁탈에 있었을 것이다"고 단언했다. 놀랄만한 형안이 아닐 수 없 다. 이러한 선상에서 「광개토왕릉비문」에 보이는 왜군의 신라 침공 배경 도 해석이 가능해졌다.

3.
발전
과정

1) 연맹국가(기원전 57~356: 혁거세 거서간~흘해 니사금)

신라는 경주분지를 중심으로 다수의 촌村을 묶은 회의체 읍락사회에서 출발해 국國을 성립시켰다. 이 무렵의 왕호 니사금尼師今 즉 닛금은 신망을 받는 지혜로운 이가 다스리는 장로 정치의 산물이었다. 실제 그랬기에 왕위에 대한 추대와 양보가 이루어졌다. 니사금은, 6촌장 회의처럼 회의체 단계 수장의 선출 과정에서 비롯한 왕호로 보인다.

신라 건국의 계통은 고조선 유민계를 비롯한 유이민 설화와 3성姓의 등장 설화를 통해 다양했음을 알 수 있다. 연맹국가 단계는 신라의 전신인 사로국이 진한연맹의 소속 국들과 병존한 4세기 중반까지였다. 혁거세의 근거지인 금성金城은 남산 서북쪽에 위치한 창림사터 일대로 전한다.

박씨 왕실의 통치와 관련한 거점은 알영정에서 동편으로 700m 지점에 소재한 도당산토성으로 추정된다. 도당산토성의 도당都堂은, 회의처인 남당南堂과 관련 있어 보인다. 그리고 박씨→석씨→김씨로 왕실이 교체되었다. 왕위는 특정한 가계의 부자상속에서 사위에게 계승되기도 했다. 이는 사전에 왕위에 대한 추대와 추인 형식을 받았을 것이므로 타협과 조정 없이는 생각할 수 없다. 혁거세에 대한 추대 이래, 회의체 운영은 사로국 단계 뿐 아니라 연맹 전체로도 확대되었다. 이 시기의 묘제로는 경주 조양동과 사라리의 토광묘·구정동 토광목곽묘가 대표적이다.

2) 맹주국가(356~458: 나물 마립간~눌지 마립간)

신라는 내부적으로 왕위의 김씨 세습제를 확립했다. 신라는 대외적으로는 진한연맹체의 맹주국가 단계였다. 이 기간에 신라는 세습의 왕조국가 요소를 함께 지녔다. 신라가 진한연맹의 맹주국으로 발전하는 이 무렵의 왕호는 '마립간麻立干'이었다. '마립'은 宗의 훈독인 '마루'와 연결된다. 따라서 '으뜸'의 뜻으로 해석하는 게 타당하다. 마립간은 진한 제국의 간干 가운데 머리칸首干의 뜻이었다. 조선 말기까지 내려온 '말루하抹摟下' 호칭도 마립간 즉 '마리칸'에서 연원을 찾을 수 있다. 진한 연맹에서 신라가 맹주국의 우월한 위치를 확보한 시기였다. 신라는, 그간 축적한 유수한 제철산업을 기반으로 연맹 내 제국들을 흡수·병합해 통합을 완료했다.

현재 경주시내에 산재한 수백 기의 거대 봉분을 지닌 분묘들은 마립간 시기의 산물이었다. 이 시기의 왕권을 상징하는 거대 분묘의 등장은, 국력의 통합과 더불어 강력하고 안정적인 왕자王者의 존재를 함께 보여준다. 가령 두 개의 봉분이 연결된 표형분인 황남대총은 남북 길이 120m, 동서 길이 80m, 높이 약 23m에 이른다. 유물은 북분에서 3만 5천여 점, 남분에서 2만 2천 여 점이나 출토되었다.

나물 마립간의 즉위로서 3성 교립은 종식을 고하였다. 김씨 왕위

독점 세습이 확립되었다. 신라는 377년과 382년에 고구려 사신을 따라 전진前秦에 사신을 파견하였다. 382년에 전진왕 부견은 신라 사신 위두에게 "경이 말한 해동의 일이 예전과 같지 않다니 무슨 말인가?"라고 묻자, 위두는 "중국에서 시대가 달라지고 명호名號가 바뀌는 것과 같으니 지금 어찌 같을 수 있으리요"라고 답했다. 신라 사회의 급진적인 변화를 뜻한다.

이무렵 신라는 연맹 안의 소국들을 통합해 나갔다. 가령 읍즙벌국 (안강)·우시산국(울산)·거칠산국(양산)·압독국(경산)·이서국(청도)·골벌국(영천)·감문국(김천)·사벌국(상주)·조문국(의성)·다벌국(대구) 등을 통합했다. 512년(지증왕 13)에는 동해의 우산국도 복속시켰다.

진한연맹에 속한 제국 수장들은 '出' 자 형 금동관을 착용했다. 이러한 금동관은 소백산맥 너머의 단양(영춘면 하리)과 동해안의 강릉(초당동), 그리고 동해(북평동)에서도 출토되었다. 그런데 동일한 금동관은 한 개도 확인되지 않았다. 이로 볼 때 금동관은 맹주인 신라 왕의 하사품이 아니었다. 금동관은 진한 연맹을 상징하는 위세품이었다. 각국의 수장이나 친족들이 착용하여 진한연맹의 일원임을 내세운 표지였다. '出' 자 형 금동관은 공통성은 있지만 획일성이나 균일성은 보이지 않았다. 정치적 공동체의 표방일 뿐 사여품은 아니라는 증거였다.

진한연맹의 제국이 소재한 곳에는 어김없이 대형 분묘가 산재하였다. 거대 봉분을 지닌 분묘는 지배자의 권력과 그 범위를 나타내는 가시적 물증이었다. 비록 문헌에서 소국 이름은 누락되었지만, 구미시 해평면 낙산리에 소재한 낙산리 고분군은 강대한 세력의 존재를 암시해준다. 고분의 규모와 고분군의 범위는 소국의 존재감을 나타내는 징표였다.

경주의 서북 방향인 의성에는 금성면과 다인면 그리고 안계면을 비롯한 몇몇 지역에 대형 봉토고분이 소재하였다. 의성 지역의 정치적 성장을 뜻하는 조문국召文國의 거점은, 고분군의 분포와 규모를 기준으로 할 때 금성면에 소재한 것으로 보인다. 문헌 기록이 절대 부족한 조문국의 성격은 고고자료를 놓고 살필 수밖에 없다. 5~6세기 경에 조성된 금성산 고분군은 경주를 제외하고는 적석목곽분이 제일 많다. 이 사실은 어떤 형태로든 신라와의 관계가 긴밀했음을 뜻한다. 실제 대리리 2호분 출토 '出'자 형 금동관은 신라와의 관계를 말해주고 있다. 그럼에도 금성산 고분군에서는 외래적인 요소가 확인된다.

의성 대리리 3호분은 처음에 적석목곽과 목곽을 주곽과 부곽으로 하는 2곽槨 구조로 축조하였다. 고분이 조영된 이후 분구 내에 추가로 변형적석목곽 1기가 추가장한 구조이다. 이러한 구조는 백제 영역인 서울의 가락동이나 영산강유역 집단 옹관묘에서 확인된다. 그리고 대리리 2호분에 부수된 상태로 길이 115m, 구경 58cm에 이르는 대형 옹관 1기가 출토되었다. 금성산 고분 출토 금동관모에는 백제 요소가 가미되어 있었다. 탑리 출토 금동관은 고구려 관모와 연결되고 있다. 이러한 요소들은 교통로에 소재한 조문국이 백제나 고구려와 교류했음을 뜻한다. 이는 조문국에만 한정되지 않은 현상으로 보인다.

가령 "점해왕이 재위하자 사량벌국이 옛적에 우리에게 속했는데 홀연히 배반하고 백제에 귀부했다. 우로가 군대를 거느리고 가서 이곳을 토벌하여 멸망시켰다"고 했다. 조문국 북쪽에 소재한 사량벌국 즉 사벌국이 백제에 붙은 사실이 포착된다. 그리고 "나령군奈靈郡은 본래 백제 날이군이었는데 파사왕이 이곳을 취했다. 경덕왕이 개명하였다. 지금 강주剛州이며 영현은 2곳이다"고 했다. 나령군은 지금의 경상북도 영주 지역이지만 백제 영역이었음을 밝히고 있다. 진한의 북부와 서부 등의 외곽 지역은 백제의 힘을 빌어 자국의 독립을 유지하려 한 것이다. 나령군 영현

2곳에는 고구려의 행정지명이 나타나고 있다. 고구려 영역이 된 적이 있었다. 고구려 문화의 유입 통로를 시사받을 수 있다. 이렇듯 진한연맹 외곽에 소재한 제국들의 동향과 그로 인한 정치·문화적 복합성을 살필 수 있다.

이 시기의 신라는 동으로는 왜, 서로는 백제, 남으로는 가라에 포위된 형국이었다. 동맹관계로 연계되어 있는 3국의 포위 타개를 위해 신라는 북의 고구려에 줄을 넣었다. 377년에 신라는 고구려를 통해 북중국의 전진前秦에 사신을 보낼 수 있었다. 백제와 쟁패하고 있던 고구려로서는 신라와 손잡음으로써 백제 견제가 용이해졌다. 남진정책을 추진하고 있던 고구려로서는 놓칠 수 없는 기회가 찾아 왔다. 왜의 침공에 직면한 신라의 구원 요청으로 400년에 고구려군 5만 명이 출병하였다. 이를 기화로 고구려군은 신라에 주둔하였고, 왕위계승에도 영향력을 행사했다. 아울러 고구려 문화도 밀려들어 왔다. 호우총에서 출토된 호우, 서봉총에서 출토된 '연수延壽' 명 은합銀盒, 금관총에서 출토된 청동 사이호四耳壺가 대표적이다. 이와 더불어 신라 왕호인 마립간 칭호는 고구려의 막리지에서 차용했으리라는 견해는 그 타당성 여부를 떠나 고구려가 신라에 끼친 영향력을 짐작하게 한다. 그렇지만 5세기 중엽 무렵 신라는 자국 영역에 잔류한 고구려군을 소백산맥 이북으로 축출하였다.

3) 준집권국가(458~514: 자비 마립간~지증 마립간)

신라는 백제와의 동맹을 적절하게 이용해 5세기 중엽 경에는 자국에 영향력을 행사하던 고구려 세력을 축출하였다. 이를 기반으로 신라는 5세기 후반에 전국적인 산성 축조를 통한 지방에 대한 통치 거점 확보와 더불어, 505년에 주군제州郡制를 실시했다. 이는 점령지 직할책이었다. 그리고 시제矢堤와 같은 제방의 대대적인 축조에 이어 우경제牛耕制의 실시와 더불어 순장제를 폐지하였다. 이로써 농업생산력의 비약적인 증진을 가져왔다.

그리고 신라는 468년~490년에 걸쳐 변경 지역에 대규모 산성 축조와 개축을 단행했다. 대체로 신라의 서북 변경 지역이었다. 이들 지역은 고구려가 지배한 바 있는 신라의 동북(竹嶺 東南) 지역과 대칭되고 있다. 이 사실은 늦어도 5세기 중반 후엽 경에는 고구려 세력이 죽령의 동남 지역에서 퇴출되었음을 뜻한다. 고구려가 죽령의 동남 지역을 여전히 지배하는 상황이라면, 그 반대편 지역에 신라의 대규모 축성과 개축 작업이 진행될 수는 없었을 것이다. 괴산군 청천면의 살수원 전투에서 알 수 있듯이, 오히려 죽령 이북으로 후퇴한 고구려군의 주공격 방향이 신라의 서북 변경으로 전환된데 따른 방비책이었다.

이와 맞물려 강인한 토착 세력의 존재를 반영하는 금동관과 같은 호화로운 부장품을 갖춘 대형봉토분이 소멸되는 5세기 중반 이후에 일련의 산성 축조가 신라의 서북 변경 지역까지 확대된 사실은, 기존 구소국舊小國의 편제와 관련지을 수 있다. 일사불란한 대규모 노동력이 동원되는 신라 중앙정부 주도 하의 산성축조를 통해, 토성 중심의 단위 사회를 형성하고 있던 삼한 이래 구소국 중심의 지배 질서는 전면적으로 해체되었다. 이렇듯 강력한 중앙집권화를 목적으로 한 군관구적 성격의 산성 중심 지방 행정조직이 변경까지 확대될 수 있었던 배경은, 고구려 세력의 퇴출로 인해서였다.

4) 집권국가(514~654: 법흥왕~진덕여왕)

(1) 불교 이념과 신분제의 결합

신라는 집권국가로 발전하던 시기부터 '왕王' 호號를 사용해 '태왕太王' 호로 격상시켰다. 520년(법흥왕 7)에 신라는 율령을 반포함으로써 국가제도 전반을 조직화하여 중앙집권국가를 완성시켰다. 이와 맞물려 정연한 신분체계로서 골품제骨品制가 확립되었다. 여기서 지방민은 골품제에 편제되지 못한 탈락 계층이었다. 골품제는 지방민들 위에 군림하는 왕경인 지배자 공동체를 합리화하기 위한 배타적 신분제였다.

이와 더불어 화랑도가 제정되었다. 화랑도는 본디 중앙집권화를 위한 국가적 제의祭儀 집단이었다. 당초에는 국가적 이념 기반의 통제와 확대라는 소임을 가졌으나, 6세기 중반에 전사단으로 개편되었다. 536년에는 연호 건원建元을 최초로 사용해 국가 자의식을 표출하였다.

그리고 골품제 속의 왕권을 합법화하는 국가 이데올로기로서 불교가 공인되었다. 불교의 교리 가운데 인간은 업보業報에 따라 태어나서는 죽고 또 태어나서는 죽는 것이 무한히 계속된다는 윤회전생사상輪廻轉生思想은 엄격한 골품제 사회에서 자신들의 특권을 옹호해주는 이론적 근거라고 믿어 크게 환영하였다. 신라 지배층들이 불교의 속성을 사회적으로 어떻게 이용했는지에 대해서는 손진태가 "…인과응보설·윤회설 같은 숙명사상이 있어, 현실생활이 빈천한 것은 전세의 죄악에 대한 갚음(報)이라는 치자治者계급에게 극히 유리한 설도 있다. 그래서 귀족들은 다투어 화려한 절을 짓고, 토지를 기부하고, 노예까지도 주어 중들의 생활을 보호하고 귀족 출신의 중들을 높은 지위에 앉히었으므로 그들은 치자계급에게는 불리한 설은 버리고, 오직 지배계급에 유리한 사상만을 선전하였다"

고 간파했다.

　　신라 불교는 왕권과 귀족권의 조화 위에서 성장하였다. 석가불은 왕권의 상징이요, 미륵보살은 귀족의 꽃과 같은 화랑에 비견되었다. 이렇듯 불교는 국왕을 중심한 집권국가 사상체계의 중핵으로 자리잡았다. 불교는 개개인의 영혼 구제보다는 국가의 발전을 비는 호국신앙적 성격이 강하였다.

(2) 진흥왕의 순수

　　영토 확장이라는 진흥왕의 찬연한 위업은, 비석 뿐 아니라 회화를 통해서 보다 실감나는 장면으로 기억되어왔다. 솔거率居가 그린 「진흥왕북순대렵도眞興王北巡大獵圖」의 존재이다. 명화名畫를 많이 소장했던 고려 후기의 유청신柳淸臣(?~1329)이 지녔다가 6~700년이 흐른 후 안종화安鍾和(1860~1924)에 이어졌다. 안종화로부터 이 그림을 접한 김윤식金允植은 1910년에 다음과 같은 감상평을 남겼다.

　　그림은 모두 8폭으로 당시 표구를 해서 병풍으로 만들었는데, 세월이 오래되어 때가 묻고 낡아 손만 닿으면 찢어지고 부서졌다. 그러나 색채는 변하지 않았고 정신이 살아있어 산천과 수목과 인물의 형상은 약동하는 같았으니 거의 신神의 솜씨였다. 진흥왕은 여러 대의 공업을 계승하여 풍형예대豊亨豫大의 업적을 차지하였다. '육군六軍을 크게 펼쳐서'사냥하는 예禮를 시행하였는데, 기치가 바르고 엄숙하였고 의관은 모두 바르고, 군사와 말은 정예롭고 강하며 투구와 갑옷이 선명하여, 사해를 평정하고 삼킬 만한 기개가 있었다. 임금과 신하가 서로 즐거워하며, 먹고 마시며 잔치를 즐기는데, 휘장과 장막, 술통과 쟁반 등의 물건은 정치하면서도 예스럽고 아름답지 않은 것이 없었다. 알려지고 유명하지 않거나 큰 주방이 가득차지 않음이 없었으니 문물의 번성함이 찬란하고 대국의 기풍이 넘쳐흘러, 예나 지금이나 이 그림을 살펴보면 감개하여 눈물이 흐르는 것을 막을 수가 없다.

「진흥왕북순대렵도」에는 솔거 작품으로 적혀 있었던 것 같다. 솔거는 통일신라 최고의 화가이다. 이 대렵도가 솔거 작품이 맞다면 상상화가 된다. 이러한 대렵도 주제처럼 순수 후 전렵을 한 사례는 「광개토왕릉비문」에도 보인다. 즉 영락 5년 조에 "영토를 두루 돌아다녀 구경하고 사냥한 후 돌아왔다 遊觀土境 田獵而還"고 했다. 진흥왕도 북순北巡하며 전렵한 기록이 있었던 것 같다. 이를 토대로 솔거가 그린 상상화로 보인다. 아니면 전승되어 온 그림을 토대로 그렸을 수도 있다. 진흥왕 순수 시의 전렵이라는 새로운 사실이 확인된다.

그런데 마운령비와 황초령비가 세워진 지점까지를 신라 북계北界로 단정하는 경향이 많았다. 진흥왕 순수비를 국경비로 여긴 것이다. 순수비는 문자 그대로 국왕이 자신의 안정적인 영역에서 행차 사실을 공표한 기념비였지만 국경비는 아니었다. 중국 진시황의 순수가 대표적인 사례에 속한다. 물론 진흥왕순수비는 경역 가늠의 지표는 될 수 있다. 그렇다고 순수비 자체가 변동과 부침이 심한 국경 지역 왕의 행차를 가리키지는 않는다. 이를 착각하는 경우가 적지 않았다. 가령 신라는 553년에 서울 이북을 점령했지만, 북한산순수비는 그 보다 15년 후인 568년 이후에 건립되었다. 568년 당시 신라의 북계는 서북으로는 북한산 이북, 동북으로는 마운령 이북으로 상정해야 맞다. 황초령과 마운령은 적어도 568년

이전에 신라 영역이 되었다. 한편 561년 창녕에 건립된 비에는 '순수' 글자가 적혀 있지 않기에 '척경비'로 일컫고 있다. 가쓰라키 스에지葛城末治는 '척경비'로 명명했지만, 비문에 영토 개척 사실은 보이지 않는다. 반면 진흥왕의 행차는 사실이므로, 순수비로 일컫는 게 합당하다.

　　진흥왕은 568년 8월에 경주를 출발해 황초령과 마운령에 각각 올라 거의 동일한 내용의 비석을 8월 21일 부付로 세웠다. 이와 관련해 1827년에 정6품 무관 벼슬인 북평사北評事에 제수된 박래겸朴來謙의 일기가 주목된다. 그는 7월 26일에 한양도성을 출발해 8월 1일에 철령鐵嶺에 이르렀다. 그는 8월 10일에 마운령을 넘었다. 철령에서 마운령까지의 소요 기일은 대략 10일이었다. 박래겸이 마운령을 넘을 때의 소회는 "저녁에 마운령을 넘었는데, 위험하고 높고 가파르기는, 또 함관령보다 갑절이었다. 그리고 겹겹의 뾰족한 산들이 포개져서 높고 험한 산들이 마치 하늘의 끝에 있는 것 같았다. 마운摩雲이라는 이름을 얻게 된 것도 허망하지 않음을 믿게 되었다. 밤에 단천부端川府에서 잤다"라는 글귀에 잘 집약되었다. 마운령의 험절함은 1812년(순조 13) 9월에 함경도 암행어사로 임무를 수행한 구강具康의 일기에서도 확인된다. 마운령의 고험高險함은 마천령과 더불어 서로 길항拮抗하고 있다. 낭떠러지 절벽을 따라난 길은 만길이나 되니 한 발자욱이라도 헛딛게 되면 몸을 보전할 수 없을 정도로 온 신경이 놀라게 된다고 했다. 그 밖에 혹한은 물론이고 범·표범·곰과 같은 맹수가 대낮에도 출몰하는 상황도 적었다.

　　박래겸의 일기를 보면 8월 29일에 대홍단大紅端(함경북도 무산)에서 야영하는데 혹한이라 눈을 붙이지 못했다고 한다. 9월 21일에 그가 성진城津에 체류할 때는 새벽부터 눈이 내려 종일 그치지 않았다. 고령高嶺에 체류할 때인 9월 25일에는 "대설이 수척 남짓 내렸다. 9월의 대설은 이미

두 번째이다. 북방의 추위를 알만하다"고 적었다.

　　진흥왕은 8월 초 경주를 출발해 8월 20일 경에는 황초령과 마운령에 각각 도달했던 것 같다. 마운령순수비에서는 "어가를 인도하여 날마다 가서 10월 2일 계해에 이르러 (어느 지역을 지나) 인하여 변방 지역을 타일렀다 引駕日行至十月二日癸亥 向涉是達非里△廣△因諭邊堺矣"고 하였다. 10월 2일에 진흥왕은 동북변계에서 어가를 돌렸음을 알 수 있다. 진흥왕은 북한산 비봉에 세 번째 순수비를 세우고 경주로 돌아갔던 것으로 보인다.

　　진흥왕의 노정은 구강이나 박래겸의 체험 이상으로 험난했을 것으로 상상된다. 그럼에도 혹한과 대설을 뚫고 진흥왕은 우뚝한 산정에 자신의 위업을 담은 순수비를 세웠다. 마운령비(利原 雲施山城)·황초령비(함흥 황초령)·북한산비(북한산 비봉)가 세워진 3곳은 접근성이 몹시 나빴다. 그랬기에 순수비가 후대까지 보전될 수 있었다. 비록 현지 주민들은 정작 순수비를 읽기는 어려웠겠지만, 수가隨駕해 현장을 목도한 신료들에게 건비建碑 순간은 강한 인상을 주고도 남았을 법하다. 진흥왕의 순수비는 정복 지역 주민보다는 기실 수가한 중앙의 신료들을 겨냥한 것이다.

　　진흥왕은 순수 직후인 568년 10월에 "북한산주를 폐하고 남천주를 두었다. 또 비열홀주를 폐하고 달홀주를 두었다"고 했다. 북한산성에서 이천으로, 함경남도 안변에서 강원도 고성으로 주치州治의 전면적 남하 이동이 따랐다. 신라가 마운령과 황초령 일대를 상실한 결과로 단정하기도 했다. 그러나 진흥왕이 몸소 순수하여 입비立碑할 정도라면 안정적인 신라 영역임을 뜻한다. 실제 함경도 일대에는 신라 대형 고분군이 밀집해 있다. 장기간에 걸친 안정적 지배를 뜻한다. 그럼에도 국왕이 순수하여 입비한 즉시, 영토를 대거 상실했다는 것은 사리에 맞지 않다. 진흥왕은 몸소 밟아 본 현지에서의 체험을 기반으로 단행한 전략적 결단이 주치의 남하였다.

(3) 국사 편찬

진흥왕대 『국사』 편찬은 545년(진흥왕 6)부터였다. 정복전쟁 직전에 편찬을 시작한 것이다. 이 사실은 영토 확장의 성공을 담기 위한 목적의 『국사』 편찬이 아니었음을 반증한다. 중요한 사실은 『국사』 편찬의 목적인 "선악을 기록하여 포폄을 만대에 보이는" 작업은 성공적이었다. 실제 『국사』 편찬이 시작되는 545년을 기준으로 할 때 그 이전과 이후는 상황이 달라졌기 때문이다.

『삼국사기』 진흥왕본기를 보면 『국사』 편찬이 시작되는 545년 이후부터 정복전쟁이 활기를 띠었다. 그리고 포상이 자주 눈에 띤다. 진흥왕의 순행巡幸이 두드러질 뿐 아니라, 화랑도의 경우도 '산천유오山川遊娛'에서 알 수 있듯이 적극적인 국토관이 나타난다. 아울러 충신忠信에 대한 국왕의 적극적인 의지 천명을 구현하는 방향으로 나갔다. 게다가 통치에서 유경儒經을 근거로 종횡으로 사회 구성원들을 탄탄하게 엮었고, 불교의 흥륭을 통해 전쟁에 대한 자신감 고취와 낙관적인 내세관을 심어 죽음에 대한 공포심을 희석시켰다. 그리고 제의 집단인 화랑도를 전사단으로 개편했다. 도의道義 연마를 통해 이들을 충과 신으로 엮을 수 있었다.

신라는 545년 무렵부터 유경에 의한 통치를 시작했다. 패도覇道가 아닌 왕도王道를 통해 다스리겠다는 통치 좌표를 설정한 것이다. 그랬기에 「마운령진흥왕순수비문」에서는 '은시恩施'가 보인다. 은혜를 베푸는 인의仁義에 기반한 덕화군주상德化君主像을 설정했다. 그리고 '기記'라는 개념을 가시적으로 체감하게 하였다. 『국사』 편찬과 짝을 이루며 정복지에 세워진 비석에 그러한 사실을 명기銘記했다. 즉 '기'가 지닌 영속성은 '만대에 보이는' 작업의 일환이었다. 신라는 충과 신에 대한 포상을 통해 주민들을 고무·결집시킬 수 있었다. 아울러 국왕의 권력 행사와 통치의 정당성에 대한 고취가 가능했다. 신라는 그러한 결집된 힘을 토대로 정복전쟁에 승리할 수 있었다. 이에 보태진 호국불교 사상도 지대한 기여를 했다.

(4) 화랑도 제정

① 새롭게 확인된 화랑, '오랑도鳥郎徒'의 오랑

화랑도의 기원을 삼한의 읍락 내 청소년 조직에서 찾는 미시나 아키히데三品彰英의 견해는 호응을 얻었지만, 수긍은 어렵다. 다만 이 설의 근거인 『삼국지』 동이전 한 조에 전하는 다음과 같은 청소년들의 시련 행위는 주목을 요한다.

> 그 나라 안에 무슨 일이 있거나 관가官家에서 성곽을 쌓게 되면, 연소한 용건자勇健者는 모두 등가죽을 뚫고 큰 밧줄로 그곳을 꿰었다. 또 한 길丈 남짓의 나무를 그곳에 매달았으나 온종일 소리를 지르며 일을 하는데도 아프다 하지 않는다. 그렇게 일하기를 권하며 또 이것을 강건한 것으로 여겼다(『삼국지』 권30, 동이전 한 조).

고통이 수반되지만 환호하는 위의 행위는, 일종의 축성 의례로 보인다. 고통 속의 환호는, 염소의 피가 묻은 칼로 소년들의 이마에 자국을 내었고, 이마의 피를 닦을 때 소년들은 반드시 '큰 소리로 웃어야'만 한다는 로마제국의 루페르칼리아 축제를 연상시킨다. 또 허리 부분만 적당히 가린 소년들은 만나는 사람마다 염소의 가죽으로 채찍질을 하였다. 그 매를

제천 점말동굴 부근에 새겨진 '烏郎徒'의 화랑 오랑

맞으면 순산과 다산을 한다고 믿었기에 젊은 여인들도 그 매를 피하지 않았다고 한다.

6세기 중엽 제의 집단인 원화源花에서 전사단으로 개편된 화랑도는 통일 이후에는 일정 부분 성격이 변모했을 것이다. 전사단으로서의 기능은 퇴화된 반면, 교유交遊와 관련한 유오적遊娛的인 기능은 활발해졌다고 본다. 물론 그렇다고 화랑도의 기본 성격이 전변되지는 않았다. 우선 화랑은 일정 기간 수행 과정을 거쳐야만 했다.

이와 관련해 우선 금석문에서 새롭게 확인한 화랑의 존재를 상기해 본다. 제천 점말동굴 각자刻字에 보이는 '오랑도烏郎徒'의 오랑은 화랑 이름의 끝 글자일 가능성이 높다. 왜냐하면 "안상安祥은 준영랑俊永郎의 낭도라고 하지만 확실하지 않다"라는 기사에서 보듯이, 사선四仙의 한 명인 영랑은 기실 그 이름이 준영랑이었다. 이 경우 인명의 끝 자末字로 약기하였다. 화랑 국선의 효시인 설원랑薛原郎을 사내기물악을 지은 원랑原郎과 동일 인물로 간주하고 있다. 역시 끝 자로 표기한 것이다. 울주 천전리서석에 2회 등장하는 '관랑官郎' 가운데 인명만 기재한 표기는, 사다함과 사우死友였던 '무관랑武官郎'을 가리키는 것 같다. 역시 끝 자 표기인 것이다. 따라서 점말동굴에서 약기略記된 오랑은 200여 명에 이르렀다는 신라 '삼대화랑' 가운데 한 명이었을 것이다.

오랑의 실존을 뒷받침해 주는 근거는 월성 해자 목간의 "대오지랑족하大鳥知郎足下"에 보이는 '대오지랑大鳥知郎'이라는 인명이다. 여기서 '지

知'는 단양적성비 등에서 보이는 '지智'와 마찬 가지로 이름 뒤에 존칭어미로 붙고 있다. 그러므로 고유명사는 '대오大烏' 2 자에 국한된다. 그런데 앞에서 언급한 바와 동일한 끝 자 표기로 인해 '오랑'으로 표기되었을 가능성이 지극히 높다. 더욱이 월성 해자 목간은 왕궁 관련 기록물로서 대체로 6~7세기대의 것이라고 한다. 이 같은 월성 해자 목간의 제작 시점은 점말동굴의 각자 시점과 연결된다.

그리고 화랑의 수행과정에서 빠뜨릴 수 없는 고행苦行에 대해 "고행은 특히 육체에 혹독한 고통을 주어, 그것을 해냄으로써 종교상 이상으로 된 체험을 얻으려는 것을 말한다"고 했다. 또 고행은 신의 은총과 은혜를 받기 위한 전제라고 한다. 화랑들은 극기를 전제로 한 고행을 통해 인내심과 책임감을 배양했다. 독충과 맹수가 우글거리는 깊은 산중의 컴컴하고도 비좁은 동굴 속의 수행이 그 전형이었다. 화랑들은 고행을 통한 수행 과정에서 접신하여 수호령을 만나기도 했다. 실제 북아메리카 동부 삼림문화 영역의 인디언은 혼자 삼림에서 침사전념沈思專念한 결과 얻어진 환각에 의해 자기 수호령을 구했다고 한다. 고행 수행을 통해 화랑들은 국가 환란에 대한 강력한 극복 의지와 자신감을 배양했다.

동굴은 신라 화랑들에게는 신령들과 교감하는 신성처로서 중요한 의미를 지녔다. 특히 유명한 화랑이 특정 동굴에서 고행하여 성업成業했을 때는 성지가 되었을 것이다. 이러한 동굴은 화랑과 낭도들이 즐겨 찾았던 것으로 보인다. 점말동굴 각자는 그러한 사실을 웅변해 주고 있다. 점말동굴 각자 가운데 "계해년 5월 3일에 받들어 절하고 갔다. 나아가 기쁘게 보고 갔다(A명문)"는 해석이 가능하다면, 순례지요 성지에 관한 기록으로서는 적합하다.

고등종교인 불교와의 습합을 통해 국선 화랑인 김유신의 기도처에서 처럼 점말동굴에도 암자형 사찰이 들어섰다. 고유신앙을 바탕으로 한 전통적인 화랑도의 속성에 불교가 습합된 것이다. 김유신의 낭도를 미륵 신앙과 관련한 용화향도龍華香徒로 일컬은 것도 이 사실을 반증한다. 점말 동굴의 기능적 속성도 변화했다.

신성처이자 화랑의 고행처인 점말동굴의 동편은 영월의 주천강과 이웃하고 있다. 그 서편에는 승경이 빼어난 의림지와 인접하였다. 이러한 외적 배경으로 인해 점말동굴 일대는 산천을 발섭하던 화랑도들의 순례지요 성지로 걸맞았다. 각자에 보이는 '예부禮府'는 교육과 의례를 관장했던 신라의 예부禮部를 가리킨다. 나아가 이 예부禮府가 화랑도의 교육과 의례를 맡아 보았음을 시사받을 수 있다. 전장에 투입되기 이전 수련기의 화랑도는 예부 소관이었음을 생각하게 한다. 화랑도의 유오遊娛에는 교육과 의례라는 양자의 속성과 기능이 내포되었기 때문이다. 이 점 새롭게 밝혀진 사실이었다. 그 밖에 각자에 보이는 인물 가운데 '금랑金郎'의 존재가 울주 천전리서석에서 확인되었다. 이렇듯 제천 지역에는 제비랑이라는 화랑을 비롯한 화랑 관련 전승이 몰려 있다. 게다가 화랑도와 연관 지을 수 있는 제의처인 월악산이나 의림지 같은 유오 현장까지 갖추었다. 그 밖에 울진 성류굴 입구와 동굴 안에서 발견된 명문도 점말동굴과 연결되는 점이 있다.

② 유오遊娛

화랑은 예하의 낭도들을 거느리고 산천을 발섭했다. 진흥왕대에 새로 개척한 넓어진 영역에 대한 확인과 더불어 산천과 교감하는 기회로 삼았다. 본디 제의 집단에서 출발한 화랑도는 산천 유오를 통해 국토 수호령을 발견하였다. 『삼국사기』 제사지에서 소사小祀에 속한 강원도 고성의 상악霜岳이나 설악雪岳도 이러한 경우로 추정된다. 고행 수행을 통해 화랑 자신이 개인의 수호령을 만났다고 한다면, 산천에 대한 발섭을 통해 국토 수호령을 발견하거나 교감하는 계기로 삼았던 것 같다.

화랑의 유오는 놀이와 연결된다. 이러한 놀이의 한 형태인 무용과 경기는 신에게의 봉납이었다. 또한 가락歌樂·시詩 봉납도 직접 신과 연결하는 신성한 행위였다. 그렇기에 고대인의 관능에 신비적인 조화를 초래하였다. 그리고 놀이는, 신과의 숭고한 융합에 의해 인간의 모든 문제를 해결하고자 하는 고대인의 공리주의관도 반영한 것이었다. 호이징하 Johan Huizinga가 언급했듯이 '놀이'는 미술과 기사도騎士道를 낳고 나아가 인간 문화 전반을 전개·발전시키는 원천이었다.

화랑의 유오지는 "산수에서 즐겁게 놀아 멀리 가보지 아니한 곳이 없었다"고 한 만큼 넓은 반경에 걸쳐 그 흔적을 남겼다. 왕제王弟인 무월랑無月郞이 낭도를 이끌고 산수간에서 놀았다는 전설은 화랑의 행적이 오랜 동안 회자되었음을 뜻한다. 허균許均은 "나는 바로 술랑述郞의 무리로구려 吾是述郞徒"라고 읊조린 후 "남곤南袞의 「백사정기白沙汀記」에 '아랑포阿郞浦는 곧 옛적에 화랑이 놀던 곳이다. 그래서 아랑포가 된 것이다'고 하였다"고 했다. 그리고 "아랑은 술랑을 말한다. 영랑의 무리였다. 지금 아랑포가 있는 즉 그들이 놀던 곳이다"고 했다. 아랑이라는 화랑 이름에서 황해도 옹진군에 속한 포구 이름의 유래를 밝히고 있다. 아랑의 존재는 "을사년에 아랑도인 부지가 다녀간다 乙巳年 阿郞徒夫知行"고 하여 울주 천전리 서석에서도 그 이름이 확인된다.

고려말 이곡李穀의 「동유기東遊記」에 보면 총석정의 사선봉·금란굴·삼일포의 석감과 사선정·영랑호·경포대·한송정·월송정 등지가 화랑 사선四仙의 유오지로 전해진다. 이들 지역은 금강산 내지는 해금강으로 불려지는 경승지를 중심으로 남쪽으로 이어지는 지대로서 예로부터 산수가 뛰어나 신선 취미의 시인 묵객이 감탄을 멈추지 못하던 곳이었다. 그리고 금강산이나 오대산도 화랑도의 유오지로서 유명했다. 그 밖에 화랑도의 유오지였던 울주 천전리 일대의 승경도 빼어나기 이를 데 없다. 시냇물이 U 자형字形을 이루며 암벽을 따라 흐르고 있으며, 인근에는 반구대盤龜臺라는 절경이 소재하였다.

　　화랑도는 집단 생활과 산천에서의 유오를 통해 공동체에 걸맞는 인성을 배양했다. 산천에서의 유오와 '먼곳이라도 이르지 않은 곳이 없었다 無遠不至'는 화랑도의 수행은, 1901년에 시작된 독일의 청소년 운동인 '철새 운동(반더포겔wander vogel)'을 연상시킨다. 모험정신과 자율성을 심어준 철새 운동은 먼 지역 사람이나 국토의 곳곳과 접촉하여 민요를 재발견하면서 자기 문화를 배우고 애국심을 배양했다. 그리고 게르만 민족의 뿌리를 강조하는 민족주의로 접근했다고 한다. 자기 나라 노래인 향가를 짓고, 유·불·도儒佛道를 아우른 고유 철학 선교仙敎를 삶의 기조로 삼았던 집단이 화랑도였다. 그렇기 때문에 화랑도와 철새 운동 간의 유사성은 일찍부터 지목되어왔다. 화랑도와 철새 운동에서의 산천 발섭은 청소년 운동의 근간이요, 출발점임을 알려준다. 따라서 화랑도의 산천 유오를 전쟁이 종식된 통일 이후의 현상으로 지목한 견해는 따르기 어렵다. 강원도 철원의 고석정이나 울진의 성류굴 등에는 진평왕 혹은 진흥왕이 다녀간 흔적이 남아 있다. 이는 '먼곳이라도 이르지 않은 곳이 없었다'는 화랑도의 원거리 유오와 동일한 맥락에서 해석이 가능하다. 화랑도를 제정한 진흥왕의 국토 순수도 이와 동일하였다.

③ 충신忠信과 맹서

화랑도는 횡적인 유대를 구축하였다. 화랑과 화랑 사이, 그리고 화랑과 낭도, 낭도와 낭도 사이를 횡적으로 연결시켜 주는 장치가 '신信'이었다. 세속오계世俗五戒에 보이는 신은 맹서로써 만인에게 공표되었다. 사다함과 무관 사이의 사우 관계도 공표되었다고 본다. 그렇기에 반드시 지킬 수밖에 없었을 것이다.

이처럼 '신'을 지키는 형식이 맹서였다. 화랑도가 성업했을 때나 세속오계의 경우, 그것을 지키겠다는 맹세가 있었을 것이다. 사영지四靈地와 같은 특정한 장소, 특히 신성처가 맹서처였을 것으로 보인다. 화랑도의 경우는 맹세 즉 서맹으로 맺어진 관계였다. 이는 김유신과 김춘추 간의 맹세 이행에서 잘 드러나고 있다. 백제 성왕을 처단하는 명분으로 신라의 천노賤奴인 고도苦都가 "우리나라의 법에는 맹세를 어기면違背所盟 비록 국왕이라도 응당 종의 손에 죽습니다"고 한 데서 '맹세를 어겼다'는 구절이 나온다. 이 기록의 사실 여부를 떠나 신라인들의 '맹서' 관념의 일단을 엿볼 수 있는 귀중한 구절이다.

화랑도는 종적으로는 '충'과 '효', 횡적으로는 '신'으로 짜여진 집단이었다. 이들이 귀중하게 여긴 사회윤리가 충과 신이었다. 이것을 공표하고 이행하기 위한 수단인 맹서 관련 신성공간의 존재를 상정할 수 있다. 맹세는 신라의 사회적 묵계로 자리잡았다. 맹서와 맹세를 병기해 보았다.

(5) 신라 최대의 내란과 친당자주세력의 집권

비담毗曇의 난은 신라 상대등의 요직에 있던 비담이 647년(선덕여왕 16)에 일으킨 반란이다. 즉 "여왕이 정치를 잘 하지 못한다"고 주장하며 선덕여왕을 축출하기 위한 목적의 내란이었다. 선덕여왕의 폐위를 목적으로 한 이 내란은 권력 중추부 내의 지배층이 분열하는 격렬한 정치 투쟁의 양상을 띠었다. 이 내란의 와중에 선덕여왕은 사망하고 진덕여왕이 즉위하는 대사건이 이어졌다. 그로부터 7년 후인 654년에 김춘추가 즉위했으니 태종 무열왕이 된다.

그런데 선덕여왕을 옹호하였고, 이후 권력을 장악한 김춘추와 그 후손들은 여왕 지지의 정당성을 내세울 필요가 있었다. 잘못된 선택이 아니었음을 알려야만 했다. 그러기 위해 여왕의 예지 능력으로써 국가 위기를 막은 일화를 비롯해, 통치 능력에 대한 홍보를 극대화하였다. '선덕여왕이 하늘의 기밀을 알았던 세 가지 일善德王知機三事'은 이러한 목적에서 만들어졌다.

상대등 비담은 난의 명분을 당 태종의 '여왕폐위안'에서 구하였다. 따라서 이 난은 고구려·백제와의 항쟁과 그 과정에 개입된 당의 동향을 직접 매개로 해 발발한 것이다. 비담의 난은 당시 신라가 처한 대외적 위기감이 내정內政으로 전화轉化하여, 내란으로 발현되었다. 결국 4년에 걸친 주도권 싸움에서 패배한 의존파를 대신해 난을 진압하고 정권을 장악한 것은, 김춘추·김유신의 자립파였다. 그런데 중요한 사실은 자립파가 승리자였다는 점 보다는, 전통적 권위의 위광을 지닌 정치적 수반으로서의 신라 왕, 쟁란의 시대를 군사로서 직접 지배하는 김유신, 그리고 국가 존망에 깊이 관련된 외교를 짊어진 김춘추의 3세력이 결합하여, 신라 독자의 권력집중 방식을 성립시켰다는 점이다. 그 결과 이후에 전개된 삼국통일의 시련을 극복할 수 있는 친당자립親唐自立의 장기적이고도 공고한 체제가 확립될 수 있었다. 실제 신라는 곡절 많고 복잡한 삼국통일 과정에서, 친당책을 추구하면서도 자립노선을 일관되게 견지하였다. 그 결과 신라는 백제·고구려 유민을 포섭해 백제 고토를 회복하고, 당군을 한반도에서 축출할 수 있었다. 도쿄대 교수였던 다케다 유키오武田幸男의 견해이다.

　　이렇듯 비담의 난은 고대 동아시아의 동란기를 배경으로, 또 복잡한 삼국통일 과정에서의 국제적인 정치 사건이었다. 친당자주파가 집권한 신라의 입장에서 볼 때 백제에 영향력을 미칠 수 있는 국가는 이제 왜밖에는 없었다. 신라 조정은, 앞서 고구려에 보낸 바 있던 김춘추를 647년에는 왜에 보냈다. 김춘추는 공작이나 앵무와 같은 진귀한 남방 조류鳥類를 싣고 왜정倭庭을 밟았다. 이러한 남방 조류 선물은 신라의 교역 범위와 국력을 과시하고자 한데 있었다. 신라의 5세기대 고분에서 출토된 토우土偶 중에는 타조와 개미핥기 그리고 무소 등 열대나 남방산이 보인다. 백제와 비등하거나 그 이상의 항해 능력과 교역권을 체감하게 하고자 했다. 그렇다고 김춘추는 왜가 당장 자국편을 들어줄 것으로 판단하지는 않았다. 다만 왜가 백제와 신라 사이의 분쟁에 개입하지 않기만해도 큰 성과로 여겼을 법하다. 목화자단기국木畫紫檀碁局 등을 보낸 의자왕에 대응하는 김춘추의 선물 외교는 일정한 성과를 거둔 셈이다. 『일본서기』에 보이는 김춘추에 대한 호의적인 평가도 신라 외교의 작은 성과였다. 의자왕역시 스리랑카 산産 자단목으로 만든 바둑판과 상아 바둑돌을 통해 광활한 세계에 뻗친 백제의 국력을 왜에 체감시키려고 했다.

(6) 신라와 백제의 접경지, 아막성과 가잠성

　　신라는 동진하는 백제와 소백산맥을 사이에 두고 동서로 대치하거나 격전을 치렀다. 이 과정에서 중요한 격전지가 아막성阿莫城이었다. 신라가 확보한 아막성은 지금의 남원시 아영면에 소재한 성리산성으로 비정되고 있다. 아막성과 주변의 지세는 동고서저東高西低인 관계로 서편에서 쳐들어오는 백제의 공격에 유리한 입지였다. 신라는 백제의 공격을 받은 직후 주변에 4개 성을 축조하였다. 백제의 공격으로부터 아막성의 방어력을 높이기 위한 방책이었다.

602년에 백제가 아막성을 공격한 것을 볼 때 신라의 아막성 구간 확보는 그 이전으로 소급된다. 신라는 562년에 대가야(가라)를 멸망시킨 이후 어느 시점에 남원 동부인 아막성 구간에 진출한 것이다. 그런데 신라는 557년에 지금의 김천 서부에 감문주를 설치한다. 추풍령로와 덕산재로 진출할 수 있는 전진 기지를 구축한 것이다. 565년에 신라는 대야주를 지금의 합천에 설치해 함양을 지나 운봉고원으로 진출할 수 있는 거점을 마련했다. 577년에 신라는 자국의 서변西邊 주현州縣을 침공한 백제군을 일선一善 즉 구미 북쪽에서 격파하였다. 이때 백제군은 추풍령로를 이용한 것으로 보인다. 그 직후인 578년에 신라는 지금의 익산 낭산면에 소재한 알야산성을 점령했다. 이로 볼 때 백제와 신라의 군사 활동 반경은 생각보다 훨씬 광활했고, 전선은 상당히 유동적이었던 것이다.

신라는 대야주를 설치한 565~578년 사이에 익산 알야산성까지 진출하는 기간에, 아막성 구간에 진입한 것으로 보인다. 신라의 소백산맥 서편 진출은, 영역 확장이라는 외적인 성과도 전제되었다. 이와 더불어 운봉고원과 장계분지의 제철산지 확보라는 경제적 욕구가 크게 고려되었던 것 같다. 신라로서는 곡성의 욕나철산 확보와 섬진강 하구 장악이라는 종국적인 목표가 있었다. 이와 관련해 신라는 아막성을 축조했거나 재활용한 것으로 보인다. 그러나 이 지점의 막대한 경제적 이득을 좌시할 수 없는 백제의 격렬한 공격을 받았다. 국력을 기울인 신라의 총력 대응을 읽을 수 있다.

이와 더불어 신라의 서부 전선과 관련한 가잠성假岑城은, 그 위치에 대한 논의가 많았다. 분명한 것은 가잠성은 익산에서 김천에 이르는 동선 상에 소재했다. 그리고 통일 후 보덕성 군대가 진을 친 곳은 본영인 익산 토성(보덕성)의 보위와 병참선을 고려해 볼 때 익산이나 완주 반경에서 벗 어나기는 어렵다. 보덕성 군대가 진을 친 북쪽 7리에 소재한 가잠성 위치 는, 이러한 점을 고려해서 비정해야 한다. 그리고 공격자가 남쪽에서 북 쪽으로 올라가는 동선이어야 기록과 부합한다. 신라가 578년에 익산 동 북 낭산면까지 진출한 전력이 있는 만큼, 백제 동부 전선 내지 깊숙한 곳 에 거점이 구축되었을 수 있다. 바로 이곳에 소재한 가잠성 쟁탈에 양국 이 사력을 다한 데는 이유가 있었다.

가잠성은 전라북도 진안을 지나 완주→익산으로 이어지는 북상 통 로상에 소재한 것으로 판단된다. 보덕성민 반란 진압차 신라 정부군이 익 산토성을 향해 북상하는 요로要路인 완주군 용진읍에 가잠성이 소재한 것 이다. 그렇다면 555년(진흥왕 16)에 신라가 비사벌에 설치한 완산주 주치州 治를 지금의 전주 일각으로 지목해도 부자연스럽지 않다.

5) 통일국가로의 길

(1) 통일의 밑그림자, 영역 획정

648년 당에 파견한 김춘추와 당 태종 간에는 백제와 고구려를 멸 망시킨 후의 영역을 약정했다. 이때 '평양 이남' 백제 영역을 신라에 귀속 시키기로 하였다. 반면 '평양 이북'과 요동 지역에 대한 지배권은 당이 갖 는다는 약정이 이루어졌다.

당은 고구려 영역 가운데 요동반도에 대한 지배로 마무리하고, 중 만주와 동만주 일대를 방치하였다. 그 배경은 당의 실지회복 영역관에 기인했다. 반면 신라와 당으로부터 방치된 일종의 무연고지인 동만주를 기반으로 발해가 흥기한 요인이었다. 요컨대 당의 고구려 침공은 고토회복전이었고, 신라로서는 삼한통합전이었다. 고구려 멸망은, 이념적으로는 중국인들의 실지회복이라는 누대 숙원과 황룡사 구층탑 조성에 응결된 신라인들의 삼한통합대망론의 결실이었다. 신라의 영역관은, 삼한 영역 내 고구려 고지를 지배하는 선까지였다. 최치원이나 『제왕운기』에서 고구려를 마한으로 인식했다. 신라가, 삼한 영역의 최북단을 대동강선까지 올려서 잡은 데서 비롯한 인식이었다.

신라의 9주 가운데 한주漢州·삭주朔州·명주溟州는 고구려 영역으로 인식하였다. 웅주·전주·무주는 본시 백제 영역이었다. 신라는 '삼한=삼국'의 판도版圖를 자국 영역 안에 배정하였다. 신라는 자국 영역의 3분의 2를 삼국 병합의 산물로 인식했다. 게다가 신라는 상징성이 지대한 백제와 고구려 수도를 접수해 왕들을 각각 생포해 항복을 받았다. 그리고 신라는 648년의 약정으로 북계를 대동강 선으로 확정하였다. 때문에 신라인들은 '불완전한 통일'이라는 개념을 가질 이유가 없었다.

쓰보이 구메죠坪井九馬三는 신라에 대해 "…드디어 한반도를 통일하고서 3백년 간 국사國祀를 유지한 것은 당의 외번外藩이 되어 그 부액扶腋을 받았기 때문이기도 하지만, 신라인들의 마음 속에 웅위한 바탕이 없었다면 이렇게까지 오랫 동안 이어질 수 없었을 것이다"고 단언했다. 신라인들의 삼국통일에 대한 고무적 평가였다.

(2) 통일의 결과

신라의 삼국 통일은 첫째, 수백년간 영일없이 이어진 공포스럽고도 광폭한 전쟁을 종식시켰다. 전쟁이 없는 평화로운 세상을 만듦에 따라

민심의 안정을 기반으로 사회와 문화가 균형 있게 진전하였다. 과도한 군사 문화체제에서 벗어날 수 있었기 때문이다. 사실 장기간에 걸친 전쟁은 막대한 인적·물적 소모를 초래했다. 반면 소모와 소비를 메우기 위한 제반 산업의 비약적인 발전이 뒤따랐다. 그리고 전쟁은 상실과 박탈을 초래했지만 기회의 장場이기도 했다. 군공에 따른 신분 상승과 더불어 지방민의 지위도 상승하였다.

둘째, 삼국민과 더불어 문화적 통합이 이루어졌다. 신라는 통일 이전부터 고구려와 백제의 문화를 꾸준히 수혈받고 있었다. 일례로 6~7세기의 신라 기와만 보더라도 고구려와 백제의 양식과 닿아 있다. 삼국민 융합의 상징은, 신라 왕도를 보위하는 9서당誓幢이었다. 9서당은 신라 외에 고구려와 백제 그리고 말갈인으로 구성되었다. 다른 곳도 아니고 신라의 심장부인 국도를 수비하는 정예군단의 출신이 삼국 주민을 아우르고 있었다. 이 자체만으로도 포용의 상징이 되고도 남는다.

셋째, 한국 역사상 최대 규모의 주민 확산 즉 디아스포라를 가져왔다. 이와 맞물려 삼국 문화 전파의 획기적 전기가 되었다. 가까이는 일본 문화를 다채롭게 발전시키는 역할을 했다.

넷째, 동아시아에서 새로운 정치질서의 재편을 가져왔다. 당에서는 무측천武則天의 주 제국周帝國 태동을, 신라에서는 비록 이행되지는 못했지만 달구벌 천도론이 시사하듯이 확대된 영역에 맞는 새로운 행정체계의 구축이 시도되었다. 그리고 동만주에서는 발해가 등장하였다. 일본 열도에서는 '일본'으로의 개호에 이어 672년에 발발한 진신壬申의 난亂과, 내전 수습을 통해 강력한 왕권이 구축되었다.

다섯째, 신라 문화는 고려와 조선을 거쳐 지금까지 이어져왔다. 일례로 신라에서 왕을 호칭한 '니사금'은 닛금으로 발음하였고, 조선 왕의 호칭으로 살아 있다. 지금도 '님금' 왕王으로 훈독한다. 그리고 마립간은 조선의 왕이나, 세자·왕비를 일컫는 언어 '말루하'로 이어졌다. 신라 상층 어휘와 단어가 고스란히 계승된 것이다. 흰옷을 숭상하는 전통도 신라 이래의 유풍이었다.

VIII

한국 역사상 대항해의 시대
-동남아시아
제국과의 교류

1.
백제

1) 해상 실크로드의 기점

우리나라 역사상 6~7세기 중엽은 '대항해의 시대'였다. 선사시대 이래로 한반도인들은 오키나와를 매개로 동남아시아 세계와 직·간접으로 교류하고 있었다. 이 중 백제는 굴곡이 많은 리아시스식 해안이 발달한 지형적 특질을 잘 활용했다. 이와 연동해 조선술과 항해술이 뒷받침되었다. 5세기 후반 경에 백제는 탐라 즉 제주도를 정치적으로 복속시킨 후 북규슈와 오키나와 및 남중국의 푸저우를 잇는 항로를 열었다. 그리고 백제는 탐라를 장악함에 따라, 그간 고구려가 장악하여 북위에 조공품으로 보냈던 가阿를 확보했다. 이 무렵 한반도의 서남해안 항로에 대한 지배권을 둘러싼 경쟁에서 백제가 고구려를 제쳤던 것이다.

고구려는 중국대륙이 3분된 상황에서 남중국의 오와 교류하면서 위를 견제했다. 그 일환으로 고구려는 선편으로 군마를 제공하였다. 고구려는 압록강 하구에 큰 배를 정박시켰다고 했을 정도로 거대 선박 건조와 더불어, 수륙 배합전에도 능했다. 탐라와 우산국, 그리고 일본열도에 남아 있는 고구려 흔적은 제해권 장악의 산물이었다.

고구려와 제해권 경쟁을 벌이던 백제는, 항로를 동남아시아 세계로 연장하였다. 6세기대에 접어들어 승려 겸익謙益이 중인도中印度 즉 중천축中天竺까지 항해하여 범봄梵本의 불경을 가져 왔다. 이러한 대항해는 구도求道의 열정만으로는 가능하지 않았다. 백제로부터 인도와 인도차이나반도에 이르는 거대한 바닷길이 열려 있고, 조선술이 뒷받침되었기에 가능했다. 왕족인 흑치상지의 조선祖先들이 지금의 필리핀인 흑치黑齒에 분봉될 수 있는 토대가 구축되었던 것이다. 그랬기에 흑치국이 소재한 필리핀에서는 우리나라 삼국시대 토기들이 출토되었다.

익산 미륵사지 서탑 사리공과 청동합에서 발견된 진주구슬의 존재는 동남아시아와의 직접 교류 가능성을 보여준다. 무령왕릉에서 출토된 황색의 유리 구슬을 인도-퍼시픽 유리라고 한다. 이 유리의 납 성분은 현지 조사 결과 태국 송토 납광산이 원산지로 밝혀졌다. 그리고 무령왕릉에서 출토된 소다 유리는 인도나 스마투라를 비롯한 동남아시아 지역에서 확인된다고 한다. 인도와 사산조 페르시아 등에서 발생한 독특한 식물 문양인 팔메트문이 무령왕릉 왕비 관식에서 발견됐다. 창원 현동에서 출토된 낙타 머리 모양 토기가 있다. 백제가 낙타를 왜에 선물한 기록이 2회나 있다. 의자왕이 왜의 권신에게 선물한 바둑판에도 쌍봉 낙타가 8필이나 그려져 있다. 이로 볼 때 창원 현동의 안라 세력도 낙타의 존재를 인지했을 가능성이 높다.

이러한 물증들은 결코 우연한 일이 아니라 당연한 결과였다. 다만 각자의 마음 속에 만리장성의 벽을 높게 축조하여 감히 넘을 수 없게 한 관계로 있는 목전의 자료마저도 사장死藏시켰다. 필자가 처음 소개해 이제는 널리 알려진 광시좡족자치구廣西壯族自治區 백제허百濟墟의 존재도 특기할만하다.

대항해는 교류처의 다변화를 가져왔다. 그간의 중국 중심의 조공적 성격을 띤 교류에서 교역으로 성격 변화가 뒤따랐다. 교류 목적이 정치 일변도에서 벗어나 경제적 성격으로 전환되거나 양자가 합치되었다. 이때는 지금의 '외교통상부'와 마찬 가지로 교류 자체가 외교와 통상이라는 양면성을 지녔다.

백제는 중국과의 교류를 통해 확보한 선진 물품 세례로써 왜를 정치적으로 자국 예하에 묶어두려고 하였다. 그런데 이러한 백제의 의도는 머지 않아 한계에 봉착했다. 백제는 이를 극복하려는 차원에서 교역 창구의 다변화를 추구한 결과, 남방산 진물珍物의 확보와 공급으로 이어졌다. 이로써 교역 주체인 백제 왕실은 우선 자국민에 대한 경제적 욕구를 해소할 수 있었다. 백제 왕실은 수요자인 귀족들에게 공급할 목적으로 인도산 탑등氍毹(양모로 만든 카펫)이나 인도-퍼시픽 유리, 상아와 같은 사치품을 비롯해 완상 동물인 앵무 등을 수입하였다. 그리고 백제 왕은 이들 물품을 귀족들에게 분여함으로써 왕권을 강화하거나 확대할 수 있었다.

백제 수도 사비성은 해상 실크로드의 기점이었다. 백제인들이 개척한 항로와 교역망은 백제 멸망 후 왜로 승계되었다.

2) 면종의 유입

백제는 물산이 유사하거나 이제는 식상한 중국·한반도·일본열도를 벗어나고자 했다. 대신 백제는 희소성과 경제적 가치를 함께 지닌 인도를 비롯한 동남아시아 제국과의 교류를 통해 독점적인 교역체계를 구축하였다. 이와 관련해 부여 능산리 절터에서 확인된 면직물의 유입로를 검토해 본다. 국립 부여박물관에서 절터 유물을 분석·정리하는 과정에서 목화를 원료로 만든 면직물이 나타났다. 면직물은 폭 2cm, 길이 12cm 크기로 1999년 능산리 절터 6차 발굴 때 대나무편 사이에 끼인 채 수습되었다. 국립 부여박물관은 이 면직물이 나온 유적층에서 함께 출토된 창왕명 사리감의 제작 연도가 567년이므로 면직물의 연대도 그때쯤일 것으로 밝혔다.

주지하듯이 면직물은 면사로 짠 직물의 총칭이다. 면사는 식물성 섬유의 하나로 아욱과에 속하는 목화속 식물의 종자를 덮어싼 백색 섬유질의 솜털에서 얻는다. 이 면직물은 꼬임을 아주 많이 써서 만든 위사緯絲를 사용한 직조 방식으로 드러났다. 이러한 솜씨는 우리나라 특유의 직조 기술로 알려졌다. 백제인들이 목화를 원료로 한 면직물을 착용한 것이다. 면직물이 수입품이 아니라는 사실이 밝혀졌다.

그러면 능산리 절터에서 출토된 면직물의 연원은 어떻게 설정할 수 있을까? 그간 막연히 추측했던 중국이나 중앙아시아와 결부 지을 수는 없다. 백제가 곤륜崑崙 등과의 교류를 통해 면종綿種을 입수했을 가능성이 크다. 중국 본토에서는 송대宋代 이후에야 면화가 인도에서 유입되었다. 일본열도에서는 800년에 와서야 곤륜을 통해 면종을 수입하였다. 백제는 그러한 면종을 확보한 곤륜이나 목면의 원산지인 인도와도 교류했다. 따라서 능산리 절터에서 확인된 면직물은 백제와 인도 간 교류를 뜻하는 증좌였다. 백제는 인도와의 교류를 통해 면종을 수입하는 데 성공했다. 백제의 의복 재료로 확인된 면직물은 그 현저한 성과였다. 인도나 곤륜과의 교류를 통해 확보한 면종은 백제 상류층의 직물로만 소용되었기에 확산에 한계가 있었던 것 같다. 복색服色에 대한 신분적 규제로 인해서였다.

더욱이 백제는 면종을 왜에는 전파하지 않았다. 마치 고려 말 문익점이 원에서 구한 목화씨를 붓두껍에 숨겨 왔다는 만들어진 이야기를 연상시킨다. 마찬 가지로 백제 역시 엄격하게 면종을 통제했다고 본다. 청淸에서 차종茶種을 훔쳐 온 영국인 로버트 포춘Robert Fortune의 사례에서 보듯이 면종이나 차종 모두 엄격한 금수품이었다.

백제는 선진 물품과 남방산 진물을 왜에 선물하였다. 그럼으로써 백제는 물산의 풍요로움과 더불어, 모든 세계와 통하는 중원 의식을 심어 줄 수 있었다. 그렇지만 전략적 가치가 크면서 일회성 소모품이 아닌 면종 등과 같은 작물은 금수시키는 등 엄격히 통제한 것으로 보인다.

3) 문화의 메신저가 아닌 창조자

백제가 인도 및 동남아시아 제국과 교류한 데는 범본 불경의 확보에서 알 수 있듯이 구도적 측면도 배제할 수 없었다. 즉 거국적 차원에서 겸익의 중인도 파견을 통한 교의敎義에 대한 욕구 충족이라는 교학적 측면도 분명 존재하였다. 이와 더불어 자단목이나 차종茶種·전단향栴檀香을 비롯한 향香·염료染料·불구佛具 등을 비롯한 불교 관련 물품의 수입도 절실했을 것이다.

결국 종교는 물론이고 문화적·정치적 성격과 경제적 의미까지 복합적으로 내재된 백제의 인도 및 동남아시아 제국과의 교류는, 조선술과 항해술을 비약적으로 발전시킨 동인이었다. 그리고 백제 문화의 국제성 확립에도 기여했다. 백제 독자 문화를 창안하는 원동력이 되었다. 이와 관련해 백제 영역인 지금의 부여와 익산, 그리고 일본열도 아스카 일원에서만 주로 발견되는 와적기단瓦積基壇을 상기해 본다. 기와를 이용해 기단

외장을 구축한 와적기단은, 중국과는 무관한, 백제인들이 창출하여 왜에 전래한 독특한 건축 양식이었다. 부여 능산리 절터에서 출토된 빼어난 금속공예품인 백제금동대향로 역시 동일한 맥락에서 평가할 수 있다. 백제 금동대향로는 전무후무한 수작이었기에 중국제로 지목하는 이들이 많았다. 물론 한대漢代 박산향로의 영향과 기원은 부인할 수 없지만, 백제금동 대향로와 같은 수작은 중국에도 없었다. 백제금동대향로 하단 연꽃 문양 가운데 수중의 악어가 기포를 뽀글거리는 모습은 퍽 사실적이다. 중국과 닮은 듯하지만 닮지 않았던 문화가 국제성을 지닌 백제 문화였다. 전적으로 광활한 세계 체험의 결실이었다.

2.
신라

1) 현대판 해양수산부의 설치

6~7세기는 한국 역사상 '대항해의 시대'였다. 신라의 경우 505년 (지증마립간 6)에 왕명으로 "또 주즙舟楫의 이로움을 권하였다"고 했다. 512년(지증마립간 13)에 신라는 우산국을 복속시켰고, 583년(진평왕 5)에는 선박을 관장하는 선부서船府署를 두었다. 신라 관등 가운데 파진찬波珍飡은 '파돌찬' 곧 '바다 칸'으로서 바다를 관장한 직책에서 유래했다. 신라 17 관등 가운데 제4관등인 파진찬은 일명 '해간海干'이라고도 하였다. 본래 바다와 관련 깊은 관직 이름에서 기인한 것으로 간주하면서 해군 사령관으로 지목하기도 했다. 678년(문무왕 18)에 신라는 선부령船府令을 두어 선부서船府署를 병부兵部에서 독립시켰다. 신라는 한국의 해양수산부보다 무려 1,300여 년 전에 바다를 관장하는 장관급 전담 부서를 설치했다.

신라는 우수한 조선술과 항해술을 배경으로 해외에 진출했던 것 같다. 신라 고분에서 출토된 물소·구세계원숭이·개미핥기와 타조를 비롯한 남방과 열대 지역 동물 형상을 묘사한 토우의 존재는, 이 무렵에 이루어진 대항해의 산물이었다.

최근 신라 토우 가운데는 서역인 토우의 존재가 확인되었다. 즉 5~6세기에 만들어진 머리에 터번을 두르고 지중해 동부 사람들이 주로 입던 '카프탄kaftan'으로 보이는 옷을 입고 있었다. 그리고 몸에는 발목 위까지 내려오는 장옷을 입었다. 월성 유적 발굴조사단은 이들 토우는 중앙 아시아 소그디아나를 근거지로 한 현재 이란계 주민인 '소그드인' 복식과 유사하다고 했다. 그리고 약용·식용 혹은 등잔용 기름 등으로 이용됐던 아주까리(피마자) 씨앗은 아프리카나 인도에서 건너와 실크로드를 거쳐 신라로 유입했다고 한다. 그러나 이 보다는 바다를 통해 유입되었을 가능성이 높다. 따라서 "이처럼 5~6세기 신라에서는 다양한 국제 교류의 흔적이 발견되고 있습니다"는 평가가 부여되었다. 이에 따라 아프라시압 궁전 벽화에 보이는 고구려 사신도를 상상의 산물로 치부했던 주장은 공감을 잃었다. 게다가 로만 글라스와 더불어 보석과 유리로 화려하게 장식된 계림로 황금 보검의 유입로를 읽을 수 있는 전기가 되었다.

2) 신라의 일본열도 침공 기록

신숙주(1417~1475)가 저술한 『해동제국기』에는 "(민달 천황) 6년 신축에 경당鏡當으로 연호를 고치고 3년만인 계묘에 신라군이 서쪽 변방으로 쳐 들어 왔다"는 기록을 남겼다. 경당으로 연호를 고친 신축년은 581년이다. 그러므로 계묘년인 583년에 신라군이 일본열도 서변인 북규슈 일대를 침공한 게 된다.

신경준(1712~1781)의 『여암고旅菴藁』에는 "일본 응신 천황 22년에 신라 군사가 아카시노 우라明石浦에 들어 가니 오사카大阪와의 거리가 백 리였으므로 일본이 화친하고 군사를 풀어달라고 애걸해 백마를 잡아서 맹세하였다. 호원胡元이 크게 군대를 일으켰으나 겨우 이키시마一岐島에 이르러 마침내 크게 패했다. 그러니 역대로 깊이 쳐들어가 왜인에게 이긴 나라는 오직 신라 뿐이었다"고 했다. 이 기록은 일본을 왕래했던 조선 통신사들의 기행문에서도 자주 소개된 바 있다. 1636년에 통신부사로 일본을 다녀온 바 있는 김세렴의 『해사록海槎錄』에도 "일본은 극동에 멀리 떨어져 있고 사면이 큰 바다로 둘려 있어 외국의 군사가 들어 갈 수가 없다. 단지 그 『연대기年代記』를 보면 왜황 응신 22년에 신라 군사가 아카시노 우라에 들어 왔다고 되어 있다. 아카시노 우라는 오사카에서 겨우 1백 리 떨어졌다. 아카마카세키赤間關(지금의 시모노세키)의 동쪽에 한 구릉이 있다. 왜인이 이것을 가리켜 '이것이 백마분인데, 신라 군사가 일본에 깊이 쳐들어오니 일본이 화친하고 군사를 풀어주기를 청하여 백마를 죽여서 맹세한 뒤에 말을 이곳에 묻었다고 한다'고 하였다. 상고하건대 응신 12년 신해가 바로 유례왕 8년에 해당되는데, 이 해와는 조금 차이가 있지만 대개 같은 때의 사건이다. 그러나 동사東史에 보이지 않는 것은 글이 빠진 것이다"고 했다.

특히 맹세할 때 잡았던 백마를 묻었다는 '백마분白馬墳'이 남아 있다는 '고고학적 물증'을 제시하는 등 구체적인 견문 기록을 남긴 경우가 많았다. 여기서 응신 천황 22년은 수정된 기년에 따르면 342년(흘해왕 33)이다. 그런데 이와 관련된 기록은 여타 문헌에서 보이지 않는다. 다만 344년(흘해왕 35)에 왜국이 사신을 파견해 신라에 혼인을 요청했으나 거절당했다. 345년에 신라는 왜국 왕에게 글을 보내 국교를 단절하였다. 346년에는 왜병이 신라 수도인 금성을 포위하기까지 했다. 이러한 저간의 상황에서 전격적인 신라의 일본열도 진공進攻이 단행된 것일까.

　　신라의 일본열도 진공 기록을 담고 있는『연대기』는, 1617년에 일본에 다녀온 이경직李景稷이 일본 비서각秘閣本에서 보았다는『일본연대기』를 가리킨다.『일본연대기』의 존재는, 일본 에도시대江戸時代 국학자인 마쓰시다 미바야시松下見林(1637~1703)가 사국史局에 근무했을 때 금서禁書였던 이 책을 열람해 보았다고 한다.『이칭일본전異稱日本傳』에 수록된 내용이다.

3) 광활한 교역 반경

　　신라는 광활한 교역 반경을 확보하고 있었다. 신라와 동남아시아 지역과의 교류가 확인되었다. 598년(진평왕 20)에 신라는 공작 1쌍을 왜에 선물로 보낸 바 있다. 647년(진덕여왕 1)에 김춘추는 공작과 앵무 각 1쌍을 데리고 왜를 방문했다. 그리고 당의 고위 지방관이 지금의 오키나와로 추정되는 유규국流虯國까지 표류했을 때였다. 이곳 사람들이 앞 다투어 음식을 가져와서 철정釘鐵과 바꾸기를 원했다. 그러자 동승했던 신라객新羅客들은 그곳 사람들의 말을 반쯤은 통역했다고 한다. 신라 이래 통일신라인들의 동남아시아 지역과 교류 사실이 다시금 포착되었다.

　　정원貞元 연간(785~805)에 신라가 당에 공작을 바치자 덕종德宗이 변란邊鸞으로 하여금 그리게 하였다. 중국인들이 궁중에서라도 공작을 접하는 일이 있었다면 신라가 조공하지 않았을 것이다. 세계국가의 수장인 당제唐帝도 유명화가를 동원해 공작을 그리게 하지는 않았을 게 분명하다. 신라의 조공품인 공작은 중국에서 수입하지 않았음을 반증한다. 신라 독자 교역의 산물임이 명백해졌다.

신라가 문두루 비법을 통해 한반도에 상륙하려는 당군을 격파한 것도 해군력의 강성으로 해석하고 있다. 신라가 당과의 기벌포 해전에서 22회 연승한 비결도 제해권 장악으로 해석한다. 신라의 적극적인 바다 이용에 대해서는 우리나라 군사학 연구의 비조인 이종학의 혜안에 따랐다.

일본에서는 통일신라 선박을 '시라키 후네新羅船'라고 하여 성능 좋은 선박의 대명사로 일컬었다. 이러한 신라 선박의 전통은 계승·발전된 듯하다. 후삼국기 궁예의 부하였던 왕건은 나주 정벌을 위해 전함 1백 여 척을 더 건조하였다. 이 가운데 큰 전함 십여 척은 사방이 각각 16보步였다. 갑판 위에는 다락을 세웠는데 말을 달릴 수 있을 만큼 넓었다. 왕건의 선단에는 사방을 조망할 수 있는 망루와 말들이 달릴 수 있을 만큼 넓은 갑판을 가진 대형 전함을 갖추고 있었다. 이 배는 길이가 31m에 이르는 거대한 규모인데다 갑판 위에 상장上粧을 꾸민 장대한 누선이었다. 1492년 콜럼버스가 3척의 범선을 이끌고 대서양을 횡단할 때 타고간 기함旗艦 산타마리아호의 길이가 27.4m에 폭이 약 6.1m였던 점과 비교된다. 더구나 산타마리아호는 당시 "배가 너무 크기에 조금 더 작아야한다"는 말을 들었다. 이와 견주어 왕건 전함의 규모는 신라 이래의 빼어난 조선술을 헤아리게 한다.

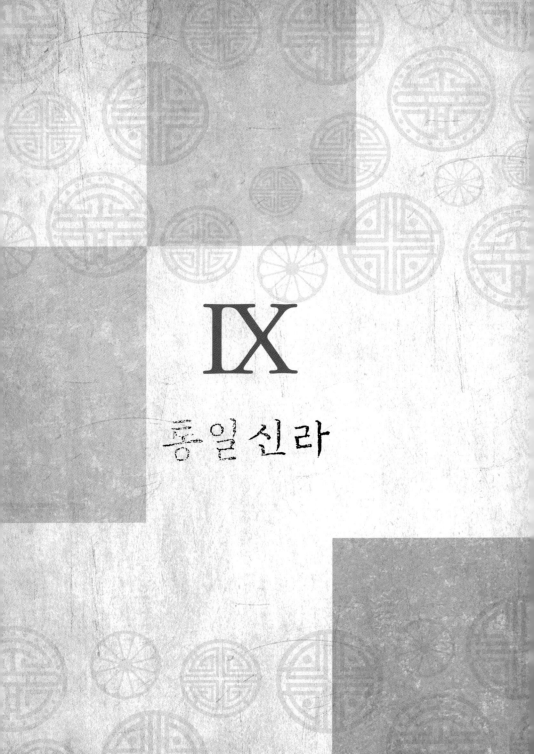

IX

통일 신라

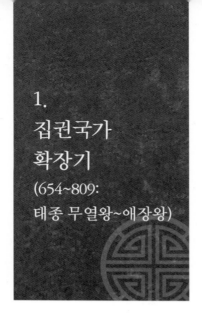

1.
집권국가 확장기
(654~809: 태종 무열왕~애장왕)

1) 시대구분으로서의 '중대中代'

'상대(기원전 57~654)'와 '중대(654~780)', 그리고 '하대(780~935)'는 천년 신라사에 대한 『삼국사기』의 시대구분이다. 중대의 시작은 통일의 서두를 연 태종 무열왕대부터로 설정했다. 중대와 연계된 '통일신라' 용어는 현재 일반적으로 통용되고 있지만, 신라인 스스로 "삼한을 합쳐서 1가家를 이루었다"고 했으므로, 그것을 존중하여 표기한다. 신라인들의 인식 속에서는 더 이상 백제와 고구려는 존재하지 않았다. 신라인들은 '통일'을, 악몽 같았던 백제와 고구려의 위협에서 영원히 해방된, 일대 역사적 전환점으로 삼고자 했다. 또 그렇게 믿어왔다. 물론 일본은 백제를 존치시킨다는 차원에서 자국으로 망명해 온 의자왕의 후손들에게 구다라 코니키시百濟王氏 성姓을 내려주었다. 당의 경우도 건안고성을 거점으로 요동에서 재건시켜 준 백제를 '내신지번內臣之番'으로 간주하였다. 당은 또 고구려 보장왕을 수반으로 한 유민들의 정권을 요동에 세워주었다. 신라인들이 주장하는 삼한 즉 삼국을 합쳐서 한 집안을 만들었다는 인식과는 달리, 일본과 당은 명목상이지만 백제와 고구려를 부활시켜 주었다. 물론 외번外蕃이 아닌 내번內番(藩) 형식이었다. 그 저의에는 신라인들의 통일 의식을 희석시키고, 견제하기 위한 데 두었다. 신라의 '통합'을 인정하지 않으려는 데 있었다.

태종 무열왕과 문무왕 2대에 걸친 16년 간 통일전쟁(660~676년)은 처절하기 이를 데 없었고, 곡절도 많았다. 이 기간에 신라는 백제·왜·탐라·고구려·당 총 5개 국과 격돌해 최종 승자가 되었다. 천문학적 전비가 소요되는 전쟁 기간임에도 불구하고, 665년에 문무왕은 오히려 면포 1필의 길이를 80척에서 42척으로 줄여 수취의 부담을 줄여주었다. 그리고 백성을 수고롭게 하지 않으려고 자신의 시신은 화장해 산골散骨하게 했다. 문무왕은 유조遺詔에서 "중앙과 지방민들에게 균등하게 벼슬에 통하게 했다"고 자부하였다. 지방민들이 받았던 외위外位를 경위京位로 통합해 지위가 상승했음을 뜻한다.

신라의 2국 병합과 당군 축출을 계기로 외침을 받지 않는 유례없는 평화의 시대가 열렸다. 전쟁의 종식은 수백년 간 신라 사회를 내리눌렀던 공포와 긴장감을 일거에 날려버렸다. 그와 맞물려 전시체제 국가는 사실상 종언을 고하였다. 이는 한국사상 일종의 계엄시대, 계엄체제의 종식을 뜻했다. 지방장관은 군정관에서 민정관으로 그 성격이 바뀌었다. 그리고 왕권은 제도적으로 안정 기조를 확보하였다. 왕권의 초월적이고도 종교적인 이미지는 유교 이념을 바탕으로 한 실용적인 군왕의 면모로 바뀌었다. 682년(신문왕 2)에 국학國學이 설치되었고, 686년(신문왕 6)에 당에 사신을 보내『예기禮記』와 문장文章에 관한 책을 요청했다. 719년(성덕왕 16)에는 당으로부터 공자와 10철十哲 72제자弟子의 도상圖像을 가져왔다.

신라가 제도적인 유교국가로 출발했음을 뜻한다. 그리고 상대上代 사회의 유이민 파동이나 이탈과 같은 인구 변동이 사라진 대신 인구 안정이 이루어졌다. 이 것과 맞물려 영토의 가변성에서 정형성을 얻게 되었다. 당으로부터 공인받은 대동강에서 원산만에 이르는 영역이 확정된 것이다. 아울러 사회경제적으로 엄청난 변화를 초래한 그 비중의 막중함으로 인해 '중대'의 서막은 시대 구분의 기준점이 가능하다.

2) '전쟁피로'와 김흠돌의 난

중대 초기 김흠돌 난의 배경에 관해서는 여러 견해가 제기되었지만 불투명하기 이를 데 없다. 비록 김흠돌의 딸이 아들을 낳지 못했다고 하자. 그렇더라도 딸이 비妃로 있는 상황에서 김흠돌이 반란을 일으켰다는 것은 석연찮은 동시에 미심쩍은 구석마저 있다. 이와 관련해 신문왕의 즉위가 오랜 기간에 걸친 통일 사업을 마무리한 문무왕의 사망과 연계되어 있다는 사실을 상기하지 않을 수 없다. 문무왕의 유조를 통해 통일 직후의 불안 내지는 위기 의식이 포착된다는 것이다. 신문왕 즉위 직후에 단행된 상대등 교체와 김흠돌 세력의 제거는 그러한 선상에서 생각해 볼 수 있지 않을까 싶다. 반란을 빌미로 한 신문왕의 숙청 행위는 "그 지엽枝葉을 탐색하여 죄다 주멸하고 3~4일 동안에 죄수가 탕진함은"라고 했을 정도로 무자비할 정도의 잔혹한 면을 보였다. 따라서 그 진압은 자연 과잉 반응을 떠 올리게 된다. 통일전쟁 과정에서의 뒷처리가 마무리되고, 바야흐로 평화시대로 접어드는 상황인 만큼 더욱 그러한 느낌이 든다. 이러한 현상의 원인으로는 일종의 '전쟁 피로증'을 연상하지 않을 수 없다. '전쟁 피로Combat fatigue'는 일반적으로 전쟁 중에 받은 스트레스로 인해 일어나는 신경증적 장애나 불안한 감정과 관련이 있다고 한다. 그러므로 어떤 자극에 대해 과민 반응을 보여 무의식적으로 몸을 움찔거리거나 펄쩍 뛰는 것과 같은 과잉 방어 행동을 나타내며 쉽게 자극받아 폭력을 사용하기도 한다는 것이다.

신문왕의 김흠돌 세력 제거는 이른바 전제왕권의 구축이라는 전제 하에서 단행되었다기 보다는, 장기간에 걸친 통일전쟁으로 인한 사회적 피로감의 표출로 간주할 수 있는 측면이 없지 않다. 통일전쟁에 참여했던 신문왕을 비롯한 김흠돌과 같은 진골 세력이 공유하고 있었을 사회적 전쟁피로 현상의 폭발이었을 가능성이 높다. 왜냐하면 양자 간의 충돌에는 왕권의 정책 방향이 새롭게 설정된다거나 그에 저항해서 모반을 획책했다기에는 계기성이 너무 부족했기 때문이다. 문무왕의 사망과 장례, 그리고 신문왕의 즉위라는 것은 이미 지적되고 있듯이 1개월 안팎이라는 매우 짧은 기간에 모두 이루어졌다. 그런 만큼 양자 간의 성격을 파악하고 이해가 부닥치기에는 심히 짧은 기간이었다. 게다가 군관은 김흠돌 세력의 모반에 관여하지도 않았다. 그러므로 군관을 면직시킨 신문왕이나 그에 연동한 김흠돌 세력의 반응은 "어떤 자극에 대해 과민 반응을 보여 무의식적으로 몸을 움찔거리거나 펄쩍 뛰는 것과 같은 과잉 방어 행동을 나타내며 쉽게 자극받아 폭력을 사용하기도 한다"라는 전쟁피로 증세와 딱 들어맞을 수 있다.

이로써 중대 왕권이 어느 정도 안정되는 계기가 되었다고 말해지고 있지만, 구조적으로는 왕권을 뒷받침하지 못했다는 한계를 반증한다. 그런 관계로 중대 정권 기간 내에서는 상대 때와 마찬 가지로 여전히 모반 사건이 발생하였다. 또 이미 지적되고 있듯이 왕권은 귀족 세력과 타협하는 모습을 보이기도 했다.

상대의 정복전쟁이 첨예화하는 4세기대 중반 이후부터 왕권이 강화되어 나갔다. 그것이 한 층 가열한 양상을 띤 6세기대부터는 불안정한 정국 속에서 오히려 왕권의 안정과 강화가 촉진되었다. 왕권의 존립은 물론이고 국가 자체의 생존 여부와 직결될 뿐 아니라 승리라는 공동의 목표를 지향한 전쟁을 끊임없이 치르면서 지배세력 간에는 자연스럽게 운명공동체 의식이 공유되었기 때문이다. 군사령관으로서의 위상을 확보하고 있던 국왕이었다. 그러므로 전쟁의 승패는 왕권과 직결되어 있었다.

그런데 수백년 간 지속된 이러한 동란을 매듭짓고 통일을 달성함으로써 중대 왕실은 최대의 유공자이자 수혜자가 되었다. 자연 권위가 붙게 되는 중대 왕권은 강화될 수밖에 없었다. 그런데다가 전리품인 넓어진 토지와 노비의 분급은 진골 귀족들에게 일련의 크나 큰 성취감을 맛보게 하였다. 또 이것이 지배체제의 안정을 가져 온 직접적인 요인이 되었다. 중대 왕권 안정의 근본적인 기조는 이에 근거한 바였다. 그러나 지배층의 증가로 인해 경제적 효험이 소진된 8세기 중엽 이후에는 진골귀족 간의 갈등이 촉발되었고, 하대의 개막과 더불어 왕위계승전으로 표출되었다.

3) 번영과 국제성

이 기간 동안 신라는 석굴암이나 불국사 창건 등에서 볼 수 있듯이 괄목할만한 조형미술의 발전을 가져왔다. 다음은 신라와 경주의 위상을 알려주는 구절이다.

당인唐人의 전설에 의하면 어떤 당상唐商은 신라로부터 벽전건辟塵巾 벽전침辟塵針을 얻었는데 건巾은 치마馳馬의 꼬리에 달면 그 주위

에 황전黃塵을 벽제辟除할 수 있고, 침針은 보통 수건手巾에 꽂아 마
미馬尾에 달면 또한 전애塵埃를 피할 수 있다고 한다. 이 황당한 진
보전설珍寶傳說은 신라의 상공품이 당에서 높이 평가되었던 것과
신라와의 교역이 거대한 이익을 재래齎來한다는 것과, 당상의 신
라 왕래를 의미하는 것이다. 육로와 황해를 통하여 나·당 간의 사
람과 물화物貨와 문화의 교류가 이다지 빈번하였으므로 신라의 수
도 경주가 소장안화小長安化하고 신라의 귀족·소시민사회가 소당
화小唐化하였을 것을 추측할 수 있으니, 과연 경주는 6부部 55리里
1360방坊(一作 360坊) 17만 8936호 약 8·9십만 인구의 대도시로 되
었다. 약 130호(혹은 약 500호)로써 1방坊을 형성하고, 25방(혹은 6방)
허許로써 1리里를 이루었던 모양이다. 이것은 9세기 말의 상태이
므로 통일 이전처럼 군사도시로서 인구가 집중된 것은 아닐 터이
요 상공도시로서 발달된 것이다. 전아세아문화의 집산지인 장안
長安이 겨우 30만호이어늘 경주는 이에 육박하여 아세아 제일류의
도시를 이루었다. 국제적 상공무역의 은성殷盛을 제외하고 우리는
이러한 도시발달을 상상할 수 없다. 장안이 황금열병黃金熱病의 도
시면 경주도 또한 그러하였다.

경주는 지배귀족계급과 그들의 문객門客·사병私兵·승려·상공소
시민·상공부호商工富豪·직공職工·기술자·노동자·기예인·유녀遊女
등으로 충만하였을 것이다. 그들의 생활은 극히 호화 사치 타락하
였을 것이나, 기록은 이것을 구체적으로 전하지 않는다. 오직 삼
국사기와 삼국유사의 전하는 바를 보면 경주는 39의 금입댁金入宅
(大富豪)이 있어 김유신가도 그 하나이었으며, 말년에 가까운 9세기
말에는 성중城中에 일동一棟의 초옥草屋도 없이 와가瓦家가 연접하

였고 시민은 요리에 신목薪木으로 불을 때지 않고 목탄을 사용하였고, 연락宴樂 유흥의 가취성歌吹聲이 주야로 그치지 아니하였다한다. 화려한 궁전과 광대한 불찰이며 부호의 대저택이 처처에 수다히 임립林立하였다. 이것이 경주의 외모外貌이었다(孫晉泰, 『朝鮮民族史槪論(上)』乙酉文化社, 1948, 195~196쪽).

비록 9세기 말까지의 경주의 상황을 반영하고 있지만 8세기대부터 이러한 모양을 갖추어갔을 것이다. 당의 수도 장안과 견줄 정도의 위상을 갖추었던 동아시아 대도시 경주의 면면이었다. 그럼에도 위의 문장은 어느 문헌에서도 소개하지 않았기에 인용해 보았다. 통일신라의 문화적 성격에 대해서는 다음의 글도 주목을 요한다.

신라는 참된 의미에서 국제적인 국가였다. 많은 지식인과 상인들이 중국을 중심으로 한 동아시아 세계에서 활약했다. 최치원과 같이 중국의 과거에 합격하여 국제적으로 활약한 지식인들이 많았다. 또 불승들도 중국에서 활약한 사람들이 많았다. 또 원효와 같이 신라 바깥으로 나오지는 않았지만 그 저작은 중국과 일본으로 건너가 높은 평가를 받은 불승도 있었다. 상인들은 한반도에서 나와 중국에 거점을 가지고 활약했다. '국제적인 것'의 의미를 이 시대의 일본과 신라와의 차이점에서 고찰하는 것도 가능할 것이다. 일본은 신라와 비교하면 압도적으로 비국제적이었다. 물론 '나라奈良는 실크로드의 종착점'이라고 하는 인식은 옳고, 중국과 한반도와의 교류도 왕성했다. 하지만 신라와 같이 중국과의 거리적·심리적인 근접성은, 일본에는 부족했다. 고구려와 백제가 멸망하는 과정 및 그 후에 당과의 사이에서 정치적인 긴장과 대립이 있었지만, 결국은 문명적 세계관에서 신라는 중국화되었다. 이에 반해 일본은 결국 국풍화國風化라는 방향으로 걸었다. 이 차이는 훗날 일본과 한반도의 행보를 생각하는데 있어서 중요하다(小倉紀藏, 『朝鮮思想全史』筑摩書房, 2017, 72~73쪽).

통일신라의 국제성과 약동하는 에너지를 읽을 수 있는 글귀이다. 통일신라 주민들은 한반도라는 공간에서 벗어나 중국을 중심으로 한 동아시아 세계 전역에서 맹활약하였다. 그랬기에 장보고와 같은 거상巨商도 배출되었고, 신라 왕정王庭에 진상된 동남아시아 산 공작이 당 황실까지 보내질 수 있었다. 흔히 말하는 신라의 불완전한 통일로 인해 공간적 강역은 좁아졌다고 하지만, 활동 무대는 삼국시대보다 훨씬 광활하였다. 이슬람 상인이 찾아오는 국제국가 신라는, 전쟁이 사라진 자유로운 사회 분위기 속에서 태동한 것이다. 전쟁과 갈등이라는 수백년 간에 걸친 막대한 소모전의 청산을 통해 얻은 값비싼 성취물이었다.

물론 오쿠라 기조는 신라의 중국화를 짚고 넘어갔다. 그러한 면을 전면 부인할 수는 없다. 그렇지만 당악唐樂에 대비되는 향악鄕樂과 향가鄕歌의 존재, 향가를 집성한 『삼대목』 편찬 등을 통해 자국의 정체성을 견지하려는 신라인들의 노력을 읽을 수 있다. 이러한 노력은 고려 태조의 「훈요십조」에서도 확인된다. 즉 "우리 동방은 옛적부터 당풍唐風을 사모해 문물과 예악은 모두 그곳에서 만든 것을 좇고 있으나, 이역異域이라 풍토가 다르고, 인성도 각기 다르므로 반드시 진실로 같지 않아도 된다(4조)"고 했다. 그리고 팔관八關의 준수를 당부하였다(6조). 뜻 있는 소수 신라인들과 마찬 가지로 태조 역시 중국화로 인한 정체성의 상실을 우려했다.

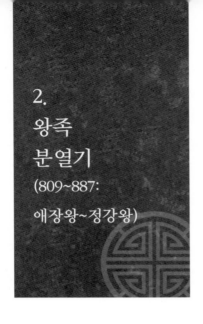

2.
왕족
분열기
(809~887:
애장왕~정강왕)

　　국가권력이 쇠퇴해 간 반면 지방의 호족세력이 꾸준히 성장한 시기였다. 780년에 무열왕 계통의 마지막 군주였던 혜공왕을 타도한 진골 귀족 세력들의 자립성이 높아졌다. 그런데다가 설상가상으로 809년에 애장왕의 피살 이후 근친왕족들 사이에서 왕위계승 쟁탈전이 벌어져 국가권력은 현저히 약화되었다. 골육상쟁으로 인해 지방 군벌인 장보고가 틈새를 비집고 중앙 정치 무대에 영향력을 행사할 수 있었다. 이와 연동해 골품제적인 정치·사회 질서가 무너져내렸다.

　　중앙 권력의 분열상은, 당정幢停과 같은 군사체제의 전면적인 붕괴를 가져왔다. 신라는 국토의 변경 요지에 군진軍鎭을 설치했었다. 패강진(평산? 평양?)·혈구진(강화도)·당성진(화성)·청해진(완도) 등이 대표적이다. 이익李瀷은 백제와 고구려의 교전장인 패수를 평산부의 저탄猪灘으로 지목했다. 이러한 맥락에서 패강진 소재지를 평산 동남쪽 저탄으로 지목하였다. 이괄의 난 때도 저탄에서 전투가 치러졌을 정도로 전략적 요지였다. 그러나 927년에 후백제 진훤 왕이 왕건에게 보낸 격문檄文에서 "나의 기약하는 바는 평양 문루에 활을 걸어두고, 패강에 말의 목을 축이는 데 있다"고 호언했다. 신라 말에도 대동강을 패강이라고 했기에, 패강진이 대동강유역에 설치되었을 가능성은 상존한다. 그리고 혈구진이 설치된 강화도의 옥림리에서는 신라토기 폐기장이 확인되었다. 이를 신라 군사 방어 시설과 연관 지어 해석하고 있다.

그런데 신라를 지탱해주던 군진들이 호족의 수중에 떨어졌다. 이로 인해 중앙정부의 통제력은 더욱 약화되었기에 수취체계의 붕괴를 유발했다. 당시 농민들은 지방의 호족과 중앙정부에 이중으로 부담하는 조세와 역역力役 징발로 인해 유민流民이 되거나 귀족들의 사병이나 노비로 전락하고 있었다. 따라서 신라 중앙정부는 통치력의 한계에 직면하였다.

국가 권력의 쇠퇴에 결정적인 역할을 한 것이, 822년(헌덕왕 14) 웅천주 도독 김헌창이 자신의 아버지 김주원이 왕이 되지 못한 것을 이유로 일으킨 반란이었다. 국호를 장안長安, 연호를 경운慶雲이라 하였다. 김헌창은 무진주·완산주·청주·사벌주 등 4주의 도독과 국원경·서원경·금관경의 3소경 사신仕臣과 여러 군현의 수령들을 장악한 상황이었다. 신라 조정은 김헌창의 반란을 힘겹게 진압했다. 이 사건은 신라의 해체를 알리는 전주곡이었다.

이 시기와 관련해 신라 말 성주사 「낭혜화상비문」을 주목해 본다. 즉 "할아버지 주천은 등급이 진골이었고 벼슬은 한찬이었다. 고조와 증조부는 모두 출장입상하였기에 집집마다 이를 알고 있었다. 아버지 범청은 진골에서 강등되었는데, (골품 가운데) 1등을 득난이라고 한다[나라에 5품이 있는데, 성이·진골을 이르기를 득난이라고 이른다. 얻기 어려운 귀한 성을 말한다. 문부에서는 '혹 쉬운 것을 구했는데 어려운 것을 얻었다'고 했다. 6두품을 말하여, 숫자가 많은 것을 귀하게 여기는 것은, 1명命에서 9명에 이르는 것과 같다. 그 4두품과 5두품은 말할 것도 없다] 大父周川品眞

「낭혜화상비문」
관련 구절 탁본

낭혜화상비
관련 구절

骨位韓粲 高曾出入皆將相 戶知之 父範淸族降眞骨 一等曰得難[國有五品 日聖而眞骨 曰得難 言貴姓之難得 文賦云或求易而得難 從言六頭品 數多爲貴 猶一命至九 其四五品不足言]"는 구절이다.

비문에 보이는 낭혜화상 무염의 아버지인 범청의 신분 강등을, 김헌창 난과의 연루로 추정하여왔다. 그런데 주목해야할 사안이 있다. 지금까지는 비문에 등장하는 6두품을 득난으로 해석해 왔다. 그러나 무염의 조부가 진골이었던 가문의 내력에 비추어, 그 1등급에 대한 설명이 '득난'이었다고 보아야 문맥에 맞다. 기존의 해석은 '아버지 범청이 진골에서 1등 족강하였는데, 이것을 득난이라고 한다'였다. 그러나 이러한 득난 해석은 문맥에 맞지 않다. 득난은 6두품보다 상위인 '골骨'을 가리켜야 '얻기 어려운 성姓'에 부합한다. 따라서 기존 해석을 취할 수는 없다.

그리고 '숫자가 많은 것을 귀하게 여기는 것은'라는 구절은, 『주례周禮』에서 숫자가 클수록 존귀한 사례와 6두품 위상을 견주어 설명한 것이다. 참고로 비문에서 득난의 '득'은, '난득'과 함께 모두 3회 등장하는데 '得'이 아니라 '淂'이었다.

그 밖에 간과할 수 없는 구절이 '聖而'라는 글자이다. 그런데 '而' 밑에 필획이 보였는데, '骨'의 윗 부분 '日'에 가까운 획이었다. 아마도 '而' 자는 '聖骨'의 '骨' 자를 잘못 기재하였기에 슬쩍 표기하다 만 것으로 보였다. 지금까지 많은 이들이 이 글자에 매달렸지만 엉뚱한 해석만 한 것이다. 따라서 '聖而眞骨'은, '성이·진골'이 아니라 '성골·진골'로 해석해야 문의文意에 맞다.

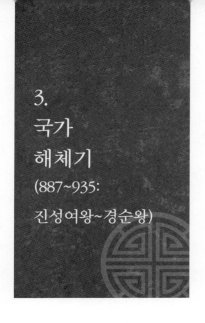

3.
국가
해체기
(887~935:
진성여왕~경순왕)

진성여왕이 즉위한 지 3년째 되던 889년에 농민봉기가 일어나 곧바로 전국적으로 파급되었다. 즉 "나라 안의 여러 주군州郡에서 공부貢賦를 나르지 않으니 부고府庫가 비어버리고 나라의 쓰임이 궁핍해졌다. 왕이 사자를 보내 독촉했지만 이로 말미암아 곳곳에서 도적이 벌떼같이 일어났다"고 하였다. 조세 독촉을 계기로 신라는 전국적인 내란 상태에 빠졌다. 우리나라 역사상 공식적으로 확인된 최초의 조세 저항이었다. 이 사건은 888년 5월에 가뭄이 든 일과 무관하지 않다. 가뭄으로 인해 흉년이 들자 이듬 해인 889년에 조부租賦가 걷히기 어려웠다. 게다가 현지 호족들의 수탈이 사태를 악화시켰다.

농민봉기를 기폭제로 한 내전은 참혹했다. 이전부터 내려왔던 유민들과 그들의 도적화로 인한 병란과 흉년이 가세한 전국적인 상황이었다. 정부군은 농민 봉기를 수습하지 못했다.

신라 정부의 무능을 포착한 군웅들이 각지에 할거하였다. 이러한 조짐을 읽을 수 있는 편린이 산성들이다. 가령 신라가 백제 영역을 접수한 후 기존 백제 성들을 재활용하였다. 그러나 백제 때와는 달리 비중이 현저히 작아진 산성들이 많았다. 사비도성을 구성했던 왕궁 배후성인 부소산성도 백제 때 성城 내부에 다시금 축성했다. 관리할 수 있는 만큼 성의 규모를 줄였다. 그런데 부여 가림성의 경우 기존 동쪽 성벽에 붙여 또 한 곳의 성을 새로 축조한 사실이 드러났다. 그리고 성 안에 집수지集水池까지 조성되었다. 광양의 마로산성을 비롯해 갑자기 집수지가 조성된 산성들이 늘어났다. 9세기 말~10세기 초, 동란의 시기를 맞아 단순한 통치 거점에 불과했던 기존 산성들의 활용도가 급격히 높아졌기 때문이다. 산성에 입보入保하는 인원이 급증하자 성벽을 덧데어 확충하거나, 집수정을 조성하여 늘어난 인원이 거주할 수 있는 환경을 만들었다. 신라가 접수하여 통치 거점으로만 활용하던 산성들이 갑자기 활기를 찾게 되었다. 이름하여 성주와 장군을 칭하는 시대가 열렸던 것이다.

신라 정부가 난국을 수습하지 못하고 있는 가운데 야심가들이 등장해 '후삼국시대'가 열렸다. 이 기간 동안 신라는 명패만 움켜쥔 채 힘겹게 버티다가 국가를 넘겨주었다.

X

발해

진국震國 → 발해 → 해동성국

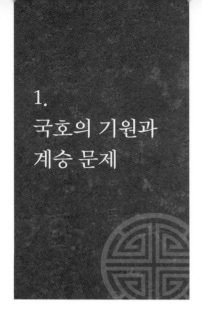

1.
국호의 기원과
계승 문제

발해 건국자들은 자국의 국호를 당초 진국震國으로 정했다. 이후 대조영은 건국 과정에서 충돌했던 당과의 관계 개선을 서둘렀다. 당으로서도 동만주에서 건국한 이들의 실체를 인정해 줄 수밖에 없었다. 질서 유지에 유리하였기 때문이다.

당은 발해 왕 대조영大祚榮을, 자국 영역인 산둥반도 부근의 발해군에 대한 통치를 위임한 듯한 '발해군왕渤海郡王'에 책봉했다. 발해와 발해군과의 연고권을 인정해주는 듯한 인상을 준다. 발해 사신들이 해로를 이용해 당에 오게 하려는 목적으로 기항처에 대한 영유권을 위임하는 형식일 수 있다. 그럼으로써 발해가 외번外藩이 아닌 내번內藩인 듯한 인상을 조성하려는 의도로 비친다. 당으로서는 발해에 대한 직접적인 영향력을 행사하려는 저의가 담긴 국호로 보인다.

발해는 고구려의 후신이었다. 그렇지만 당이 멸망시킨 고구려의 국호를 상기시켜 적대적이고 부정적인 이미지를 심어줄 이유가 없었다. 당 중심의 질서에 순응해야할 상황이었다. 국익에 도움이 되어서였다. 이러한 연유로 발해는 공식적인 국호로 자리잡았다.

　　발해는 자국의 정체성을 당초에는 부여에서 찾았다. 발해의 제2대 대무예왕이 일본에 보낸 최초의 국서에 보면 "고려의 옛터를 수복하고, 부여의 유속을 가지고 있다 復高麗之舊居 有扶餘之遺俗"고 했다. 여기서 '유속 遺俗'의 용례는 이익의『성호사설』에서 "윷놀이를 고려의 유속으로 본다(柶 戲 條)"고 한 '유속'이 상기된다. 유풍遺風의 의미로 유속을 사용한 것이다. 고구려 영역을 회복한 발해가, 유풍의 정체성을 부여에서 찾았다. 게다가 "부여 고지扶餘故地에 부여부扶餘府를 두고, 항상 경병勁兵을 주둔시켜 거란 을 막았다(『신당서』권199, 북적전 발해 조)"고 했듯이 5경京 15부府의 한 곳으로 부여부를 설치했다. 반면 발해는 고구려 고지에 고구려를 상기시키는 행 정지명을 부여한 바 없다.

　　발해는 가장 이른 시점인 제2대 대무예왕대인 727년에, 대외적으로 부여의 유풍을 선언했다. 이러한 선언은 일본 뿐 아니라 중국에도 일 정하게 영향을 미쳤다. 그랬기에 송대宋代인 1047년에 편찬된『무경총요』에서 "발해는 부여의 별종이다"고 단언한 것으로 보인다. 그렇지 않고서 는『무경총요』기사는 느닷없는 것이 된다. 따라서 대조영의 국적을 '고려 별종'이라고 적은『구당서』는, 비록『무경총요』보다 100년 전에 출간되었 지만, 오히려 '부여 별종'→'고려 별종'→'속말 말갈'로 인식이 바뀐 것으로 보인다. 이러한 사실을 종합해 볼 때 발해는 처음 부여 계승을 표방하다 가 일본을 우군으로 두어야 하는 외교 현안으로 인해 고구려 계승을 자처 한 것으로 생각된다. 발해의 부여 계승과 관련해 성호 이익은 "세상에 전 해지는『규염객전』끝머리에서 이르기를, '부여국은 해구海寇가 거처한 바 가 되었으니'라고 했다. 진실로 이러한 일이 있었으면 걸걸중상이라는 이 가 그 사람이다. 중상이 요동으로 건너온 것이 어느 때인지는 알 수 없으나 그 아들 조영이 개원 원년에 나라를 세웠으니 중상은 마땅히 당唐 초의 사람임을 알 수 있다. '바닷가에서 부여로 이름을 삼은 것은 오직 이것 뿐이고, 그 땅은 실제 중상이 들어가 거처한 곳의 안에 있으니' 그 설이 두 가지가 서로 부합되는 것이 이상하다(『星湖先生僿說』 권21, 經史門 渤海)"고 한 구절이 유의된다. 발해와 부여를 등치시켰기 때문이다.

발해는 당과의 관계에서 중국 한漢과 돈독한 유대를 맺었던 부여를 상기했다. 당과 충돌한 후 멸망한 고구려를 굳이 거론하거나 그 후신임을 자처할 필요가 없었다. 이러한 발해의 주된 교류 상대국은 일본이었다. 일본인들에게 부여는 생경한 국가였다. 그러자 발해는 자국의 정체성을 고구려에서 찾는 게 현실적으로 위상을 높일 수 있는 기제로 판단했다. 강대한 고구려의 후신임을 자처함으로써 일본과의 교류에서 국가적 위신을 높이고자 하였다. 고구려의 국력은 원元의 쿠빌라이는 물론이고 후대 명明에서도 높은 평가를 받았다. 국호는 발해였지만 일본과의 교류에서는 고구려의 후신을 천명한 관계로, 국호 '고려'나 '고려 왕' 등이 등장했다.

반면 발해는 당과의 교류에서는 국호를 '발해'로 하였다. 당을 자극할 수 있는 고구려를 거론할 이유가 없었다. 게다가 발해는 당이 부여한 국호였기 때문이다. 입지와 환경에 따라 발해는 국호를 이중으로 구사했다.

2.
'남북국시대론'
검증

유득공이 제의한 이래 '남북국시대'는, 현재 통일신라와 발해가 공존한 시대를 가리키는 역사 용어로 정착했다. 그러나 이 건은 단순하게, 아니 감상적으로 단정할 수 있는 성질은 아니다. 우선 신라와 발해가 서로를 통합 대상으로 여겼는지를 확인해야만 한다. 이 경우는 신라인들이 삼국통일을 인정하지 않았을 때 발해를 통합 대상으로 여길 수 있다. 그러나 신라인들은 '삼한을 합하여 한 집을 만들었다'는 '일통삼한' 의식을 지니고 있었다. 현재 한국인들이 생각하는 불완전한 통일이 아니었다. 신라인들은 삼국 통합의 완성을 확고하게 믿었다.

그럼에도 신라가 발해를 '북국'으로 일컬었기에 남·북국이 공존했다는 관념이 제기되었다. 이 경우는 다음 사안에 대한 해명이 필요하다. 고려에서는 자국 북방에 위치한 여진족 국가인 금金을 '북조'로 호칭했었다. 여기서 '북조'는 위치를 놓고 일컫는 단순 상대 호칭에 불과하였다. 낙랑 왕 최리가 고구려를 일컬을 때도 '북국'이라고 했다. 역시 방향을 가리키는 호칭이었다. 중국의 북주北周가 북제北齊에 보낸 국서에서 "지난해 북군北軍이 그대의 국경에 깊이 들어가 … 북방을 막을 뿐 아니라 남방도 공략한다고 들었습니다"라는 구절에 보이는 북군은 돌궐군을 가리킨다. 북방은 돌궐, 남방은 북주를 지칭했다. 그리고 후금後金이 명明을 '남조'로 일컬은 바 있다. 후금은 외형상 자국을 명과 동급으로 간주했지만, 우월하다는 의식에서 '남조'로 얕잡아 일컬은 것이다. 호칭에 동질성은 전제되지 않았다.

단순히 방위상 호칭에 불과한 발해 '북국'을 과대 평가한 것은 아닌지 자성이 필요하다. 사실 신라인들은 고구려를 병합했다는 확신을 지녔다. 그렇게 간주해도 하등 이상할 게 없는 것은, 수도를 점령해 고구려 왕의 항복과 지배층의 신병을 확보했고, 신라 영역에서 고구려를 재건해 주었기 때문이다. 통일신라 9주 가운데 신라 본토였던 3개 주를 제외한 나머지 6개 주는 고구려와 백제 영역에 각각 설정했다. 신라는 정확히 나머지 2개 국을 합해서 삼국을 하나로 만들었다고 믿었다.

신라인들이 발해는 고구려의 후신이요 또 삼국통일이 불완전한 영토상의 확장에 불과하다고 느꼈다면, 통합 의지를 키울 수 있었을 것이다. 그러나 신라는 고구려를 병합했다는 확신을 지녔다. 그랬기에 신라가 발해를 통합 대상으로 설정하기는 어려웠다. 실제 신라는 당의 요청 단 1건을 제외하고는 발해를 침공한 적이 없었다. 신라가 서북에 축조한 패강장성과 동북의 탄항관문은 경계선 기능이었을 뿐이다. 그리고 발해나 신라는 상대에 대한 통합을 시도한 바도 없었다. '남북국시대론'은 상대를 통합 대상으로 여기지 않았기에 성립되지 않는다. 양자 간에 응당 통합 의지도 없었다.

'남북국시대론'은 본시 하나였던 정치체가 분열되었지만, 결국 통합을 위한 과도기로 인식한데서 등장한 용어였다. 그러나 고구려와 신라는 본시 하나인 적이 없었다. 그리고 신라와 발해가 하나로 통합되지도 않았다. 제3자인 고려에 의한 신라 통합과, 거란에 멸망한 발해 유민의 흡수였다. 그 어느 하나도 '남북국시대' 용어에 부합하지 않았다.

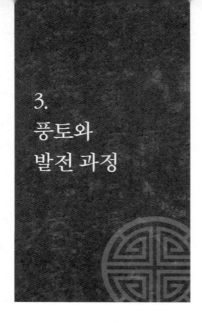

3.
풍토와
발전 과정

1) 독자성과 당의 요소

발해 영역은 중위도에 위치해 한온습윤·반습윤을 모두 갖춘 계절풍이 불어오는 몬순 기후 지역이었다. 그런 관계로 겨울은 춥고 길며 여름은 따뜻하고 습하며 봄·가을은 메마르고 짧았다. 일본측 문헌에도 "토지는 매우 차가워서 수전水田에 마땅하지 않다"고 기술되었다. 삼림은 무성하여 침엽수림과 활엽수의 혼합림이 울울창창하고, 또 사철쑥[菌] 등이 무성한 초전草甸이나 초원과 소택이 광범위하게 분포하였다.

이러한 자연환경에서 성립한 발해는 독자 연호와 '황상皇上'을 칭한 황제국이었다. 발해 왕의 배우자는 '황후'로 일컬었다. 『요사』의 "12세 대이진에 이르러 참람되게 황제를 칭하여 연호를 바꾸고, (천자의) 궁궐을 흉내내어 만들었다. … 요동의 강성한 나라가 되었다. 十有二世至彝震 僭號改元 擬建宮闕 … 爲遼東盛國(권38, 東京遼陽府)"는 구절 역시 뒷받침한다. 발해가 당의 궁궐을 모방해 황제 행세를 했다는 것이다. 가령 발해 상경성 구조가 당의 장안성과 부합한다는 사실은, 이렇듯 익히 알려졌었다. 이러한 발해 지배층의 문화에는 고구려 요소가 남아 있었다.

발해의 중앙관제인 3성省 6부제部制는 당의 영향을 받았다. 그리고 발해는 지방을 5경京·15부府·62주州와 그 아래 100여 개 현縣으로 운영했다. 5경은 상경(헤이룽장성 닝안시 渤海鎭)·중경(和龍 西古城)·동경(琿春 八連城)·서경(臨江)·남경(北靑)이었다. 발해는 4차례에 걸쳐 천도를 하였으니, 구국舊國(698년)→중경(732년 전후)→상경(756년 무렵)→동경(785년 무렵)→상경(794년) 순이었다. 상경성 이전의 도읍 기간은 모두 짧았다. 대내외적인 상황을 종합해 천도 배경을 찾는 게 필요하지만 기록이 너무 영성하다.

그리고 강성했을 때 발해 영역은, 현재의 지린성 대부분, 헤이룽장성 대부분과 랴오닝성 일부분, 러시아의 연해주 일대와 함경남·북도와 평안북도 일대를 포괄하였다. 실로 넓고 넓은 해동성국海東盛國을 이루었다. 발해의 동북쪽 경계를 우수리강과 아무르강 일대로 비정하기도 하지만 좀 더 많은 논의가 필요하다.

그런데 말갈 7부部 가운데 가장 북쪽에 소재하였으며, 쑹화강과 헤이룽강의 합류 지점과 헤이룽강 하류의 광대한 지역에 분포하고 있던 흑수말갈黑水靺鞨이 당唐의 관리를 요청하고 교류를 원했다. 당은 그곳에 흑수도독부를 두어 돌궐 세력을 꺾고 대무예의 북진정책을 저지하고자 하였다. 이 상황은 726년에 흑수말갈이 몰래 발해 땅을 지나 당에 조공한 데서 비롯했다.

당의 비호와 거짓말을 알아 챈 대무예는 732년에 장문휴張文休로 하여금 떵조우登州를 공격하게 했다. 이 때 장문휴는 해적을 거느리고 등주자사登州刺史 위준韋俊을 공격했다고 한다. 최치원의 「상태사시중장上太師侍中狀」에 따르면 "자사 위준을 살해했다"고 하였다.

733년에 당 현종은, 대무예의 아우 대문예를 앞세워 발해 군대를 공격하게 했다. 이에 대무예가 몸소 군대를 이끌고 지금의 산하이관 부근인 마도산馬都山(허베이성 친황다오시 칭룽만족자치현과 청더시 콴청만족자치현에 있는 도산)으로 진격하여 성읍城邑을 도륙했다고 한다. 발해군이 무자비하게 파괴했음을 뜻하는 문자이다. 이때 당군은 참호를 파고 큰돌로 요로를 막아 방어한 길이가 무려 400리였다. 참호의 깊이는 3장丈이나 되었다. 그러자 발해 군대가 진격을 멈추었다. 흑수말갈과 실위가 5천 명의 군대를 보내 지원했기에 겨우 발해 군대의 공격을 막았다. 동시에 당은 신라로 하여금 발해의 남쪽을 치도록 했으나 신라 군대는 폭설을 만나 싸워보지도 못하고 퇴각했다.

10대 발해 왕인 대인수大仁秀(818~830)는 중흥의 군주였다. 당은 이 사도와 이동첩 등의 난으로 정신이 없을 때인 819년에 이 난을 평정하기 위해 신라 군사마저 징발하였다. 이때를 틈타 발해의 대인수는 영토를 확장해 훈춘의 북동쪽에 소재한 홍카이호鴻凱湖의 여러 부락을 토벌했다. 또 요동으로의 진출을 시도해 상징적 존재였던 '내번 백제'와 속고구려국續高句麗國을 병합하였다. 그랬기에 『요사遼史』에서 "동경東京은 옛 발해 땅이었다"고 했다. 지금의 랴오닝성 랴오양을 가리키는 동경 요양부遼陽府가 발해 영역이었다. 발해는 819·820년 경에는 남으로도 진출해 대영토를 이루었다.

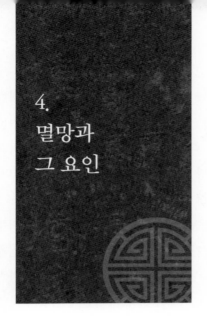

4.
멸망과
그 요인

　　발해 멸망 원인은 정확히 기록되어 있지 않다. 중국 대륙으로의 본격 진출에 앞서 후방 안정을 위해 거란이 발해를 공격했다는 추정이 제기되었다. 이러한 외침 사유와 발해 내적 요인으로 내분설이 제기되었다. 920년에 발해인들의 일본 망명이 발생했다. 발해가 멸망한 926년 1월 이전에 고려로 망명한 사건이 925년 9월~12월 사이에 3회나 있었다. 거란이 발해를 공격하여 승리한 사실을 기재한 야율우지耶律羽之의 상표에 따르면 "선제先帝(태조)께서 그(발해: 필자) 이심離心으로 인하여, 틈을 타서 움직였기에 싸우지도 않고 이길 수 있었다"고 했다. 여기서 '이심'은 문자 그대로 민심이 떠나간 것을 말한다. 발해가 사회모순으로 붕괴되는 모습을 상정하게 해준다.

　　거란 태조는 20여 년을 힘써 싸웠던 동경 요양부를 점령했다. 그리고 발해 정예군이 배치되었던 부여부扶餘府도 포위한 지 3일만에 함락시켰다. 926년 1월에 거란군은 부여부를 함락시킨 지 6일만에 상경성을 포위하고, 발해 왕 대인선大諲譔의 항복을 받았다.

발해의 내분은 이보다 100여 년 전인 4대 왕 대원의大元義가 즉위한 793년부터 9대 왕 간왕簡王 대명충大明忠이 사망한 818년까지 이어진 적도 있었다. 그러나 10대 왕인 대인수가 즉위함으로써 중흥되어 영토를 확장시켰다. 따라서 내분만으로 발해 멸망 요인을 온전히 설명하기는 어렵다. 내분과 외침이 상승 결합해 발해 사회가 일거에 붕괴된 것은 분명하다.

발해 영역에는 거란이 세운 동단국東丹國이 자리잡았다. 이에 저항해 발해 주민들은 여러 방면에서 국가회복운동을 전개했지만 모두 실패했다. 발해 주민들 가운데 고려로 망명한 집단은 그 존재를 지금도 환기시켜주고 있다. 문제는 발해 멸망으로 고려는, 거란·여진과 직접 맞닥뜨리게 되었다. 고려는 강대한 2개 국가의 위협에 직면하였다. 고려는 발해가 사라짐으로써 이후 역사의 격랑에 부대끼게 되었다. 발해가 그간 점했던 위상을 새삼 깨닫게 한다.

XI

후삼국

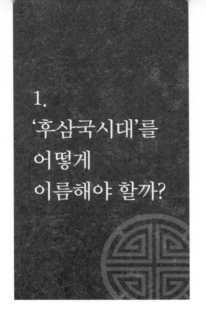

1.
'후삼국시대'를 어떻게 이름해야 할까?

'후삼국시대'라는 용어는 교과서에 등장할 정도이니 익숙해져 있다. 앞의 삼국시대가 200여 년 후에 고스란히 재현되었으니 후삼국시대로의 호칭은 자연스럽다. 그렇지만 이러한 용어는 이해는 쉽지만 어디까지나 현상적인 데 불과하다. 시대 속성을 가리키는 용어로서는 적합하지 않다. 차라리 현재 남한과 북한이 대치한 시대를 훗날 '남북국시대'로 설정하더라도 전혀 억지스럽지 만은 않을 것이다.

후삼국 이전의 '전삼국前三國'은 간단없이 수백년 간에 걸쳐 상대를 통합하기 위한 전쟁을 지속적으로 벌였다. 그런데 반해 신라와 발해는 서로를 통합의 대상으로 여기지도 않았다. 신라는 당의 요청으로 발해를 공격한 적은 있었다. 그렇지만 양국이 자국의 의지로 충돌한 적은 없었다. 물론 신라는 서북에 장성을 축조하거나 동북에 관문을 설치한 적은 있었다. 826년(흥덕왕 1) 300리에 걸친 패강장성과 경덕왕대의 탄항관문 축조였다. 그렇지만 이는 발해의 위협보다는 경계선으로서의 성격이 강했다. 통합에 대한 의지 대신 상호불가침 형태로 각자도생의 병존 희구를 읽을 수 있다. 그럼에도 통합 의지가 없었던 양국을 대등하게 놓고 '남북국시대'를 설정한 것은 '만들어진 인식'에 불과했다.

　　　군이 남북국시대를 설정한다면 신라와 발해가 아니라 후백제와 고려 사이에는 가능할 수 있다. 양국은 동일한 하나의 국가 영역에서 성립해 상대를 통합의 대상으로 간주했기 때문이다. 고려 왕건은 후백제 진훤 왕에게 보낸 국서에서 "이것은 곧 내가 남인들에게 큰 덕을 베푼 것이었다 此即我有大德於南人也"고 했듯이 후백제인들을 '남인'으로 호칭했다. 진훤 왕은 "군대는 북군보다 갑절이나 되면서도 오히려 이기지 못하니 兵倍於北軍尚爾不利"라고 하여, 고려군을 '북군'으로 일컬었다. 진훤 왕은 그러면서 "어찌 북왕에게 귀순해서 목숨을 보전해야 되지 않겠는가 盖歸順於北王保首領矣"고 하면서 고려 왕을 '북왕'이라고 했다. 발해가 신라를 '남국'으로 일컬었는지는 확인되지 않았다. 그렇지만 후백제와 고려는 서로를 '남인'·'북군'·'북왕'으로 불러 '남북국'의 대치를 상정할 수 있다. 후백제와 고려의 대치 기간을 남북국시대로 설정해도 지나치지 않는다. 물론 신라의 존재를 제시하겠지만 진훤과 왕건이 주고받은 국서에서 공히 신라와 주周를 등가치로 거론했다. 진훤은 "저의 뜻은 왕실을 높이는데 돈독하고 僕義篤尊王"라고 하여 '존왕' 곧 신라의 신하임을 자처했다. 왕건은 "의리를 지켜 주를 높임에 있어 仗義尊周"라고 했듯이 신라를 주실周室에 견주었다. 이는 익히 두루 알려진 사실이다. 중국 춘추시대의 주실은, 상징성만 있었듯이 당시 신라도 이와 동일했다. 형식상 주실이 엄존했지만 춘추시대로 일컫고 있다. 중국의 삼국시대도 엄연히 한실漢室이 존재했지만 위·촉·오 삼국의 역사로 간주하였다. 따라서 우리나라의 경우도 주처럼 상징성만 지닌 신라를 제끼고 후백제와 고려가 대치한 남북국시대로 설정해도 하등 부자연스럽지 않다. 물론 신라를 과다하게 축소시킨 점은 있겠지만 본질을 적출한 것이다.

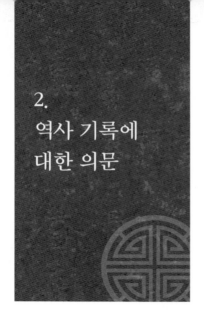

2.
역사 기록에
대한 의문

정권의 정당성과 지속성의 근거를 밝혀주는 기제가 역사歷史일 수 있다. 그런 관계로 이와 충돌하는 사안에 대해서는 왜곡이나 변형이 자행되었다. 영화 대본처럼 잘 짜여진 각본에 불과하다는 평가까지 받았던 후삼국사였다. 후삼국사를 담고 있는『삼국사기』나『고려사』를 분석한 결과 왜곡과 은폐가 다수 확인되었다. 게다가 패자인 궁예나 진훤의 경우는 내력이 온전하게 보존되지 못했다. 그러니 현재 전해지는 후삼국사는 어디까지나 반쪽 역사에 불과하였다. 이 사실을 염두에 두면서 나머지 반쪽의 역사를 복원하기 위한 여러 가능성을 열어 두어야 한다.

사서에서 갖은 기행과 악행의 소유자로 알려진 궁예의 축출 배경도 재검토가 가능하다. 궁예는 처음 제정했던 국호 '고려高麗'를 버렸다. 이는 고구려 계승주의에 대한 포기였다. 그랬기에 이에 반발한 고구려계 호족들에 의해 축출되었다. 궁예 축출 직후 부활된 '고려' 국호가 반증이 된다.

진훤의 후백제는 시종 고려를 압도했다. 그는 능력 있는 아들에게

대권을 물려주려 했지만, 포스트 진훤을 노린 야심가들에 의해 좌절되고 말았다. 그렇지만 진훤은 자신의 모든 것을 버리고 왕건에게 귀부함으로써 대통합이 가능해졌다. 무엇이 진정한 용기인지를 생각하게 한다. 허스트 3세G.Cameroon Hurst III의 "운명의 뒤틀림이 없었다면, 10세기의 한국은 진훤에 의해 통일되었을 것이다"는 말이 여운을 길게 남긴다.

　그러나 사서에는 후백제의 패배에 맞춰서 멸망할 수밖에 없는 부정적인 방향으로 몰고가는 경향을 보였다. 진훤의 경우는 '그럴 줄 알았다'는 식의 후견편파hindsight bias인 결과론적인 평가를 받았다. 그가 최종 승자였다면 내밀지도 못했을 멸망 원인들이 많다. 이 뿐만이 아니라 후백제와 진훤에 대해 미리 내려놓은 결론에 위배된 사실은 은폐조차 했다. 가령 932년에 후백제 수군이 예성강을 거슬러 올라가 개경 왕궁을 포위해 왕건을 위태로운 지경에 빠뜨렸다. 개경 왕궁의 발어참성勃禦塹城을 가리키는 발성勃城 전투였다. 그러나 이러한 사실은 보이지 않게 했다. 왕건으로서는 공산公山 패전에 이은 생애 두 번째 직면한 절체절명의 위기였다. 이렇듯 사안의 막중함에도 불구하고 본기本紀나 세가世家도 아니고 왕건 부하 장군의 충성심을 현양하는 열전列傳 속에 겨우 비치고 있다. 이는 예기치 않게 실로 우연히 내민 진실이었다.

　사서에는 궁예의 영토 확장에 기여한 이는 오직 왕건 한 사람밖에 없는 양 기술되어 있다. 그러나 모반 사건 때야 등장한 환선길이나 이흔암 같은 인물들은, 왕건과 어깨를 나란히 한 비등한 신분이었다. 이들도 큰 공적을 세웠기에 그 위치에 오른 것은 분명하지만, 기록에는 일체 확인되지 않았다. 역사의 '포토샵' 처리를 읽을 수 있다.

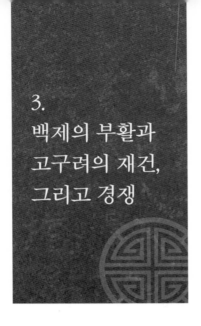

3.
백제의 부활과
고구려의 재건,
그리고 경쟁

1) 후삼국시대와 남북국시대

후삼국기는 몇 시기로 나누어진다. 첫째, 국가체제 정비기(889~900)
이다. 진훤은 순천만에서 거병하여 892년 무진주에서 백제를 재건하고,
900년에 전주로 천도하였다. 둘째, 옛 삼국의 영역 회복기(900~918)이다.
명실상부한 백제 고지故地에 대한 완전 장악을 시도했다. 그 결과 궁예에
의한 고구려 재건과 맞물려 예전의 삼국이 복원되었다. 셋째, 후삼국의
공존·정립기(918~925)이다. 왕건의 고려 건국과 더불어 맹약盟約을 통한
삼국의 공존기였다. 이 기간 동안 후백제와 고려는 충돌을 피해 제3지대
인 가야 고지에서 격돌하다가 신라 지역에서 대치했다. 넷째, 통일전쟁기
(925~936)이다. 후백제는 신라로부터 선양禪讓을 받기위한 전제로서 고려
와 대격돌하였다. 후백제군은 고려 왕도인 개경까지 급습할 정도로 맹위
를 떨쳤다.

후삼국시대로 일컬어지는 기간은, 논자에 따라 차이가 있지만 889

년~936년까지, 햇수로 48년 간을 설정할 수 있다. 후백제인들이 순천만에서 진훤이 거병한 889년을 개국 원년으로 삼은 데 따른 것이다. 거의 반세기에 가까운 기간이 후삼국시대라는 동란기였다. 이 기간에는 대동강 이남 신라 전역은 전장화 되었다. 북군과 남군, 아니 남군과 북군 간의 대결이었고, 상대 왕을 '북왕'으로 호칭했다. 기록에는 남아 있지 않지만 후백제 왕은 '남왕'이었을 것이다. 이 사실은 서로가 통합해야 할 대상으로 간주했음을 알려준다. 양자 간에 동질성이 전제되었음을 뜻한다. 200여 년 전의 삼국 통일 이후 동질성의 구축을 알려주는 증좌였다.

2) 경쟁적인 유민 결집

신라가 걷잡을 수 없는 나락으로 떨어진 시점은, 농민 봉기와 군사 반란이 동시 다발적으로 터진 889년부터였다. 상주 지역 농민 봉기와는 달리 승평항(순천만)을 거점으로 한 진훤의 거병은, 잘 준비된 상황에서 발생했다. 국제항이기도 한 승평항은 변경이자 입출의 관문이었다. 그는 요동 치는 당 제국의 정세를 꿰뚫고 있었고, 또 그러하였기에 변혁의 흐름을 탈 수 있었다. 변혁의 시험대 위에서 새로운 시대가 열린 것이다.

900년 전주에 입성한 진훤은 유민들을 결집시킬 목적에서 의자왕의 숙분을 씻겠다는 복수 선언을 했다. 이때 진훤은 삼국 중에서 백제가 가장 먼저 건국했고, 600여 년에 이르른 영광스러웠던 과거를 상기시켰다. 그리고 진훤은 영광의 유산과 함께 패망의 고통스러웠던 유산을 반추하였다. 그런데 '함께하는 고통'은 기쁨보다 훨씬 더 사람들을 결집시킨다고 한다. 르낭Joseph Ernest Renan은 "민족적인 추억이라는 점에서는 애도가 승리보다 낫습니다. 애도의 기억들은 의무를 부과하며, 공통의 노력을 요구하기 때문입니다. 그러므로 민족은 이미 치러진 희생과 여전히 치를 준비가 되어 있는 희생의 욕구에 의해 구성된 거대한 결속입니다"고 설파했다. 공유된 고통스런 과거를 강조함으로써 유대민족의 경우에서처럼 영광보다는 수난과 회한의 과거에서 민족의 바이탈리티vitality는 터져 나온다고 한다. 진훤은 의자왕에 대한 애도 기억을 반추시킴으로써 '공통의 노력'인 복수심 발화에 성공했다.

진훤에 의한, 국가로서 백제의 부활은 신라와 대등한 2개 국가의 공존을 뜻했다. 진훤은 상징성이 큰 5소경을 영향권에 둔 후 신라로부터 평화적으로 선양받으려는 구상을 가졌다. 통치 능력을 상실한 신라에 대한 대안으로 후백제가 솟아난 것이다. 그런데 연고지를 기반으로 한 백제의 부활은, 궁예에 의한 고구려 재건을 촉발시켰다.

신라 왕자 출신으로 전하는 궁예는, 비뇌성(안성 죽주산성) 회전會戰에서 대호족 양길의 호족 연합군을 대파하고 한반도 중부 지역을 석권했다. 그는 고구려 계승을 표방했기에 국호를 '고려'로 했고, 옛 도읍 평양의 처참한 상황을 상기시켜 복수심 발화와 유민 결집에 성공하였다. 그러한 궁예 수하에는 환선길이나 이흔암과 같은 걸출한 장군들이 많았다. 이에 힘입어 궁예는 삼한 땅의 3분의 2를 차지했다는 성과를 올렸다. 진훤은 원주 문막에서 궁예의 부장 왕건과 격돌했다. 왕건은 후백제군을 이곳에서 몰아냈으니 뜻 깊은 쾌거였다.

궁예 부장 왕건은 상주 지역에도 진출하여 진훤과 격전을 치른 후 승리했다. 진훤의 아버지 상주 호족 아자개는 이때 자신의 영지를 보존해준 왕건에 대한 답례 차원에서 고려 건국 직후 호족 가운데 가장 먼저 귀부했다. 이후 상주와 진훤의 출신지 가은은 고려 세력권에 들어갔다.

이제 200여 년 전의 삼국시대가 재현되었다. 신라를 사이에 놓고 후백제와 궁예의 고려(태봉·마진)는 곳곳에서 격돌했다.

3) 참여와 기회폭 넓은 사회로

왕건의 상전이었던 궁예는 권좌에서 축출되었다. 그가 몰락하게 된 배경은 과대한 토목 공사와 무거운 수취로 인한 민심 이반과, 당초 국호 '고려'를 버리는 등 고구려 계승주의 포기에서 찾을 수 있다. 그러나 왕건은 궁예가 이룬 성취를 고스란히 물려받아 권력 기반을 확장할 수 있었다.

왕건의 고려가 등장한 918년 이후 양국은 7~8년 간에 걸친 공존 기간을 지녔다. 후백제와 고려 모두 통일신라 영역에서 구국舊國을 재건했기 때문이다. 그러나 양국은 신라의 대안을 자처하면서 상대를 통합 대상으로 간주했기에 격렬하게 충돌했다. 패강인 대동강까지 이른 통일신라 영역 내의 통합이 양국의 숙원이었다. 이러한 정서는, 삼한 의식과 맞물려 동질적인 공동체의 강역을 대동강까지 확정하게 했다. 물론 궁예의 영역관은 이와는 달리 숙신 옛땅을 포함한 만주 지역을 포괄하고 있었다.

후삼국시대, 아니 남북국시대를 선도했던 후백제는, 신라 군인 출신을 수반으로 하고, 백제 유민들을 기층으로 한 국가였다. 6두품 출신들의 가세와 더불어, 다양한 세력이 정권에 참여하였다. 주민 통합과 융합이 이루어진 것이다. 정권 주도층의 범위는 경주 중심에서 전국으로 확장되었다. 소수 진골 귀족 중심의 폐쇄적 사회에서, 많은 이들에게 기회와 참여 폭이 넓어진 사회로 넘어가게 하였다. 선종산문들과 더불어 사상계도 경주를 벗어나 재편되는 양상을 띄었다. 그럼에 따라 획일적인 의식과 통제에서 벗어났을 뿐 아니라, 침울하고도 가라앉은 사회 분위기에 활력을 불어넣어 주었다. 다양성을 추구하게 되었는데, 외교와 문화 분야에서도 두드러지게 포착된다. 창의성과 더불어, 활기 넘친 약동하는 사회 면면이 후백제가 선도한 후삼국시대 기풍으로 평가된다.

진훤 왕 시대를 극명하게 알려주는 문사文辭는, 제2대왕 신검神劍의 다음 유신維新 교서教書이다.

> 대왕의 신무神武는 보통 사람보다 빼어나게 뛰어나셨고, 영특한 지혜는 만고에 으뜸이라, 말세에 태어나서 스스로 세상을 건질 소임을 지고 삼한 지역을 순행하시면서 백제라는 나라를 회복하셨고, 진구렁이나 숯불에 떨어진 것과 같은 고통을 쓸어버리니 백성들이 평안하고 화목하게 되어 북을 치고 춤을 추었고, 광풍과 우레처럼 먼데나 가까운데나 준마처럼 달려, 공업功業이 거의 중흥에 이르렀습니다(『삼국사기』 권50, 진훤전).

위의 문장에는 진훤 왕 70년 삶과 공적이 약여하게 응결되었다. 걸출한 신무와 특출한 영모英謀의 진훤 왕은, 백제를 회복했고, 백성들을 잘 살게 하여 화락한 세상을 만들었고, 통일에 거의 바짝 다가섰음을 설파했다. 사실상 정적에 의한 진훤 왕 생평生評이었음에도, 이 명문名文을 홀시해 왔었다.

아자개에 의한 농민 봉기와 진훤의 거병으로 노쇠한 사회는 서서히 막을 내리고 활기찬 시대로 넘어갈 수 있었다. 지역주의를 뛰어넘고, 전통적인 폐쇄 질서를 무너뜨리고, 기회와 참여의 폭이 넓어진 사회로 넘어가게 한 시대가 후삼국시대였다. 반복해서 언급하지만 이를 선도한 국가가 후백제였다. 이러한 점에서 한국고대사, 아니 한국사에서 후백제사가 지닌 위상과 의미를 부여할 수 있다. 진정한 의미의 '남북국시대'였기 때문이다.

후백제는, '남북국시대'가 종언을 고하고 20여년 후인 958년(광종 9)에 과거제를 통해 중세로 넘어가는 교량 역을 했다. 과거제 시행으로써, 그 전까지 이어져 왔던 전통적인 지배세력의 권력 계승은 차단되었다. 혈연과 지연을 청산한 능력 본위의 시대로 한 걸음 다가선 것이다. 922년 후백제는 승려들에 대한 과거인 선불장選佛場을 시행했었다. 후백제 선불장은 공개 토론에 의한 선발로 추측이 되며, 훗날 고려 승과의 실시 방법과 상통하고 있다. 후백제 승과 시행은, 승려 선발 과거제를 넘어 인재 등용과 관련한 국가 조직 전반의 체계화를 뜻한다. 진훤 왕 주도의 과거제 실시를 상정할 수 있다. 이 점은 우리 모두 의미심장하게 받아들여야 할 것 같다. 시대를 선도했던 진훤 왕과 후백제사를 새롭게 조명할 수 있는 동인이기 때문이다.

4) 선양받기 위한 경쟁

진훤과 왕건의 대결은 신라로부터 선양禪讓받기 위한 경쟁이었다. 왕건은 918년에 정변을 일으켜 고려를 건국하였다. 왕건은 궁예와는 달리 신라에 대한 유화책으로 나왔다. 그는 궁예 체제의 관등을 신라 것으로 환원하였다. 이 사실은 왕건이 고구려 계승자임을 자처했지만, 기존 신라의 전통과 질서를 존중한다는 의미였다. 그랬기에 왕건 역시 신라의 보호자를 자처하였다. 왕건이 경순왕으로부터 진평왕의 천사옥대天賜玉帶를 받은 것도 신라 계승자임을 웅변한다. 이는 후백제가 처음부터 신라 관등을 사용하고, 신하 행세한데 대한 대응이었다.

후백제와 고려는 스스로 신라의 보호자요 계승자로서 적합도를 경쟁하는 관계였다. 927년 후백제군의 경주 급습도 이와 관련한 사건이었다. 즉 신라 경애왕이 시종 의지했던 고려와 그 이상의 관계로 발전하는 것을 차단하기 위해 경주를 급습했다. 진훤은 경애왕이 왕건에게 선양하는 것으로 판단했기 때문이었다. 선양 차단 일환으로 국왕까지 교체했지만, 그로부터 8년 후 경순왕은 왕건에게 왕조를 넘겼다. 선양이 이루어진 것이다.

그런데 경주에 입성한 후백제군의 경애왕 처단과 거친 행태는 민심 이반을 초래하였다. 후백제군이 고창(안동) 전투에서 패한 것도 신라 호족들의 이반에 따른 결과였다. 신라의 보호자요, 계승자 역을 자임했던 두 개 정권 간의 경쟁은 927년을 분기점으로 고려로 기울게 되었다. 이에 고무된 왕건은 신라 경순왕과 회동한 931년 이후부터는 더 이상 신라의 배신陪臣이 아니었다. 이제는 신라가 고려의 배신이 되었다. 그랬기에 몇 년 후 신라가 고려로 넘어가는 데 대한 신라인들의 반발은 심하지 않았다.

후백제의 실패는 927년 경주에서 더 이상 신라의 보호자가 아닌 사실을 보여줌으로써 야기되었다. 왕건은 신라 호족들이 자신에게 쏠리자 대세가 결정된 것으로 판단했다. 이는 왕건이 재암성 장군 선필을 상보尙父로 일컬었던 데서도 짐작할 수 있다. '상보'는 은殷을 받들었던 주문왕周文王과는 달리 은을 멸망시킨 주무왕周武王이, 공신인 여상呂尙에게 부여한 존칭이었다. 그러므로 왕건 자신이 주무왕이 되었음을 선포한 행위로 해석되었다. 왕건의 신라 접수는 시간 문제라는 자신감도 배어 있었다. 이는 시종 주무왕 행세를 했던 진훤과는 달랐다. 이렇듯 후백제와 고려의 경쟁과 갈등은 신라 후계자로서의 기나긴 적합성 분별 과정이기도 했다.

5) 수취와 경제 방식 비교

　　왕건은 즉위 후 전제田制를 바로 잡았다. 그리고 그는 백성들로부터 거두어 들임에 법도가 있게 하는 이른바 '취민유도取民有度'를 공표했다. 왕건은 예전 임금이었던 궁예의 수탈을 혹독하게 비판하였다. 왕건은 궁예 정권 시절보다 ⅓로 줄여서 징세하였다. 그럼에 따라 왕건은 자영농민층의 지지를 얻었고, 권력 기반을 탄탄하게 구축할 수 있었다. 궁예가 처음 무리를 이끌고 다닐 때 "사졸들과 더불어 고생과 즐거움을 함께 하였고, 주고 빼앗는 일에 이르기까지도 공정하여 사사로움이 없었다. 이로써 뭇 사람이 마음으로 두려워하고 사랑하여 장군으로 추대하였다"고 한 상황과는 전혀 다른 것이다.

　　수세收稅라는 측면에서는 궁예와 진훤 양인 비교는 뚜렷하지 않다. 다만 신검神劒의 교서를 통해 볼 때 진훤은 농민층의 지지를 얻기 위해 수세의 경감에 배전의 노력을 기울였던 것으로 짐작된다. 그리고 후삼국이라는 동란의 상황에서 전쟁에 소요되는 군량 조달은 무엇보다 중요한 사안이었다. 이와 관련해 진훤은 둔전을 시행했다. 둔전은 싸우면서 농사짓는[且戰且耕] 군량 조달 방법이다. 군대 스스로가 식량을 생산함으로써 국가 경비 지출을 줄이는 동시에 보급·병참 문제를 해결하는 방책이었다.

　　진훤의 경제적 안목은 둔전제 실시에만 국한되지 않는다. 농민 출신이었던 그는 촌락의 열악한 상황을 누구보다 잘 알고 있었다. 비록 신검의 교서에 적혀 있는 글귀이지만 "진구렁이나 숯불에 떨어진 것과 같은 고통을 쓸어버리니 백성들이 평안하고 화목하게 되어 북을 치고 춤을 추었고"라는 문구에 응결되어 있다. 즉 그는 농민들을 과중한 수탈과 질곡에서 해방시켰다. 또 그것을 가능하게 할 수 있는 제도적 장치가 마련되었음을 알려준다. 이것을 뒷받침해 주는 사안이 앞서 제기한 둔전제의 시행과 관개灌漑 시설의 확충이었다. 「통진대사비문」에 따르면 진훤 왕은 만민언萬民堰이라는 제방에서 군대를 이끌고 있었다고 했다. 이는 진훤 스스로가 둔전과 관개에 힘 쓴 사실을 확인시켜 준다. 아울러 '모든 백성들의 방죽'이라는 뜻의 만민언이라는 제방을 통해서도 그가 취한 일련의 시책의 무게 중심이 농민과 관련한 농업경제의 증진에 두었음을 읽을 수 있다. 합덕방죽과 나주에서의 둔전에 관한 전승은 우리나라에 둔전제를 본격 도입한 진훤의 농업시책을 알려준다. 이는 전쟁 수행과정에서 현지의 호족들로부터 군량이나 차승車乘을 차출받았던 왕건의 행태와는 크게 차이난다. 결국 이러한 진훤 왕의 경제적 안목이 웅강한 국가를 만든 배경이었다.

부연 설명을 해 본다. 왕건은 둔전제를 실시했다는 증거가 없다. 다만 그는 전장에서 군대가 통과하는 지역의 호족들로부터 갖은 형태의 현지 조달을 받았다. 이러한 일련의 행위들은 둔전을 통해 군량을 조달받고자 했던 진훤의 방식과는 큰 차이가 난다. 왕건은 전쟁 수행과정에서 현지 주민이나 호족들로부터 우마차와 군량을 비롯한 각종의 물자와 인력을 차출 받았다. 이러한 행위를 갖은 미사여구를 동원해 서술했다고 하더라도 강압적인 행위로서 민폐를 끼쳤음은 명백하다. 그만큼 왕건의 군량 확보책은 임시 방편적 성격으로 체계화되지도 못했고 조직적이지도 못했다.

6) 후백제 외교 방식과 미술품의 특징

후백제의 대외 교섭은 당唐 일변도의 신라 방식에서 벗어났다. 동란의 시대에, 그것도 상대인 고려를 견제하려는 의도가 전제되었겠지만 다변성을 지녔다. 건국 이전부터 교류를 가졌던 오월국과는 가장 긴밀한 관계를 맺었고, 또 이를 통해 오월국 청자 기술이 후백제에 전래되었다. 후백제는 오월국을 통해 청자 기술을 받아들였다. 진안 도통리 등의 청자 요지가 말해 주고 있다. 우리나라 청자사의 시작을 다시 집필해야 할 수도 있을 듯하다. 신검 정변 직후 금강 왕자 계열의 인사들이 집단으로 망명한 곳도 오월국이었다. 후백제는 그 밖에 거란을 비롯해 후당과도 교류하였고, 일본과는 일찍부터 교류를 시도했었다.

후백제의 대외 교섭에는 명운을 건 절박함이 스며 있었다. 일례로 쓰시마에서는 후백제와의 교섭을 거절했다. 그러자 후백제 사신 수석은 진훤 왕이 거듭 사신을 보내는 노력을 기울였음을 환기시켰다. 그러면서 성과 없이 중간에 되돌아오면 "신명身命을 보존하기 어렵다"고 호소했다.

미술사적으로 볼 때 반세기 역사 후백제는, 획일성에서 다양성으로의 전기를 마련했다. 일례로 후백제 건국의 묘상苗床인 광양 마로산성의 숫막새기와에서는, 기존의 연화문에서 벗어나 바람개비·마름모·구름무늬 등 무려 33종의 다양한 문양이 나타난다. 신라의 변방에서부터 획일을 극복한 시대 분위기를 반영한 증좌였다. 이후 제작된 후백제 기와의 특징은 "제작 기법은 기존의 전통을 유지하되, 문양은 독창적인 것을 사용하는 것으로 볼 수 있다"고 한다. 후백제 문화는 '전통 속의 변화와 다양성'을 말하고 있다.

이와 더불어 후백제 정개正開 연호가 새겨진 남원 실상사 조계암터 편운화상부도를 주목해 본다. 편운화상부도는 "한국이나 중국에서 모두 찾아보기 어려운 형식"이라는 평가를 받았다. 그렇다면 후백제 양식이라는 말을 해도 지나치지 않을 것이다. 실제 통일신라의 팔각당형八角堂形과는 달리 "편운화상 부도의 전체적인 구조와 외관은 향완香垸을 거의 그대로 번안飜案하였다고 볼 수 있을 만큼 동일하다. … 향완을 부도로 성공적으로 번안했음을 알 수 있다. … 기발한 착상과 창의성을 엿볼 수 있게 한다"는 평가를 받았다. 가장 확실하고 분명한 후백제 미술품인 편운화상 부도에 대한 평가는 확실히 주목된다. 후백제 문화의 특징인 '전통 속의 변화와 다양성' 그리고 '창의성'에 부합하기 때문이다.

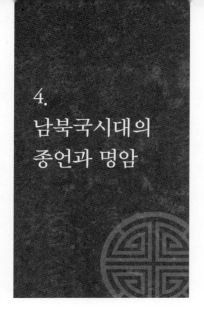

4.
남북국시대의
종언과 명암

1) 대통합을 위한 용단

후백제 몰락에 대해, 국력이 고려보다 열세였고, 게다가 자체 내분으로 망한 양 희화화戱畵化해 왔었다. 그러나 진훤 왕은 자국의 병력이 고려보다 갑절이나 많음을 실토했다. 후백제군은 고려 왕궁을 포위했기에 왕건이 겨우 빠져나올 수 있었다. 신검 교서나 진훤의 사위 박영규의 언사에 보면 '공업이 거의 이루어지려고 했다'고 말하였다. 후백제가 통일의 목전에 바짝 다가섰음을 알려준다. 그럼에도 진훤 왕은 압도적 우세에도 불구하고 승부가 나지 않으니 끝없는 소모전을 청산하고 대통합을 위해 소아小我를 버리겠다고 선언하였다. 애꿎은 병사들에 대한 더 이상의 살상을 중단하고 대통합을 이루는 길은, 자신이 가진 모든 것을 포기하는 데 있다고 결단했다.

사실 말년의 진훤에게는 두 가지 현안이 있었다. 첫째 자신이 주도한 국토의 통일, 둘째 걸출한 능력을 지닌 넷째 금강 왕자에게 왕위를 넘

거주는 일이었다. 그러나 모두 어려운 현실에 봉착했지만 난제를 한꺼번에 해결할 수 있는 차선책이 없지는 않았다. 진훤 자신이 고려에 들어감으로써 더 이상의 살육 없이 국토의 통일이 가능해지고, 골육상쟁도 피할수 있다고 판단했다. 실제 936년 최후의 결전장인 일리천 전투에서 진훤이 왕건과 나란히 고려군 진영에 있었기에 후백제군은 일거에 무너졌다. 동시에 국토의 통일이 당겨진 것이다. 고려군은 패주하는 후백제군을 추격해 마성馬城(익산 왕궁평성)까지 진격하자 신검 왕은 항복하였다.

2) 패배의 유산과 한줄기 서광

후백제의 갑작스런 몰락은 엄청난 역사 손실을 가져온 일대 재앙이었다. 즉 "신라 말에 진훤이 완산完山에 웅거하여 삼국의 남아 있는 서적을 실어와 두었는데, 그가 패하자 쓸어 없애져 불타 재가 되었으니, 이것이 3천년 이래 두 번의 큰 재앙이다"고 하였다. 927년에 경주에서 실어온 역사서들이 전소된 것이다. 계승되지 못한 역사로 인해 역사의 극심한 빈곤을 초래했다. 현재 전하는 『삼국사기』가 소략한 이유였다. 오늘 날 한국고대사 연구가 사료 빈곤의 늪에 빠지게 한 결정적인 요인이었다.

승자인 왕건은 세간의 이미지와는 달리 후삼국 통일 과정에서 '제압하기 어려웠던 사람들의 후손들'이나 '역명자逆命者' 혹은 왕건에 끝까지 대적했던 이들은 천역賤役이나 고된 역役에 종사시켰다. 여기서 '역명자'는 통일전쟁 중 왕건에 반대했던 세력을 가리킨다. 이들에게는 통일 후 무거운 징벌이 가해졌다. 왕건은 자신에 거역한 세력들에게는 축성畜姓까지 붙였다. 그랬기에 육당 최남선은 왕건을 딱 잘라 '천고의 음모가'로 규정하였다. 천고에는 '오랜세월을 통하여 유례가 없을 정도로 드묾'이라는 의미가 포함되었다. 음모가는 '흉악한 음모를 꾸미는 것을 일삼는 자'라는 뜻만 남아 있다. 후백제 도성 전주는 당초 배가 떠가는 행주형行舟形 지형이었다. 그러나 누군가 전주천의 물길을 막아 풍수지리상 길지였던 전주를 가둬버리고 말았다.

한 없이 포용력 있고 인자해 보이기만 한 왕건은, 어떤 사람인가? 한 가지만 『고려사』에서 뽑아 본다. 즉 "진훤이 경병勁卒을 뽑아 오어곡성을 공격하여 빼앗고 수졸戍卒 1천 명을 죽였다. 장군 양지·명식 등 6인이 나와서 항복하자, 왕은 제군諸軍을 구정毬庭에 집결시키고 6인의 처자를 모든 군사들 앞에서 조리돌리고 기시棄市했다"고 한다. 항복한 부하 장군들의 처자식을 잔혹하게 욕보여 죽임으로써 부하들에게 경고한 것이다. 그는 알려진 바와는 달리 냉혹한 성정의 소유자였다. 그리고 왕건은 후계 왕들만 은밀히 읽는 극비문서 「훈요십조」 8조목에서 풍수지리를 이용해 후백제인들의 기용을 막았다. 차별의 역사가 펼쳐졌다.

그렇지만 승부에 승부를 거듭하는 전쟁으로 숨도 돌릴 수 없는 난세를 헤쳐가면서, 한 시대의 종지부를 찍어 역사의 일대 전환점을 마련한 혁명가 진훤 왕은 재평가되고 있다. 아자개와 진훤, 이들 부자에 의해 한 시대는 종언을 고했고, 참여의 폭과 기회가 일층 확대된 사회로 넘어갔다.

왕건이 사망한 943년에서 불과 15년 후인 958년(광종 9)에 과거제가 시행되었다. 지배층 배출 수단에서 사변적인 변화였다. 그럼으로써 기나긴 세월의 군사형 국가는 종언을 고하였다. 산성 중심의 통치 구조에서, 평지 읍성에서의 문민 통치로 바뀌어갔다. 중세 사회로 넘어간 것이다.

[참고문헌]

이도학, 『분석 고대한국사』 학연문화사, 2019.

이도학, 『무녕왕과 무령왕릉』 학연문화사, 2020.

이도학, 『새롭게 해석한 광개토왕릉비문』 서경문화사, 2020.

이도학, 『고구려 도성과 왕릉』 학연문화사, 2020.

이도학, 『백제 계산 공주 이야기』 서경문화사, 2020.

이도학, 『한국고대사 최대 쟁점, 백제요서경략』 서경문화사, 2021.

이도학, 『백제사 신연구』 학연문화사, 2022.

이도학, 『후백제사 연구』 학연문화사, 2022.

국립 경주문화재연구소·국립 경주박물관, 『말 갑옷을 입다』 2020.

국립 경주박물관, 『고대 한국의 외래계 문물』 2021.

이도학, 「쌍릉 대왕묘=무왕릉 주장의 맹점(盲點)」 『季刊 한국의 고고학』 43, 주류성, 2019.

이도학, 「伴跛國 位置에 대한 論議」 『역사와 담론』 90, 호서사학회, 2019.

이도학, 「古代 韓·蒙 間의 文化的 接點」 『한·몽 관계의 역사와 동북아 지역의 협력』 주몽 골대한민국 대사관, 국제울란바토르 대학, 2019.7.4.

이도학, 「加羅와 印度와의 교류를 통해 본 茶의 유입 가능성」 『제3회 김해 장군차 학술대회』 김해시·부산대학교 산학협력단, 2019.12.20.

이도학, 「고려시대 문경의 인물」 『문경문화연구총서 제16집—고려시대의 문경』 문경시, 2019.

이도학, 「고려시대 문경의 격전지」 『문경문화연구총서 제16집—고려시대의 문경』 문경시, 2019.

이도학, 「巖寺의 정체성과 한성 도읍기 創建 가능성 탐색」 『한국불교학』 94, 한국불교학회, 2020.

이도학, 「원천 콘텐츠로서 백제 계산 공주 설화 탐색」 『단군학연구』 42, 2020.

이도학, 「가야와 백제 그리고 후백제 역사 속의 長水郡」 『장수 침령산성 성격과 가치』 후

백제학회 학술세미나, 2020. 6. 26.

이도학, 「고구려 건국세력의 정체성 논의」『전북사학』59, 2020.

이도학, 「고려 태조의 莊義寺齋文과 三角山」『한국학논총』54, 국민대학교 한국학연구소,
　　　　2020.

이도학, 「가야사 연구의 현황과 반파국」『전북가야 심포지움』전북연구원 전북학연구센
　　　　터, 2020. 10. 16;「가야사 연구의 쟁점과 반파국」『전북학연구』2, 전북연구원 전북
　　　　학연 구센터, 2020. 12. 35~75.

이도학, 「진훤과 후백제의 꿈과 영광」『견훤, 새로운 시대를 열다』국립 전주박물관,
　　　　2020. 10. 26.

이도학, 「신민족주의 역사학의 서술과 역사 인식의 교과서 반영 검증--백제 건국 세력의
　　　　계 통과 요서경략을 중심으로」『단군학회 가을 학술세미나』단군학회, 2020. 11. 7.

이도학, 「전북가야의 태동과 반파국」『문헌과 고고학으로 본 전북가야』호남고고학회,
　　　　2020.

이도학, 「백제의 遼西經略에 관한 논의」『단군학연구』43, 2020.

이도학, 「총론--후백제사 연구의 쟁점과 과제」『후백제와 견훤』, 서경문화사, 2021.

이도학, 「후백제와 고려의 각축전과 尙州와 聞慶 지역 호족의 동향」『지역과 역사』48, 부
　　　　경역사연구소, 2021.

이도학, 「장수 지역가야, 단일정치체 伴跛國으로 밝혀지기까지 」『장수 삼고리 고분군의
　　　　성 격과 가치』후백제학회, 2021.

이도학, 「문헌으로 검토한 반파국 비정과 그 역사성」『문헌과 고고학으로 본 반파 가야』,
　　　　호남고고학회, 2021. 6. 29.

이도학, 「『駕洛國記』와 '6伽耶' 성립 배경 검증」『역사학연구』83, 호남사학회, 2021.

이도학, 「후백제 진훤의 受禪 전략」『민족문화논총』78, 영남대학교 민족문화연구소,
　　　　2021.

이도학, 「아막성의 비중과 백제와 신라의 境界」『문헌과 고고학으로 본 남원 아막 성의 가
　　　　치와 의미』군산대학교 가야문화연구소, 10. 15;「신라 백제의 境界와 아막 성과
　　　　가잠성」『고조선단군학』46, 고조선단군학회, 2021.

이도학, 「전북 후백제 연구의 쟁점과 지향점」『전북지역 연구의 회고와 새로운 지평(2)』
　　　　전 라북도, 2021. 10. 22.

이도학, 「진훤의 행적을 통해 본 후백제 문화권의 범주」『후백제의 정체성과 범주』후백제

학회, 2011.11.26.

이도학, 「한국고대사에서 후백제사의 의미」『역사문화권 지정을 위한 후백제 국회 토론회』후백제학회, 2022.1.18.

이도학, 「'전북가야'의 역사적 실체 검증」『全北學硏究』5, 전북학연구센터, 2022.

이도학, 「기조강연 : 백제 역사문화 콘텐츠와 대중화 방안」『백제의 테크놀로지(학술심포지엄 자료집) 백제의 治石과 結構』국립 부여박물관, 2022.

이도학, 「한국사에서의 漢四郡 認識」『고조선단군학』47, 고조선단군학회, 2022.

이도학, 「서평 : 이종수,『부여의 얼굴(동북아역사재단, 2021)』」『고조선단군학』47, 고조선단군학회, 2022.

이세영, 「터번 쓴 서역인이 신라 '토우'에 나올 수 있었던 이유」『연합뉴스』2022.7.1

[찾아보기]

쉽고도 어려운 한국 고대사

2022년 8월 15일 초판 1쇄 발행
지은이   이도학

펴낸이   권혁재

편 집   권이지
디자인   이정아

인 쇄   성광인쇄
펴낸곳   학연문화사
등 록   1988년 2월 26일 제2-501호
주 소   서울시 금천구 가산디지털1로 16 가산2차 SKV1AP타워 1415호

전 화   02-6223-2301
전 송   02-6223-2303
E-mail   hak7891@chol.com

ISBN   978-89-5508-470-2   (93910)